Scott Heim
Unsichtbare Narben

Scott Heim
Unsichtbare Narben

Roman

Aus dem Amerikanischen
von Regina Rawlinson

Limes

Die Originalausgabe erschien 1995
unter dem Titel *Mysterious Skin*
bei Harper Collins Publishers, New York

1 2 3 4 5   99 98 97

© 1995 Scott Heim
© 1997 für die deutsche Ausgabe
Limes Verlag GmbH, München
Satz: Greiner & Reichel, Köln
Druck und Bindung: Wiener Verlag, Himberg
Alle Rechte vorbehalten. Printed in Austria
ISBN 3-8090-2419-8

Für Tamyra Heim
und Jamie Reisch
before, during, after

Erster Teil
BLAU
1981, 1983, 1987

1
Brian Lackey

In dem Sommer, als ich acht Jahre alt war, verlor ich fünf Stunden meines Lebens. Ich habe keine Erklärung dafür. Ich erinnere mich an folgendes: erstens, ich sitze während des Baseballspiels, das um neunzehn Uhr begonnen hat, auf der Bank; zweitens, ich wache kurz vor Mitternacht unter der Veranda unseres Hauses auf. Was dazwischen liegt, bleibt verschwommen.

Als ich zu mir kam, war es dunkel vor meinen Augen. Ich hockte auf dem Boden, die Beine angezogen, die Arme darum geschlungen, den Kopf zwischen den Knien. Die Hände hatte ich so fest ineinander gekrallt, daß sie weh taten. Langsam streckte ich meine Glieder, wie ein Schmetterling, der sich aus der Puppe schält.

Ich wischte mir mit dem Ärmel über die Brille und konnte allmählich etwas erkennen. Rechts von mir fiel Licht aus den diagonalen Schlitzen einer kleinen Tür. Myriaden von Staubkörnchen tanzten durch die Strahlen. Das Licht malte Streifen auf den Betonboden und beleuchtete die Gummikappen meiner Turnschuhe. Der Raum schien sich um mich herum zusammenzuziehen, so dicht waren die Schatten, die Decke keinen Meter hoch. Ein Netz aus rostigen Rohren zog sich über die mit Farbe bekleckste Wand. Oben in den Ecken hingen dicke Spinnweben.

Nach und nach begriff ich. Ich saß unter unserem Haus, in dem düsteren Kellerloch unter der Veranda. Ich hatte meine Baseballkluft an, die Kappe auf dem Kopf, den Rawlings-Fanghandschuh an der linken Hand. Mir tat der Bauch weh. Meine Handgelenke waren wundgescheuert. Wenn ich atmete, spürte ich getrocknete Blutkrusten in der Nase.

Über mir, im Haus, hörte ich Geräusche. Ich erkannte die ruhige Stimme meiner Schwester, die ein Lied aus dem Radio mitsang. »Deborah«, rief ich. Die Musik wurde leiser. Eine Klinke wurde heruntergedrückt, Schritte polterten die Treppe hinunter. Die Tür zum Verandaloch glitt auf.

Ich kniff die Augen zusammen, als das Licht aus dem Keller zu mir hereinfiel. Warme Luft wehte mir entgegen, zusammen mit dem vertrauten Geruch von daheim. Deborah steckte den Kopf durch das Viereck, ihre Haare umrahmt von einem silbrigen Schein. »Da hast du dir ja ein schönes Versteck ausgesucht, Brian«, witzelte sie. Doch dann schlug sie erschreckt die Hand vor die Nase. »Du blutest ja!«

Ich bat sie, unsere Mutter zu holen. Deborah sagte, sie arbeite noch. Aber unser Vater liege oben im Bett und schlafe. »Den will ich nicht«, sagte ich. Beim Sprechen tat mir der Hals weh, als ob ich, statt zu atmen, geschrien hätte. Deborah griff in das Verandaloch, packte mich bei den Schultern und zog mich durch die Tür, zurück in die Welt.

Oben ging ich von Zimmer zu Zimmer und knipste mit dem feuchten Lederdaumen meines Baseballhandschuhs alle Lampen an. Draußen tobte der Sturm gegen das Haus. Ich setzte mich mit Deborah im Wohnzimmer auf den Fußboden und sah ihr zu, wie sie eine nicht aufgehende Patience nach der anderen legte. Nachdem sie fast zwanzig Partien gespielt hatte, hörte ich den Wagen unserer Mutter, die von der Spätschicht kam. Deborah schmiß die Karten unter das Sofa. Sie hielt die Tür auf. Eine Regenbö fegte herein, gefolgt von unserer Mutter.

Die Abzeichen an ihrer Uniform glitzerten. Sie roch nach Leder, Schweiß und Rauch, nach dem Gefängnis in Hutchinson, wo sie arbeitete. »Warum seid ihr noch wach?« fragte sie. Dann riß sie den Mund auf. Sie starrte mich an, als ob ich nicht ihr Kind wäre, als ob man einen Jungen, der nur eine gewisse Ähnlichkeit mit mir hatte, auf ihrem Wohnzimmerfußboden deponiert hätte. »Brian?«

Meine Mutter gab sich große Mühe mit mir. Sie ließ mir ein heißes Bad ein, sprenkelte teures Jasminöl ins Wasser und half mir in die Wanne. Sie seifte mir mit dem Schwamm das Gesicht ab und löste vorsichtig das Blut aus meinen Nasenlöchern. Mit meinen acht Jahren hätte ich meiner Mutter normalerweise nie erlaubt, mich zu baden, aber an diesem Abend sagte ich nicht nein. Ich sagte überhaupt nicht viel und antwortete nur vage auf ihre Fragen. Ob ich mir auf dem Baseballplatz weh getan hätte? Vielleicht, sagte ich. Ob mich die Mutter eines Mannschaftskameraden nach Hause gefahren hätte? Ich glaube, sagte ich.

»Ich habe deinem Vater gleich gesagt, daß Baseball nicht das richtige für dich ist«, meinte sie. Sie küßte mich auf die Augenlider. Ich hielt mir die Nase zu und holte tief Luft. Langsam tauchte sie meinen Kopf in das schaumige Wasser.

Am nächsten Abend sagte ich meinen Eltern, daß ich mit dem Baseballspielen aufhören wollte. Meine Mutter sah meinen Vater mit einem »Ich hab's ja gleich gewußt«-Lächeln an. »Es ist besser so«, sagte sie. »Er hat bestimmt einen Baseball an den Kopf bekommen. Den Trainern in Hutchinson ist es doch egal, ob sich die Jungen weh tun. Hauptsache, sie kriegen jede Woche ihr Geld.«

Aber mein Vater verlangte eine Erklärung. Er war Buchhalter und half in seiner Freizeit an der High-School in Little River als Football- und Basketballtrainer aus. Er wollte, daß aus mir einmal ein großes Sport-As würde, doch diesen Wunsch konnte ich ihm nicht erfüllen. »Ich bin der Jüngste in der Mannschaft«, sagte ich. »Und ich bin der Schlechteste. Keiner kann mich leiden.« Ich rechnete mit einer Strafpredigt, aber er starrte mich nur so lange an, bis ich den Blick senkte.

Mein Vater stampfte aus dem Zimmer. Als er zurückkam, hatte er sich in seine Lieblingskluft geworfen: schwarze Trainershorts und ein T-Shirt der Little River Redskins, auf dem das Maskottchen, ein Indianer, mit einem blutbeschmierten Tomahawk ausholte. »Ich haue ab«, sagte er. Er wollte allein nach Hutchinson fahren, in das neue Baseballstadion, das vor kurzem am westlichen Stadtrand eröffnet worden war. »Anscheinend bin ich der einzige in dieser Familie, der sich überhaupt noch für Baseball interessiert.«

Als er gefahren war, stellte meine Mutter sich ans Fenster, bis von seinem Pick-up-Truck nur noch ein kleiner schwarzer Punkt zu sehen war. Dann drehte sie sich zu Deborah und mir um. »Na dann, viel Spaß. So, jetzt können wir uns eine Kartoffelsuppe kochen.« Mein Vater konnte Kartoffelsuppe nicht ausstehen. »Geht ruhig noch solange aufs Dach«, sagte meine Mutter. »Ich rufe euch dann.«

Da unser Haus auf einem kleinen Berg stand, war das Dach der höchste Aussichtspunkt der ganzen Stadt. Man hatte einen herrlichen Blick auf Little River und die umliegenden Felder, den Friedhof und die Teiche. Das Dach war Vaters Reich. Wenn er sich mit meiner Mutter gestritten hatte, lehnte er eine Leiter ans Haus, verzog sich nach oben und fläzte sich in seinen Sessel, den er auf der flachen Stelle neben dem Schornstein festgenagelt hatte. Aus den rosa Polstern quollen flauschige Flocken, und an den hölzernen Armlehnen rankten sich goldfarbene Ziernägel nach oben. Der Sessel war über und über mit uralten Kratzspuren von Katzenkrallen, Wasserflecken und hineingebrannten Zigarettenlöchern übersät. Wenn mein Vater nachts nicht schlafen konnte, hörte ich über mir seine Schuhsohlen auf den Schindeln scharren. Eigentlich hätte mir seine Anwesenheit auf dem Dach ein Trost sein und mir die Angst vor der Dunkelheit nehmen müssen. Aber wenn die Wut mit ihm durchging, fing er an zu fluchen und mit dem Fuß zu stampfen, bis mein ganzes Zimmer dröhnte und ich wie gelähmt dalag. Ich hatte das Gefühl, als ob er mich durch Holz, Nägel und Putz hindurch beobachtete, wie ein starrsinniger Gott, dem keine meiner Bewegungen entging.

Auch Deborah und ich gingen gern aufs Dach, aber aus anderen Gründen. An diesem Abend nahmen wir, wie fast immer in jenem Sommer, zwei Dinge mit hinauf: ein Fernglas und ein Brettspiel. Am liebsten spielten wir Cluedo. Wir klappten das Brett auf dem Sitz des Sessels auf und hockten uns im Schneidersitz davor. Auf dem Deckel der Schachtel saßen die »sechs Verdächtigen« in gemütlicher Runde vor einem offenen Kamin. Deborah wollte immer die elegante Miss Scarlet haben. Ich nahm abwechselnd Professor

Plum und die schrullige Miss Peacock. Da wir die Mordwaffe Kerzenständer verloren hatten, behalfen wir uns mit einem Zahnstocher, den ich aus dem Müll gefischt hatte und auf dem noch Vaters Bißspuren zu sehen waren.

Deborah gewann, wie üblich. So laut, daß es weit über Little River hinaushallte, verkündete sie die Lösung: »Colonel Mustard, in der Bibliothek, mit dem Schraubenschlüssel.«

Am Baseballplatz, auf der anderen Seite der Stadt, flammten die hohen Flutlichtmasten auf. Die Mannschaft von Little River – »Stümper«, wie mein Vater fand, der sich solche Amateure nicht ansah – spielte an drei Abenden in der Woche. In jenem Sommer schien in Kansas die Hälfte der Bevölkerung zu irgendeiner Baseballmannschaft zu gehören. Zwischen den Cluedo-Partien sahen Deborah und ich mit dem Fernglas zu, wie die Spieler durch das viertelkreisförmige Outfield trabten. Wenn wir uns die elektronische Anzeigetafel am linken Spielfeldrand nah heranholten, konnten wir sogar den Spielstand verfolgen.

Neben unserem Haus wuchs eine hohe Pyramidenpappel, aus deren Astgewirr der Wind die Samen zupfte, während wir unsere Morde aufklärten. Die weißen Wattebäuschchen wirbelten aus den aufgeplatzten grünen Kapseln, schwebten durch die Luft und landeten auf dem Dach, dem Spiel und unseren Köpfen. Wir knieten vor dem Sessel und warteten darauf, daß unsere Mutter uns zum Essen rief. Die Abenddämmerung tuschte den Himmel bereits dunkel, als sie endlich den Kopf aus dem Küchenfenster steckte: »Kartoffeln!«

»Wir können ohne ihn essen«, sagte Deborah. Wir kletterten vom Dach, liefen in die Küche und machten uns wie Verschwörer über die Kartoffelsuppe her. Während ich die mit Bröseln aus selbstgebackenem Zwieback angedickte Suppe löffelte, starrte ich auf den leeren Platz am Tisch. Vaters Stuhl schien größer zu sein als die drei anderen. Ich stellte mir vor, er hätte eine Pille geschluckt, die ihn unsichtbar machte; wir konnten ihn zwar nicht sehen, aber wir konnten seine Anwesenheit spüren.

In der Nacht geschah etwas, was mir noch nie passiert war: Ich machte ins Bett. Als ich am Morgen aufstand, war meine Haut klitschnaß, und zwar nicht nur vom Schweiß, sondern auch vom Urin, der sich ins Bettlaken gesogen hatte. Mein Vater kam ins Zimmer, er roch nach Rasierwasser und hatte seinen Cordanzug fürs Büro an. Mein Brustkorb verkrampfte sich. »Jetzt bist du fast neun Jahre alt«, schrie er. »In deiner Größe gibt es keine Pampers mehr.« Meine Mutter erklärte sich das Mißgeschick mit einer Hormonstörung, einer Reinigungsmittelallergie, zuviel Kartoffelsuppe oder zuviel Wasser.

Kurze Zeit später fing ich an, unter unerklärlichen Ohnmachtsanfällen zu leiden. Plötzlich war ich einfach »weg«, wie Deborah und ich es nannten. Bis ans Ende meiner Kindheit und Jugend verlor ich immer wieder in unregelmäßigen Abständen das Bewußtsein, manchmal einmal pro Woche, manchmal nur einmal im Jahr. Ich verdrehte die Augen und kippte um wie ein erlegter Hirsch. Danach fühlte ich mich vollkommen leer, als ob mir Magen, Lunge und Herz aus dem Leib gerissen worden wären. Als nach den Sommerferien die Schule wieder anfing, glaubten meine Klassenkameraden, die Ohnmachten seien nur Schauspielerei. Wenn ich wieder einmal die Besinnung verlor, hänselten sie mich. Sie nannten mich Spinner und Schwindler und riefen: »Lügen haben kurze Beine.«

In jenem Sommer, 1981, war es mit den Ohnmachtsanfällen besonders schlimm. Meine Mutter ging mit mir zu Dr. Kaufman, dem teuersten und angesehensten der drei Ärzte, die wir in Little River hatten. Seine Praxis lag in der obersten Etage eines historischen Hotels, dem berühmtesten und mit seinen vier Stockwerken auch höchsten Gebäude der Stadt. Im Wartezimmer roch es so stark nach Desinfektionsmitteln und Verbänden, daß mir schwindelig wurde. »Der Herr Doktor ist gleich soweit«, sagte die Sprechstundenhilfe zu meiner Mutter. Ich setzte mich neben einen Zierfarn, blätterte in einer Illustrierten und hoffte im stillen, daß ich keine Krankheit hatte.

Dr. Kaufman trug eine Fliege, eine Tweedmütze und einen weißen Kittel. Er bat mich ins Sprechzimmer und pflanzte mich auf den Untersuchungstisch. Als er mit dem Stethoskop meine Brust berührte, hielt ich die Luft an. »Wie ein Eiswürfel, was?« sagte er.

Dr. Kaufman stellte mir Fragen über die Ohnmachtsanfälle, und er gab meiner Mutter eine Liste mit den möglichen Auslösern einer Nahrungsmittelallergie. »Glauben Sie wirklich, daß seine Probleme vom Essen kommen?« fragte meine Mutter. Sie vermutete, daß ich den ersten Anfall während meines letzten Baseballspiels gehabt hatte. »Vielleicht ist Brian mit einem Baseballschläger am Kopf getroffen worden«, sagte sie zu dem Arzt. »Vielleicht hat er eine leichte Gehirnerschütterung?«

Der Arzt nickte. Das wäre eine Erklärung dafür gewesen, warum ich mich nicht mehr erinnern konnte, wer mich nach Hause gebracht hatte oder was in den fünf Stunden passiert war, die mir fehlten. »Rufen Sie mich an, wenn es noch einmal vorkommt«, sagte er. Seine Finger in meinem Nacken waren noch kälter als das Stethoskop.

Mein Vater lebte nur für zwei Dinge, für den Sport und für das Essen. Da ich ihn mit meiner Abneigung gegen Baseball enttäuscht hatte, wollte ich wenigstens die Begeisterung für das Essen mit ihm teilen. Ich machte uns Hot dogs, Popcorn und Zitronenwackelpudding mit Weintrauben, die wie Babyquallen in der gelben Masse schwebten. Ich stieg mit der Leiter aufs Dach und bediente ihn. Schweigend saßen wir zusammen und aßen.

Eines Nachmittags, nachdem der Zeitungsjunge wie gewohnt die *Hutchinson News* gebracht hatte, sagte mein Vater zu meiner Mutter, sie könne aufhören, Kartoffeln zu schälen. »Heute abend gehen wir essen.« Er tippte auf die vierspaltige Anzeige eines Restaurants, das McGillicuddy's hieß, wo man für einen Dollar vier Hamburger bekommen konnte. Mein Vater verdiente genug Geld, um uns in das teuerste Restaurant in Hutchinson einzuladen. Aber auf die Idee ist er nie gekommen.

An den Wänden von McGillicuddy's hingen Fotos von Filmstars der fünfziger Jahre. Die Salattheke war in einem echten Fünfziger-Jahre-Cabrio untergebracht, das genau die gleiche Farbe hatte wie die Rote Beete in einer Schüssel. Wir bestellten die Hamburger und ließen sie uns schmecken. Als mein Vater mich ansah, tat ich so, als ob ich noch nie im Leben so etwas Leckeres gegessen hätte. Er kaute mit einem glücklichen Lächeln, selig über das gute, billige Essen. Unsere Bedienung hatte aufgemalte Augenbrauen, die bis in die Stirnmitte reichten. Auf ihrem Namensschild stand MARJEAN und BEI UNS WIRD ESSEN ZUM ERLEBNIS.

Weil Deborah ihren Burger nicht schaffte, schlang mein Vater ihn auch noch hinunter. Über der Hutchinsoner Mülldeponie in der Ferne kräuselten sich träge Rauchfahnen in den Himmel. Auf dem Parkplatz tanzte ein Pärchen einen Two-Step. Das Kleid der Frau flatterte den Tänzern um die Knöchel. Meine Mutter sah ihnen über den Rand ihres Wasserglases hinweg zu.

Auf dem Heimweg summte mein Vater zur Musik aus dem Autoradio mit. Wir fuhren an riesigen Hirse- und Maisfeldern vorbei, an Sonnenblumen- und Weizenfeldern, auf denen die Mähdrescher wie Wachtposten auf den bevorstehenden Ernteeinsatz warteten. Wir kamen an geschlossenen Tankstellen vorbei und an Gemüseständen, wo man Tomaten, Gurken und Rhabarber kaufen konnte. Hinter der Barriere aus dunklen Kunstledersitzen hervor blickten Deborah und ich in diese Welt hinaus.

Auf halber Strecke zwischen Hutchinson und Little River mußte mein Vater bremsen. Er knurrte: »Heilige Scheiße.« Vor uns kroch schwerfällig eine große Schildkröte über den Asphalt. Sie wollte zu einem Teich am Rande eines Feldes, wo Alfalfapflanzen ihre lila Blüten reckten. Es war eine Schnappschildkröte, die Beine so dick wie Würste. Mein Vater sprang aus dem Wagen. Er machte den Kofferraum auf und holte einen Werkzeugbeutel heraus. Deborah und ich hörten, wie er Hämmer, Schraubenzieher und Schraubenschlüssel in den Kofferraum kippte.

Meine Mutter stieg aus, um ihm zu helfen. Man sah ihr an, wie unzufrieden sie war, als sie, die Hände in die Hüften gestemmt, auf ihn zuging. Sie bückte sich. Die Schildkröte zischte meine Eltern an, ihre uralten Kiefer schnappten zusammen. Mein Vater trat ihr auf den marmorierten Rücken, schob ihr den geöffneten Beutel unter den Körper und stieß sie mit dem Stiefel hinein. »Fleisch«, sagte er. Mit steif ausgestreckten Armen trug er den Sack zum Kofferraum.

Deborah stupste mich an und verdrehte die Augen. Sie wollte gerade eine Bemerkung machen, als mein Vater den Kopf durch das Fenster steckte. »Morgen brutzelt uns eure Mutter Schildkrötensteaks.«

An diesem Abend verzog ich mich schon früh auf mein Zimmer, weil ich eine böse Vorahnung hatte. Mit einer alten Zahnbürste schrubbte ich an einem zitronengelben Urinfleck im Bettlaken herum. Als ich meinen Schlafanzug aus der Kommode nahm, klopfte mein Vater, genau wie ich es befürchtet hatte, im gewohnten Eins-zwei-drei-Takt an die Tür. »Brian«, sagte er, »komm mal mit in den Hof. Du mußt mir helfen.«

Ich stopfte den Schlafanzug wieder in die Schublade und folgte meinem Vater nach unten. Er hatte Jeans und Turnschuhe an. Das Messer in seiner Faust funkelte im Schein der Verandalampe. Er ging zum Wagen, klappte den Kofferraum auf und hob den Werkzeugbeutel heraus. Der grobe Stoff zuckte und zitterte.

Im Frühling hatte mein Vater mir gezeigt, wie man Katzenfische und Barsche ausnahm. Nun stand die nächste Lektion bevor. Er kippte die zischende Schildkröte ins Gras. »Stell ihr einen Fuß auf den Rücken«, sagte er. Ich gehorchte. Ich legte den Kopf in den Nacken und blickte zu meinem Zimmer hinauf. Durch das Fenster konnte ich die fleckigen Deckenfliesen, ein Stück Tapete und einen verschreckten Nachtfalter sehen, der mit seinen gepuderten Flügeln gegen die Kugellampe schlug.

»Du mußt sie festhalten«, sagte mein Vater. »Drück sie zu Boden.« Ich sah ins Gras. Die Schildkröte streckte den Kopf vor. Mein schwerer Fuß zwang ihn aus dem Panzer. Mein Vater packte das Messer fester und bewegte die Klinge langsam auf den faltigen Hals zu. Die Schildkröte konnte sich nicht bewegen. Obwohl mir das Zerlegen der Fische merkwürdigerweise gar nichts ausgemacht hatte, verließen mich jetzt die Kräfte. »Fester drücken, Brian.« Als das Messer am Hals entlangfuhr, spiegelte sich mein Gesicht als schmaler Streifen in der Klinge. Ein Schwall Blut wusch darüber hinweg. »Fester, verdammt.« Die Schildkröte schnappte immer noch um sich, obwohl ihr Kopf fast abgetrennt war. Mein Vater säbelte tiefer in ihr Fleisch. Ich konnte nicht mehr stehen. Mir wurde flau, und ich hob den Fuß vom Panzer.

Sobald der Druck nachließ, spritzte mir das Blut auf den Turnschuh und meinem Vater auf die Jeans. Die Kiefer der Schildkröte schlossen sich um seine Hand, die scharfen Ränder ritzten seine Haut wie Rasiermesser. Er schrie. Er brachte den letzten Schnitt an, fing den Kopf mit der verletzten Hand auf und starrte mich an. Er war kaum wiederzuerkennen. Sein Gesicht ähnelte einem farblosen Karamelbonbon, das auseinandergezogen und wieder zusammengequetscht worden war. Er warf den Schildkrötenkopf ins Gras, wo er zweimal auftickte.

Mein Vater hob den Arm. Ich wußte, daß er mich schlagen würde. Bevor ich von seiner Hand getroffen wurde, sackte ich ohnmächtig zusammen, wie eine losgelassene Marionette.

Einige Minuten später kam ich im Wohnzimmer wieder zu mir. Ich hing in einem Sessel, mein Vater stand vor mir und bot mir lächelnd Kakao in meiner Lieblingstasse mit der Landkarte von den Niagarafällen an, die meine Eltern als Andenken von ihrer Hochzeitsreise mitgebracht hatten. Als ich ausgetrunken hatte, nahm er mir die Tasse ab. »Jetzt geht es dir wieder besser«, sagte er. »*Mein Junge ist nicht krank.*« Mit dem Daumen wischte er mir braune Tropfen Milch vom Kinn.

Am nächsten Tag briet meine Mutter Schildkrötensteaks. Das Fleisch auf meinem Teller ähnelte einer grauen Insel inmitten eines Soßenstroms. »Mmmm«, machte mein Vater, als er den ersten Bissen probierte. »Brian hat mir geholfen, das Viech zu zerlegen«, sagte er zu meiner Mutter und Deborah.

Im Hutchinsoner Baseballstadion fand in jenem Sommer ein hochklassiges Turnier statt, von dem mein Vater sich keinen Augenblick entgehen ließ. Am Samstag aß er die Reste der Schildkröte in einem knorpeligen Stew, das meine Mutter mit Perlzwiebeln und Möhrchen gestreckt hatte. »Morgen früh ab in die Sonntagsschule«, sagte er zu Deborah und mir. Dann tuckerte er in seinem Pick-up nach Hutchinson.

Meine Mutter versprühte Raumspray gegen die Fleischgerüche in der Küche. »So, den wären wir los.« Während sie Kartoffeln schnippelte, zogen Deborah und ich uns Schlafanzüge an. Ich schaltete den Fernseher ein.

Bis wir gegessen hatten, waren die Comedy-Serien und Nachrichtensendungen zu Ende. Im Zehnten Programm fing gerade ein Spielfilm an. Darin ging es um einen Teenager, der sich hinter einem Haus versteckte, um seine Nachbarn zu bespitzeln. An das große, plüschige Sofakissen gekuschelt, döste ich immer wieder ein und bekam nur einzelne Szenen von dem Film mit.

Ich machte die Augen auf. Deborah hämmerte mit der Faust auf den Fernsehapparat ein. »Noch kein Jahr alt, die Kiste«, sagte meine Mutter, »und schon ist die erste Reparatur fällig.« Der Bildschirm, der seine bläulichen Strahlen ins Zimmer warf, flackerte. Mit dem Ton war alles in Ordnung – »Wir müssen sofort hier weg«, schrie einer der Schauspieler –, aber das Bild war unscharf.

Draußen hupte es. »Da kommt ein Auto«, sagte meine Mutter. »Anscheinend waren die Spiele heute früher zu Ende.«

Sie machte die Tür auf, und ein Mann kam herein. Er war ungefähr Mitte Zwanzig, trug Cowboystiefel und ein abgetragenes, ärmelloses graues Sweatshirt. Er hatte einen Klumpen Kautabak hinter der Unterlippe und spuckte in regelmäßigen Abständen in einen Plastikbecher. »Mensch, Margaret«, sagte er zu meiner Mutter, »das mußt du dir unbedingt ansehen, dieses Ding, hinter dem ich seit Hutchinson hergefahren bin.«

»Du hast einen sitzen«, sagte meine Mutter. Sie drehte sich zu Deborah und mir um. Der Fernsehapparat knisterte und brummte, Schatten huschten über unsere vier Gesichter. Das Blau des Bildschirms, das sich in den Augen des Mannes spiegelte, kam mir seltsam bekannt vor. »Kinder«, sagte meine Mutter. »Das ist Philip Hayes, ein Kollege von mir aus dem Gefängnis.«

»Brian«, sagte er. »Deborah.« Ich war überrascht, daß er unsere Namen wußte. Seine Hände zitterten, und das ganze Zimmer roch nach seiner Schnapsfahne. »Kommt mit nach draußen.« Diesmal meinte er uns alle.

Ich setzte meine Brille auf, angelte mir die Turnschuhe an den Schnürsenkeln und schlüpfte hinein. Philip Hayes lief nach draußen, wir hinterher. Es war eine merkwürdig stille Nacht, ohne das übliche Konzert der Grillen und Zikaden. Die Stille machte mich nervös. Deborah und ich gingen an dem Pick-up in der Einfahrt vorbei, der mit seinen riesigen Rädern wie ein Dinosaurier aussah. Philip hatte die Fahrertür offengelassen. »Hier lang«, sagte er. »Hinter das Haus.«

Er führte uns auf die Seite des Berges, die nicht auf Little River hinunterblickte, sondern auf das Wassermelonenfeld meines Vaters. »Seht ihr? Da drüben.« Er zeigte nach oben, aber wir hatten es bereits gesehen. Am Nachthimmel über dem Feld schwebte eine Gruppe gedämpfter blauer Lichter.

Ich ging einen Schritt darauf zu. Meine Mutter hielt mich an der Schulter fest. »Was ist das?« fragte sie. Philip schüttelte den Kopf.

Anscheinend war es ein Flugzeug oder ein Raumschiff. Es brummte leise vor sich hin, wie eine kaum hörbare Maschine. Es erinnerte an zwei flache Silberschalen, die, Öffnung auf Öffnung, zu einer ovalen Form verschweißt worden waren. Um die Schiffsmitte herum liefen blau blinkende Lichter. An der Unterseite des Ovals befand sich eine rechteckige kleine Luke, aus der helles, fast weißes Scheinwerferlicht fiel. Es wanderte über das Feld und strahlte die Pflanzen an. Der Lichtkegel verharrte einen Augenblick, dann wanderte er langsam wieder zurück, als ob er zwischen den Melonen nach Leben suchte. Das Schiff bewegte sich gemächlich vorwärts, wie eine Wolke in einer leichten Brise. Keiner von uns sagte ein Wort. Deborahs Gesicht schimmerte silbrig blau. Auch ich hatte eine blaue Haut, und die Reste des getrockneten Schildkrötenbluts glitzerten bläulich auf den Kappen meiner Turnschuhe.

»Ich habe es kurz hinter Hutchinson entdeckt«, sagte Philip. Er wischte sich die Hand am Sweatshirt ab und spuckte ins Gras. »Da ist es noch viel schneller geflogen. Mit dem weißen Strahl hat es eine Viehweide abgesucht. Ich bin ihm die ganze Zeit gefolgt, auch noch, nachdem es über dem Wegweiser LITTLE RIVER: FÜNF MEILEN abgebogen ist. Ich mußte es unbedingt jemandem zeigen, damit es nicht heißt, ich bin übergeschnappt.«

»Das ist ein Ufo«, sagte meine Mutter. Die blauen Lichter schienen jetzt kräftiger zu leuchten, das Brummen wurde lauter. Sie ließ meine Schulter los und hielt sich schützend die Hand vor die Augen.

Das Raumschiff entfernte sich, ließ unser Feld hinter sich und flog über den Stadtrand hinweg. Das Scheinwerferlicht in den Baumwipfeln verlieh dem Laub der Eichen und Pyramidenpappeln einen weißen Schein. Wir reckten die Köpfe zum Himmel, das Haus hinter uns wirkte wie der wuchtige Rahmen eines Porträts. Ich hätte zu gern gewußt, wie wir auf die Schiffsbesatzung wirkten. Vielleicht dachten sie, wir wären eine Familie: Deborah und ich, die Kinder, blond wie unsere Mutter, der hochgewachsene, dunkelhaarige Philip Hayes unser Vater.

Bald war das Ufo hinter den Bäumen verschwunden. Nur der helle Schein hielt sich noch ein wenig, dann war auch er nicht mehr zu sehen. »Mann o Mann«, sagte Philip und spuckte aus. »Ich dachte schon fast, ich spinne.«

»Ob es außer uns wohl noch jemand gesehen hat?« fragte Deborah. Sie ließ die Baumwipfel nicht aus den Augen, als ob das Schiff jeden Augenblick wieder auftauchen könnte.

Wir gingen zurück ins Haus, Philip als letzter. Als wir ins Wohnzimmer kamen, wurde das flackernde Fernsehbild allmählich wieder klar. Im Film zückte ein Polizist seinen Revolver und schoß dem kriminellen Teenager eine Kugel in die Brust. Die Sirene eines Krankenwagens ging in trauriges Klaviergeklimper über. »Ich mache uns einen Kaffee«, sagte meine Mutter zu Philip. »Er müßte bald kommen.« Zuerst wußte ich gar nicht, wen sie meinte. Ich warf mich auf das Plüschkissen, Deborah setzte sich auf den Boden.

Philip Hayes ging zu meiner Mutter in die Küche. Sie machte einen Schrank, die Besteckschublade und den Kühlschrank auf.

»Was meinst du …« begann ich.

»Pst«, sagte Deborah. Im Schein des Fernsehers ähnelten ihre Augen den edelsteinblauen Lichtern, die rings um das Raumschiff gehuscht waren. *Blau*, dachte ich.

Der Abspann flimmerte über den Bildschirm. Ich schmiegte mich in das weiche Kissen und machte die Augen zu. Kurz bevor ich einschlief, tauchten vor meinem inneren Auge zwei Bilder auf, Bilder dieses Sommers, die ich nie mehr vergessen würde. Ich sah die niedrige, enge Verandahöhle, genau unter der Stelle, wo Deborah und ich saßen. Und dann sah ich, gleich stark und gleich geheimnisvoll, das Ufo vor mir, das noch immer irgendwo dort draußen über die Erde hinwegglitt.

2
Neil McCormick

Unsere neuen Nachbarn waren das Allerletzte. Sie spionierten uns nach. Kaum wurde es dunkel, lungerte eine Frau mit einem Fernglas vor dem Haus herum. Manchmal parkten zwei Männer in ihrem Wagen am Straßenrand oder in der Einfahrt und leuchteten mit den Scheinwerfern in unser Wohnzimmer. Anfangs ließen Mom und ich uns das gefallen. Wir waren gerade erst eingezogen, von einem Ende Hutchinsons ans andere, in die Monroe Street. Es war unser vierter Umzug in vier Jahren.

Eines Abends, keine Woche nach unserem Einzug, hupte es draußen. Mom drehte den Fernseher lauter und zog am Erkerfenster das Rollo hoch. Sofort wurde sie vom Kopf bis zum Bauch angestrahlt, wie ein Go-go-Girl im Rampenlicht.

»Schon wieder der El Camino«, sagte sie. »Ein Auto für Arschlöcher. Na schön, denen werde ich es zeigen.« Sie fing an sich auszuziehen. Bald türmten sich ihre Klamotten auf dem Fußboden, wie ein kleines Tipi. Shorts, Bluse, rosa Unterwäsche. Als sie nackt war, hüpfte und sprang sie durch das Haus, ein Tanz, an den ich mich schon gewöhnt hatte. Ihre Haut leuchtete, weiß und fest wie gefrorene Milch. Sie sah aus wie die lebendig gewordene Venus-Statue aus dem Carey Park, aber ohne Schrammen und Graffitischmierereien.

Sie warf den Spannern einen Handkuß zu, dann drohte sie ihnen mit der Faust. »Ihr könnt mich mal.« Wir lachten. Das Auto raste davon, und sie zog sich wieder an.

Später rollte ich mich neben ihr auf dem provisorischen Sofa zusammen, das wir uns aus roten Kissen gebaut hatten. Sie fuhr mir durch die Haare, und ihre Hand fühlte sich wie eine warme Bürste an. Wir schalteten herum, bis wir einen Horrorfilm fanden. Mom trank ihre Flasche aus und drehte den Fernseher leiser; in der Ferne donnerte es. Der Ventilator blies ihr ein paar Haare unter dem Kopftuch hervor, die auf ihre Schultern fielen. Sie schlief als erste ein.

Ich war fast neun Jahre alt. Das neue Haus gehörte zur Hälfte mir und zur Hälfte ihr. Es war 1981, und der Sommer hatte gerade erst begonnen. Sie schnarchte, und ihr Atem wehte schwer und samtig an mein Ohr. Als der Film zu Ende war, wurde das Testbild eingeblendet, die Zeichnung eines zornigen Cherokee mit Federhaube, über dem Zahlen und Symbole schwebten. Mom bewegte sich im Halbschlaf. Ihre Unterlippe streifte mein Auge. »Ich träume von meinem Neil«, flüsterte sie.

In der ersten Juniwoche rasten Unwetter über Mittelkansas hinweg. Städte wurden überschwemmt und standen, kaum daß sie wieder trocken waren, erneut unter Wasser. Eines Abends wurde die Lieblingsserie meiner Mutter von einem Vater-und-Sohn-Meteorologenteam mit einer längeren Tornadowarnung unterbrochen. Als in Hutchinson die Sirenen losheulten, liefen Mom und ich nach nebenan zu unserer neuen Nachbarin, um in ihrem Obstkeller Schutz zu suchen. Eine Glühbirne baumelte von der Decke. In Einweckgläsern schwammen Pfirsiche und Tomaten, wie die ungeborenen Hunde im Biologiesaal in der Schule. »Hier stinkt es wie die Pest«, sagte ich. Mom nickte, aber Mrs. Dingsbums machte ein Gesicht, als ob sie Chilischoten verschluckt hätte.

Der Sturm zog vorbei. Wir hüpften durch die Pfützen nach Hause. Mom rief ihren Freund Alfred an. Er kam und holte sie ab, mich ließen sie vor dem Fernseher sitzen. »Ich hab morgen frei, darum wollen wir einen kleinen Zug durch die Gemeinde machen«, sagte sie. Sie stupste mich mit dem Zeigefinger in die Rippen. »Ich weiß noch nicht, wann ich wieder zurück bin.«

Eine Stunde später kehrte ein Ausläufer des Tornados nach Hutchinson zurück. Die Sirenen schrillten durch die Straßen. In der oberen Ecke des Bildschirms wurden eine Windhose und das Wort WARNUNG eingeblendet. Die witzigen Dialoge aus *Herzbube mit zwei Damen* wurden von der monotonen Stimme eines Nachrichtensprechers abgelöst. »Der nationale Wetterdienst hat Tornadowarnung für den Bezirk Reno County gegeben. Begeben Sie sich unverzüglich in einen Schutzraum. Halten Sie sich von Fenstern fern. Falls Sie sich in einem Fahrzeug befinden, halten Sie an, steigen Sie aus und legen Sie sich mit dem Gesicht nach unten in den Straßengraben ...« Ich kannte die Anweisungen auswendig, aber zum ersten Mal mußte ich bei einem Tornado ohne Mom auskommen.

Ich überlegte, ob ich wieder nach nebenan laufen sollte, doch dann beschloß ich, mich lieber in Moms Zimmer zu verkriechen. Hinter der Fensterscheibe mischten sich dicke Hagelkörner mit Regentropfen. Autoscheinwerfer verschwammen zu schmalen weißen Streifen. Der Wind übertönte fast das Heulen der Sirenen. Ich robbte unter Moms Bett und hielt mir die Ohren zu. Obwohl es dunkel war, entdeckte ich ein Spitzennachthemd und einen Stapel Zeitschriften, die ich noch nicht kannte. Zwischen ein paar Heften *House and Garden* und *Cosmo* steckte ein zerfleddertes *Playgirl*.

Ich hatte schon in der Schule in Pornoheften geblättert – ein Junge klaute sie manchmal seinem Dad und ließ sie in der Pause herumgehen. Wir malten den nackten Frauen Bärte und Augenklappen an und falteten anschließend U-Boote und Flugzeuge daraus. Aber mit dem *Playgirl* war es anders. Ich kam gar nicht auf die Idee, die Fotomodelle zu verschandeln. Es waren ausschließlich Männer. Ich krabbelte unter dem Bett hervor, machte Licht, verkroch mich wieder in meine Höhle und sah mir das Heft an. Männer mit ernsten Gesichtern lagen auf Plüschsofas, in Liegestühlen am Swimmingpool oder im Heu.

Am meisten faszinierte mich die Bilderserie »Edward Cunningham«. Er lutschte an einer Erdbeere, goß Sekt in ein Glas, räkelte sich in einem Whirlpool, trocknete sich ab. Er war braungebrannt, hatte duftige Haare und, wie fast alle Männer in dem Heft, einen Schnurrbart. Edwards Schnauzer hatte die Farbe »Goldrute« aus meinem Wachsmalkasten. Die Kamera fing die glitzernden Wasserperlen auf seiner Schulter und die feinen Härchen unter dem Bauchnabel ein. Ich steckte eine Hand in meine Fruit-of-the-Looms.

»Edward« machte, daß ich den Sturm vergaß. Als ich fertig war, heulten die Sirenen nicht mehr. Ich legte das *Playgirl* genau an die Stelle, wo ich es gefunden hatte. Ob die untere Ecke vor fünf Minuten auch schon ein Eselsohr gehabt hatte? Auf Zehenspitzen schlich ich in mein Zimmer. Mom und Alfred kamen um drei Uhr früh zurück. Ich atmete erst wieder auf, als ich mir sicher war, daß sie eingeschlafen waren.

Während Alfred einen Teller Spiegeleier verdrückte, erzählte er uns, daß der Zyklon nur drei Meilen von der Monroe Street entfernt gewütet hatte. Er fuhr mit Mom und mir hin, aber es war nicht viel zu sehen. Am schlimmsten waren die Schäden in Yoder, einer kleinen Amish-Gemeinde, wo wir manchmal Sauerteigbrot oder Zimtbrötchen einkauften. Bärtige Farmer bahnten sich mit ihren Pferdewagen den Weg durch die Trümmer. Mom zeigte zuerst auf einen Collie, der tot im Straßengraben lag, und dann auf eine Schindel, die sich in einen Telegrafenmast gebohrt hatte. Die Dächer eines ganzen Häuserblocks waren unter einer Lawine aus Ästen begraben. »Langweilig«, sagte ich.

Wir fuhren nach Hutchinson zurück. »Gestern nacht hätte genausogut eine Atombombe explodieren können, davon hätte ich auch nichts mitgekriegt«, sagte Mom. Sie trank ihre Dose Olympia aus und drückte sie mir gegen den Oberarm.

Alfred hielt unterwegs bei Quik-Trip an, um einen neuen Sechserpack Bier zu besorgen, dann fuhr er auf dem kürzesten Weg zur Hutchinsoner Handelskammer. Er hatte Mom überzeugt, daß ich ihr im Sommer nicht so zur Last fallen würde, wenn ich in der Ferienliga Baseball spielte. Sie gingen mit mir hinein. Unter einem riesigen Sternenbanner wartete eine Horde lärmender Kinder darauf, sich für die Liga anzumelden.

Ich beugte mich über den Tisch, auf dem die Listen auslagen.

Jedes Blatt war in zwei Spalten aufgeteilt, eine für NAME, eine für ALTER. Ich hatte die Wahl zwischen zweiundzwanzig verschiedenen Mannschaften der Junior Division. »Such dir das Team aus, mit dem du den Pokal gewinnst«, sagte Mom. Sie war sternhagelvoll. Ein mickriges Kerlchen mit einem Knopf im Ohr zeigte auf ihren kurzen pinkfarbenen Rock. Wenn ich mit ihm allein gewesen wäre, hätte ich sein Hörgerät in der Faust zerquetscht.

Ich entschied mich für die Hutchinson Pizza Palace Panthers. Erstens, weil sie ein scharfes Trikot hatten, auf dem eine Katze aus einer blau-weißen Salamipizza sprang, und zweitens, weil ich hoffte, daß die Sponsoren der Mannschaft nach den Spielen Pizzas spendieren würden. »Dein Trainer heißt Mr. Heider«, sagte der glatzköpfige Mann hinter dem Tisch. »Er trainiert erst seit einem Jahr, aber er hat schon beachtliche Erfolge aufzuweisen.«

Der Mann gab mir ein zusammengefaltetes Baseballhemd und die dazu passende Hose. Das Trikot hatte die Nummer neunundneunzig auf dem Rücken. »Da muß ich doch glatt die alte Polaroid aus der Mottenkiste holen«, sagte Mom. Sie kniete sich hin, wobei sie den anderen Jungen fast vor die Füße gekippt wäre, und zielte mit einer unsichtbaren Kamera auf mich. »Lächeln, Baby.«

Eine Woche später fing das Training an. Das Baseballfeld war so winzig, daß darauf sogar Zwerge Platzangst gekriegt hätten. Am Zaun hinter der Home-Base hingen Papierfetzen. Die Erde im Infield war noch nicht getrocknet, und in der Luft hing moschusartiger Regengeruch. Bremsen brummten um meinen Kopf.

Trainer Heider ließ uns in einer Reihe antreten. Er trug ein weißes T-Shirt, eine blaue Trainingshose und eine Kappe. Mir fiel besonders sein buschiger, rotblonder Schnurrbart auf, der sich über den Mundwinkeln kräuselte. Seit ich fast täglich in Moms *Playgirl* blätterte, träumte ich davon, daß mich bärtige Cowboys, Rettungsschwimmer oder Bauarbeiter an sich drückten und mit ihren Borsten im Gesicht kratzten.

Weil ich Mom gesagt hatte, daß ich wie ein harter Kerl aussehen wollte, hatte sie mir noch schnell Schweißbänder und gebrauchte

Spikes besorgt. Außerdem brachte sie mir schwarze Sonnencreme mit, die sich fast alle erwachsenen Baseballspieler unter die Augen schmieren. Zum ersten Training erschien ich in voller Montur: Schweißbänder, Spikes, schwarze Streifen im Gesicht. Meine Mannschaftskameraden glotzten mich an, als ob ich jeden Augenblick ein Messer zücken würde.

Trainer Heider inspizierte seine neue Panthertruppe. Sein Blick blieb an mir hängen. Die Erregung traf mich wie ein Schlag, es war ein Gefühl, das ich kaum in Worten ausdrücken konnte. Wenn ich den Trainer heute zum erstenmal sähe, sagen wir auf der anderen Seite einer überfüllten Bar, würde ich dieses Gefühl etwa in den Satz übertragen: »Ich will ihn ficken.« Damals wußte ich noch nicht, was ich damit anfangen sollte. Es war wie ein Geschenk, das ich vor Zuschauern auspacken mußte.

Als erstes mußten wir uns vorstellen. Er wiederholte unsere Namen und schrieb sie in ein Spielberichtsheft. »Bailey, Thieszen, McCormick, Varney ...« Er hatte einen deutschen Akzent. »Lackey, Ensminger ...« Als er mit rollenden Rs »Porter« sagte, sprachen meine Mitspieler den Namen leise mit. Ich war jünger als die meisten, deshalb wollte ich mich besonders anstrengen. Ich wollte Trainer Heider beeindrucken.

Jeder Spieler schlug zehn Bälle. Der Trainer stand auf dem Werferhügel. Er sah wie eine von den goldenen Figuren aus, die ich auf den Pokalen in der Handelskammer gesehen hatte. Er holte aus und warf. Die meisten Jungen schlugen nur flache Bälle, die kaum aus dem Infield herauskamen, oder, noch schlimmer, sie trafen überhaupt nicht. Ich merkte rasch, daß sie nicht viel draufhatten. Trainer Heider schien der gleichen Meinung zu sein. »Nun mach schon.« Man konnte hören, daß er nicht gerade begeistert war. »Konzentrier dich, achte auf den Ball, sieh zu, daß du richtig triffst.«

Nun war ich an der Reihe. Ich biß die Zähne zusammen und versuchte, mehrere berühmte Baseballspieler gleichzeitig zu imitieren. Joe Morgan von den Reds zum Beispiel schlenkerte immer erst mit dem rechten Arm, bevor er schlug. Er bewegte den Unterarm wie einen Kolben auf und ab, als ob er Blut in seinen Bizeps pumpte. Ich machte es genauso. Trainer Heider grinste. Sein erster Ball kam auf mich zugeflogen, ich schlug ihn links die Linie entlang weit ins Feld.

Nach dem Training richtete Trainer Heider in der Mannschaftsbesprechung ein paar aufmunternde Worte an uns. Er faßte seine ersten Eindrücke zusammen. Jetzt muß ich leider ein bißchen angeben. Anscheinend hatte ich das Zeug zum Superstar des Teams. Weil ich als Feldspieler und als Schläger der Größte war, wollte der Trainer mich als Short-stop einsetzen. »Und dann kommst du als Schläger zum Zug, McCormick. Wir brauchen die Home-Runs.« Das letzte Wort sprach er so aus, als ob es drei Silben hätte. Als er mir auf die Schulter klopfte, sah ich, daß er ein paar Leberflecke am Hals hatte, wie Kakaospritzer.

Ein Mann mit einer teuren Kamera kam auf unsere Bank zu. Der Trainer stellte uns in zwei Reihen auf. Ich durfte hinten stehen, neben ihm. »Fürs Archiv«, sagte der Fotograf. »Sagt ›Cheese‹. Ach was, sagt lieber ›Joghurt‹.« Die Hirnis im Team lachten tatsächlich, und schon hatte er sein Bild im Kasten.

»Erfrischungen«, sagte der Trainer. Die Formation löste sich auf, und fünfzehn Panther sprinteten auf seinen Kombiwagen zu. Die meisten rannten so schnell, wie sie den ganzen Tag nicht gelaufen waren. Der Trainer machte die Hecktür auf, hinter der eine Kühltasche mit verschiedenen Getränken stand. Ich angelte mir eine Dose Pfirsichlimo aus dem Eiswasser.

Als die zwei Stunden Training um waren, wurden wir von unseren Eltern abgeholt. Mom kam mit Alfreds Pick-up angefahren. Weil sie seit kurzem in einem Supermarkt arbeitete, hatte sie mir einen eigenen Hausschlüssel machen lassen. Sie fädelte ihn auf ein Silberkettchen und hängte ihn mir um den Hals. »So, und jetzt würde ich gern deinen Trainer kennenlernen.«

Der Trainer kam herübergejoggt. In der einen Hand hielt er einen Baseball. Er nahm seine Kappe ab und wischte sich damit den Schweiß von der Stirn. Er hatte blonde, etwas spärliche Haare.

»Mr. Heider, ich bin Neils Mutter.« Sie gaben sich die Hand. »Ich arbeite ganztags und kenne hier kaum jemanden. Deshalb wollte ich Sie fragen, ob es vielleicht so etwas wie eine Fahrgemeinschaft gibt. Es wäre mir lieb, wenn mein Junge nach dem Training bei einer anderen Mutter mitfahren könnte. Wir wohnen in der Monroe Street.«

»Kein Problem«, sagte der Trainer. Er sah erst mich und dann Mom an, als könnte er ihr ihre tiefsten Geheimnisse an den Augen ablesen. »Ich kutschiere meine Spieler andauernd durch die Gegend.« Er zeigte auf den Kombi. »Deshalb auch der große Wagen. Wenn Neil mal nicht weiß, wie er nach Hause kommen soll, kann er sich gern an mich wenden.«

Ich stellte mir vor, wie ich neben ihm saß und wie er mich, wenn er aufs Gas trat, mit dem Bein berührte. »Ihr Junge ist ein großartiger Spieler«, sagte Trainer Heider zu Mom.

»Er ist mein ein und alles.« Sie hielt meine Hand, als ob sie Geld wäre.

Der Trainer warf mir den Baseball zu. »Das war der, den du fast über den Zaun geschlagen hättest.« Ein Grasfleck auf dem Leder sah wie ein schreiendes Gesicht aus. »Du kannst ihn behalten, als Trophäe.« Er tippte mit dem Daumen auf den schwarzen Sonnencremestrich an meiner Backe. Er warf einen Blick auf seinen Daumen, zwinkerte mir zu und sah wieder Mom an.

Der Aprikosenbaum in unserem Garten war mit wurmstichigen Früchten schwer beladen. Darunter stand ein Gestell mit drei Schaukeln und einer Rutsche. Ich benutzte die Geräte nie. Die Rohre waren pink und weiß gestreift, wie Zuckerstangen, und die Vorbesitzer des Hauses hatten Clownsgesichter auf die Plastiksitze der Schaukeln gemalt. Die Rutsche war mit Spatzendreck bekleckert. Als Mom Jahre später einen Nachbarn bat, das Ding abzumontieren, wurde mir klar, daß ich in der ganzen Zeit nicht ein einziges Mal gerutscht war oder geschaukelt hatte.

Mom hatte viel mehr von dem Gerät als ich. An dem Abend nach meinem ersten Baseballtraining konnte ich sie und Alfred hören. Er stöhnte in einer Tour: »Gott im Himmel« und »Wahnsinn«. Nach einer Weile merkte ich, daß das Gestöhne gar nicht aus Moms Zimmer kam, sondern aus dem Garten.

Ich rieb mir den Schlaf aus den Augen, kroch aus dem Bett und sah aus dem offenen Fenster. Das lila Licht der Insektenleuchte tauchte alles in einen düster wäßrigen Schein. Eine Fledermaus oder etwas Ähnliches flog Achterschleifen über dem Baum. Im Gras vor der Veranda stand eine leere Flasche Beefeater-Gin neben Moms Kassettenrecorder. Freddy Fender trällerte *Wasted Days and Wasted Nights*.

Alfred hockte auf der mittleren Schaukel. Mom stand vor ihm. Sein Hemd war bis zum Hals hochgeschoben, die Hose hing ihm auf die Füße. Ihre Hände machten sich zwischen seinen Beinen zu schaffen. Alfred hatte seinen Cowboyhut verloren, seine Haare kringelten sich in weichen Locken, so duftig wie die Seide, die einen Maiskolben einhüllt. Er schwankte vor und zurück, träge und schnapsselig. Mit den nackten Füßen stampfte er Aprikosen in den Rasen. »Gott«, stöhnte er, und dabei zerdehnte er den Vokal im Einklang mit dem schmalzigen Crescendo aus dem Kassettenrecorder.

Mom senkte ihren Kopf in seinen Schoß. Als sie ihn wieder hob, konnte ich Alfreds Schwanz sehen. Er war riesig. In Moms Illustrierten hatten höchstens zwei oder drei Typen so große Apparate. Alfred griff nach unten, legte zwei Finger um seinen Schwanz und drückte Moms Kopf wieder runter. Die Insektenleuchte zischte, mit einem lila Blitz beendete sie das Leben einer Mücke oder eines Grashüpfers.

Mom blies Alfred einen. Bestimmt wurden sie auch von den lieben Nachbarn beobachtet. Ich sah ihnen zu und machte mir meine eigenen Gedanken, die sich, wie ich heute weiß, wohl jedes andere Kind in dieser Situation auch gemacht hätte, wenn die »Wahren Geschichten« in den Pornoheften tatsächlich wahr sind. Wie würde es sich anfühlen, wenn jemand meinen Schwanz im Mund hätte? Wie wäre es, wenn ich den Schwanz von jemand anderem im Mund hätte?

Ich konzentrierte mich auf Alfreds Gesicht. Er biß die Zähne zusammen. Er riß die Augen auf und kniff sie wieder zu. Pausenlos murmelte er: »Ja, Ellen« und »Ach Gott, ist das gut ...« Ich war wie gelähmt, ihn so reden zu hören, dabei sollte es gar nicht mehr lange dauern, bis ich selbst ganz verrückt nach Schwätzern im Bett war und gar nicht genug davon bekommen konnte, daß mir ein älterer Kerl ausführlich erzählte, wie er sich fühlte und was genau er mit mir anstellen wollte.

Nach fünf Minuten half Alfred Mom wieder auf die Beine und zog ihr die Bluse aus. Ihre Brustwarzen schimmerten lila im Schein der Insektenleuchte. Stolpernd ließ sie sich von ihm zur Rutsche führen. Er baute sich breitbeinig davor auf und drückte sie auf die Bahn. Ich mußte an Boris Karloff denken, wie er als Frankensteins Monster auf dem schrägen Untersuchungstisch lag, während über ihm die elektrischen Blitze zuckten.

Alfred vögelte Mom auf der Rutsche. In meiner Phantasie nahm ich Moms Platz ein und stellte mir vor, daß mein Liebling »Edward Cunningham« auf mir lag. Ich griff in meine Hose. »Ein Wahnsinn«, murmelte Alfred.

Alfred schob sich in sie, immer schneller, immer heftiger. Das Übliche eben. Bei einem besonders festen Stoß bog sich die Rutsche unter Moms Hintern durch. Sie japste. Eine längere Pause. Dann lachten sie, und Mom legte sich den Finger auf die Lippen. An der Leuchte holte sich das nächste Insekt einen tödlichen Schlag.

Im ersten Spiel des Sommers mußten die Panther gegen ein Team aus Pretty Prairie antreten, das im Vorjahr die Meisterschaft gewonnen hatte. Aber wir machten sie mit fünfzehn zu drei nieder. Als ich zum erstenmal mit Schlagen an der Reihe war, konzentrierte ich mich nicht richtig. Einen Ball lupfte ich dem dritten Baseman genau in den Handschuh. Aber danach schlug ich einen Zweier und einen Dreier, und beim Dreier waren alle Bases besetzt. Aus Spaß schlidderte ich auf die dritte Base, nur um Lehmflecke auf die Hose zu kriegen. Die Moms und Dads auf der Tribüne fingen an zu klatschen. Dabei kannten sie mich gar nicht. Vielleicht hätten sie lieber mich als Sohn gehabt statt einen von den Blindgängern, die sie großziehen mußten.

Die Partie endete mit einem Doppelaus. Ein Junge aus Pretty Prairie rutschte auf die zweite Base, wo bereits ein Panther mit dem

Ball im Handschuh auf ihn lauerte. Ein Schiedsrichter rief: »Raus.« Die Zuschauer tobten vor Begeisterung. Auf der Bank riß Trainer Heider strahlend das Spielberichtsheft hoch.

Als wir den Sieg in der Tasche hatten, schlichen die Verlierer zum Wurfhügel und stellten sich zum Händeschütteln auf. Das war nach jedem Spiel in der Ferienliga das übliche Ritual. Um Sportsgeist zu zeigen, gratulierte ein Team dem anderen. Die Spieler aus Pretty Prairie sahen aus, als ob sie jeden Moment losplärren würden. »Gutes Spiel«, sagten sie, als sie uns die Hand gaben. Eigentlich sollten wir das gleiche sagen, aber ich schwieg. Das ärgerte die anderen mehr, als wenn ich »Leck mich am Arsch« geschnauzt hätte. Ich starrte ihnen ins Gesicht und drückte ihnen die Hände, als ob es Schwämme wären.

Trainer Heider lächelte immer noch.

Am Samstag nach dem ersten Spiel rief der Trainer bei uns an. Er sagte zu Mom, unser Team würde sich, um den Sieg zu feiern, am nächsten Tag im Flag Kino in der Main Street treffen und geschlossen in die Mittagsvorstellung gehen. Wenn es ihr recht wäre, würde er mich mit dem Wagen mitnehmen. »Aber natürlich«, nuschelte Mom. Sie knöpfte sich den Supermarktkittel zu, denn sie mußte zur Spätschicht.

Als der Trainer mich am Sonntag abholte, trug er wie immer ein T-Shirt, aber anstelle der Trainingshose hatte er eine Jeans an. In seinem Wagen hing ein künstlicher Moosgeruch, der von einem Lufterfrischerbäumchen am Rückspiegel kam. Während der Fahrt fragte er mich, welche Süßigkeiten ich im Kino am liebsten äße. Ich zählte alles auf: Hot Tamales, schwarze Lakritze, die pastellfarben überzuckerten Mandeln, die wie merkwürdige Vogeleier aussahen. Mom jammerte immer, daß sie sich die Mandeln nicht leisten könne. Der Trainer nickte bloß. »Ja«, sagte er, und er klang dabei so aufgeregt wie ein kleiner Junge. »Davon könnte ich zehn Schachteln auf einmal leermachen.«

Am Kino war keiner von meinen Mannschaftskameraden zu sehen. Bis auf zwei Zwillingsschwestern, die bei ihrer wütenden Oma an der Hand hingen, war die Eingangshalle leer. Der Trainer sagte nichts über den Rest der Mannschaft, und ich fragte nicht. Ich fand es zwar komisch, daß er Mom angelogen hatte, aber vor allem fand ich es spannend.

Der Trainer ging zur Kasse. Der angekündigte Film, ein nachgemachter Disneyschinken, interessierte mich nicht. Ich stand mehr auf härtere Streifen. Ich traute mich, ihn zu fragen, ob es ihm etwas ausmachen würde, wenn wir ins Fox-Kino gingen. Dort lief gerade *Terror Train*, der erst ab sechzehn freigegeben war. Ich war nämlich schon damals ein absoluter Horrorfilmfan. Da der Trainer nicht recht zu wissen schien, wie er darauf reagieren sollte, sagte ich lässig: »Mom hat bestimmt nichts dagegen.«

In *Terror Train* ging es um einen Killer, der auf einem Maskenball zuschlug. Mir gefiel besonders gut, wie geschickt er beim Morden vorging. Er riß seinem Opfer die Maske vom Gesicht, setzte sie selbst auf und schlich sich in dieser Verkleidung an das nächste Opfer ran. Während der ganzen Vorführung ließ mich der Trainer nicht aus den Augen, aber ich tat so, als ob ich nichts davon merkte. Ich knabberte zwei Schachteln Zuckermandeln. Als der Killer einem Partygast den Kopf abschlug, klatschte ich Beifall. Der Trainer lächelte. Er schien sich meine Reaktionen genau zu merken.

Die Wände des Kinos waren mit Salsa tanzenden Señoritas und fransenbehängten Matadoren, die mit knallroten Tüchern vor Stieren rumfuchtelten, bemalt. Kronleuchter hingen von der zwei Stockwerke hohen Decke. Der violette Vorhang, der die Leinwand verdeckte, glitt langsam auseinander, als die Vorstellung anfing. Während der Film lief, legte der Trainer den Kopf nach hinten, als ob zwischen den Kronleuchtern Geister herumschwebten, aber jedesmal, wenn ich mich zu ihm drehte, hatte er den Blick fest auf mich geheftet. Beim großen Finale lag sein Kopf auf der Rückenlehne des Sitzes. »Sie haben den letzten Teil verpaßt«, sagte ich. Die Heldin des Films schluchzte zum Steinerweichen. »Der Killer hat doch noch ins Gras gebissen.«

Er legte mir die Hand auf die Schulter. »Komm, wir fahren. Du hast doch garantiert Hunger.«

»Ein bißchen.« Auf dem Weg zum Ausgang trat ich einen Eimer Popcorn um, so daß die Körner über den Teppichboden flogen. »Eine Pizza wäre nicht schlecht.«

»Gleich um die Ecke bei mir ist ein Pizzaservice«, sagte der Trainer. »Bei Rocco machen sie die Pizza mit frischen Champignons, nicht mit Dosenpilzen. Es gibt auch eine Zucchinipizza, die ich noch nie probiert habe, und die Salamischeiben sind größer als meine Gürtelschnalle.« Er tippte auf einen Pferdekopf in einem Messingring an seinem Hosenbund. »Wenn deine Mom dich nicht zu einer bestimmten Zeit zurückerwartet, könnten wir uns noch ein paar Zeichentrickfilme ansehen, eine Pizza essen und die Strategie für das nächste Spiel austüfteln.« Ich nickte, denn ich war schon sehr gespannt darauf, wo der Trainer wohnte.

Wir gingen zum Wagen. Der Nachmittagshimmel hatte sich verdunkelt, die Luft war stickig, und es war schon wieder ein Sturm im Anzug. Die Wolken sahen wie in Traubensaft getunkte Marshmallows aus. In der Ferne zuckten die Blitze eines Wärmegewitters.

Der Trainer lebte allein in einem kleinen Haus in der Nähe der Main Street, nicht weit vom Rummelplatz entfernt. Einmal im Jahr fand dort das Kansas-Volksfest statt, Hutchinsons größte Touristenattraktion. An der Straßenecke gegenüber stand eine Plakatwand, auf der die Stars des kommenden Septemberrummels angekündigt wurden. Die Namen waren typisch für unser Volksfest: Die Statler Brothers, Eddie Rabbitt, Zauberer Doug Henning. »Sechsundzwanzigster September, Tanya Tucker«, las ich vor. »Das ist mein Geburtstag, da werde ich neun.«

Der Trainer schloß die Haustür auf. In einem Schirmständer standen zwei Baseballschläger. Im Wohnzimmer erspähte ich einen riesigen Fernsehapparat, einen Videorecorder und einen Atari. Einige meiner Lieblingscomputerspiele lagen auf dem Fußboden herum: Phoenix, Frogger, Donkey Kong, Joust.

»Ich bestelle schon mal die Pizza«, sagte der Trainer. »Mach es dir inzwischen gemütlich. Du kannst ruhig den Computer anstellen, wenn du Lust hast. Ich spiele am liebsten Frogger. Wie wäre es mit Salami und Pilzen?«

Ich nickte. Er verschwand in der Küche, die halbhohe Jalousietür schwang hinter ihm auf und zu, wie in einem Westernsaloon. Dann nahm er den Telefonhörer ab. Ich sah mich um. An einer Wand standen drei blaue Sitzsäcke. Über einem Sofa mit Leopardenmuster hing ein Aquaman-Poster. Auf dem Beistelltisch lagen stapelweise Disneylandprospekte und das Buch *Baseballtraining für Kinder*. Ein Regal war mit Büchern, Fotoalben und Videokassetten vollgestopft. Ich schaltete den Fernseher und den Atari an. *Bliep* machte der Bildschirm.

Als der Trainer wieder ins Zimmer kam, stellte er das Gerät auf zwei Spieler um. »Deine Mom erwartet dich bestimmt noch nicht zurück?«

»Sie muß ziemlich lange arbeiten«, sagte ich. »Und hinterher geht sie bestimmt mit Alfred weg.«

Er zog eine Augenbraue hoch und fing an zu spielen. »Du bist sicher viel allein.« Auf dem Bildschirm hüpfte sein Frosch über einen hungrigen Alligator hinweg.

»Ist schon okay. Das macht mir nichts aus. Wir haben Ferien. Da kann ich fernsehen oder radfahren. Manchmal spioniere ich unsere komischen Nachbarn aus.«

»Ich bin auch oft allein. Wenn ich nicht zum Training muß, bleibe ich am liebsten zu Hause. Ab und zu habe ich gern Freunde um mich. Gute Freunde wie dich.« Die Farben des Bildschirms spiegelten sich zuckend in seinen blauen Augen. Er blinzelte nicht. Sein Frosch ertrank, und er gab mir den Joystick. »Wo hast du eigentlich so gut Baseballspielen gelernt?«

»Das habe ich mir selber beigebracht.« Weil ich mir seine nächste Frage denken konnte, beantwortete ich sie gleich mit. »Er ist tot. Ich habe ihn nie gekannt.« Ich sah wieder auf den Bildschirm.

Der Trainer gewann die ersten beiden Spiele, während der dritten Partie kam die Pizza. Er schaltete den Atari aus, klappte den Karton auf und legte ihn vor uns auf den Fußboden, wie eine Schatzkarte. »Einen Augenblick noch.«

Er lief schnell in die Küche und holte eine Nikon-Kamera und zwei Dosen Pfirsichlimo. Die Dosen gab er mir. »Das trinkst du doch am liebsten, stimmt's?« Er sah mir bei jedem Bissen zu. Nachdem ich das zweite Stück Pizza gegessen hatte, machte er den Stereoschrank auf. Er holte ein kleines Mikrofon heraus und stöpselte es in den Receiver. »Das kommt dir jetzt bestimmt ein bißchen seltsam vor«, sagte der Trainer. »Aber ich möchte ein kleines Experiment mit dir machen.« Er gab mir das Mikrofon. »Sprich mir ganz normal ein paar Sätze aufs Band. Ich nehme die Stimmen meiner Spieler auf, vor allem die der besten Spieler. Und noch etwas. Trink ein paar Schluck aus der Dose. Laß dir ruhig Zeit, es hat keine Eile. Wenn du das Gefühl hast, daß du rülpsen mußt, sag mir Bescheid, dann nehme ich es auf.« Als er mit dem Fingernagel das Blitzgerät anknipste, piepste es schrill.

Ich schluckte ein paarmal. Ich wußte zwar nicht genau, worauf der Trainer hinauswollte, aber ich fand es trotzdem toll. Er interessierte sich für mich. »Ich bin soweit«, sagte ich. In den nächsten fünf Minuten mußte ich dreimal rülpsen, und er nahm jeden Rülpser auf.

Dann schwappte mir etwas Pfirsichlimo auf den Teppich. Die schäumende Pfütze sah wie Batteriesäure aus, und ich versuchte vergeblich, sie aufzuwischen. »Scheiße«, fluchte ich. Der Trainer grinste. »Gut«, sagte er. »Weiter so. Sag nochmal Scheiße. Und rülps noch ein paarmal.« Ich gehorchte. Einmal sagte ich sogar »Arschloch«, was ihm besonders gefiel. Er kniete sich hin und umarmte mich. Mein Gesicht war auf gleicher Höhe mit seinem Bauch. Durch das Hemd fühlte ich seine krausen Haare und seine Atemzüge. Er rieb mir mit dem Kinn über den Kopf.

»Ich mag dich«, sagte er.

Der Trainer stand wieder auf. Die Tonbandaufnahme ging weiter. Während ich kicherte, fluchte und rülpste, machte er Fotos von mir. Meistens wollte er, daß ich lächelnd zu ihm hochsah. Einmal streckte ich die Zunge raus. Er faßte die rosa Spitze an – ich schmeckte das Salz auf seinen Fingern – und drückte auf den Auslöser. Ein andermal sollte ich das Mikrofon zwischen die Lippen nehmen und die Augen zumachen.

»Ach Neil, das ist überwältigend.« *Klick.*

Ich konnte nicht schlafen. Alfred und Mom vögelten nebenan. Ich schlich auf Zehenspitzen ins Badezimmer, schloß die Tür ab und legte mich in die Wanne. Das Porzellan war kalt, so eisig wie ein Gletscher. Ich schob meine Unterhose bis auf die Knöchel, packte meinen Schwanz, hielt mir den Unterarm an die Lippen und küßte ihn fieberhaft ab, als ob es der Mund eines anderen wäre. Draußen donnerte es, Moms Bettfedern quietschten. Alle fünf Sekunden tropfte der Wasserhahn. Ich kniff die Augen zu, aber diesmal erschien mir kein Mann aus Moms Magazinen. Ein anderer stand vor mir. Er ließ die Kamera fallen und bückte sich, er machte seine Hose auf, sein Gesicht kam auf mich zu. Alfred murmelte etwas Unverständliches. Ich flüsterte: »Trainer«, lutschte wie wild an meinem Arm und biß mir in die Haut.

Als ich wieder zu mir kam, hämmerte meine Mutter an die Badezimmertür. »Lebst du noch?« Ich zog die Unterhose hoch, legte die Hand auf den lila Fleck am Arm und stolperte hinaus.

Der 2. Juli 1981. Mom mußte im Supermarkt eine Doppelschicht einlegen. »Ich komme mir vor wie eine Sklavin. Das kann doch nicht alles im Leben sein«, sagte sie. Sie nahm mich in den Arm, ihre Finger lagen auf meinen Rippen. Ich dachte an die Umarmung des Trainers und wünschte mir, Mom wäre er. »Ich weiß, daß ihr die anderen heute abend nach Strich und Faden vermöbelt. Ich tippe auf vier Home-Runs.« Zwischen »vier« und »Home-Runs« gab Mom mir einen Kuß.

Ich dankte ihr. Um sieben Uhr mußten die Panther gegen das Taco Hut-Team aus Hutchinson antreten, das seit zwei Jahren kein Spiel mehr gewonnen hatte.

»Der Trainer bringt dich bestimmt nach Hause.« Mom fächelte sich Luft ins Gesicht und lief zur Tür. »Ich hab dich lieb, ich hab dich lieb, ich hab dich lieb. Daß du mir das ja nicht vergißt.« Klappernd fiel die Fliegendrahttür hinter ihr zu. Ich winkte ihr mit meinem Fanghandschuh nach.

Mom war noch keine zehn Minuten weg, als der Kombi des Trainers in die Einfahrt rollte. Bis zum Spiel waren es noch drei Stunden. Ich stieg ein und legte den Fanghandschuh zwischen uns auf den Sitz. »Schön, daß Sie so früh kommen«, sagte ich. »Ich würde gern noch die anderen Computerspiele ausprobieren.«

Der Trainer stellte den Wagen in die Garage. Ich ging hinter ihm ins Haus. »*Home, sweet home*«, sagte er. Er nahm eines von fünf oder sechs Fotoalben aus dem Regal und gab es mir. »Ich habe die Bilder entwickeln lassen.«

Ich knallte mich auf einen Sitzsack. Auf den ersten zwanzig Seiten waren Fotos von Jungen eingeklebt, die ich nicht kannte. Manche hatten ihre Baseballkluft an. Auf einigen war ein rothaariger Junge mit nacktem Oberkörper zu sehen, der Pizzasauce am Kinn hatte und Battleship spielte. An einem verwackelten Foto blieb ich länger hängen. Es war eine Nahaufnahme von einem sommersprossigen Jungen, der an einem großen Zeh zu knabbern schien. Der Zeh gehörte vermutlich dem Trainer. Der Junge guckte ziemlich belämmert aus der Wäsche, als ob er eins über die Rübe bekommen hätte.

Auf der nächsten Seite kam ein Bild von mir, mit dem Mikrofon in der Hand. Ich sah es mir genau an. Meine Haare waren durcheinander. Meine Haut war weiß, und meine Pupillen leuchteten rot. Ich machte ein Gesicht, als ob ich ein Gespenst gesehen hätte. So also hatte mich der Trainer gesehen. Ich blätterte weiter und entdeckte auf den nächsten Seiten mehr Fotos von mir, als während meines ganzen Lebens sonst von mir gemacht worden waren. Auf einer Aufnahme hatte ich die Augen zu. »Da sehe ich aber ganz schön blöd aus.«

»Nein, hinreißend«, sagte der Trainer. »Du machst ein Gesicht, als ob du etwas wirklich Schönes träumst.« Er setzte sich auf den Sitzsack neben mir und legte mir die Hand aufs Knie. Er hatte an seinen Nägeln gekaut, und an dem einen Finger sah die Nagelhaut wie ein Halbmond aus getrocknetem Blut aus. »Ich glaube, ich mag dich lieber als die anderen in dem Album. Auf jeden Fall bist du der beste Baseballspieler.« Er drückte mein Knie. Seine Hand erschien mir wie die eines wunderbaren, überlegenen, unbesiegbaren Wesens. »Neil, ich habe diese Woche viel an dich gedacht.«

Mir wurde heiß. Ich rutschte vom Sitzsack, damit er mein rotes Gesicht nicht sah. »Ich habe Hunger.«

Der Trainer stand auf und ging in die Küche. Ich folgte ihm. »Wieder eine Pizza?« fragte er. Er machte einen Schrank auf. »Oder vielleicht findest du hier etwas, was du magst.«

Er hatte einen riesigen Vorrat an Bonbons, Schokoladenplätzchen, Popcorn, Orangensaft und Pudding. Auch eine Probierpackung Frühstücksflocken entdeckte ich, zehn kleine Schachteln mit verschiedenen Sorten. Ich zeigte darauf. »So was kauft Mom nie«, sagte ich. »Sie findet, das ist rausgeschmissenes Geld.«

»Also dann, guten Appetit«, sagte er.

Ich suchte mir gezuckerte Corn Pops aus. Der Trainer nahm Cocoa Krispies. Er holte Milch aus dem Kühlschrank und zwei Löffel aus der Schublade. Er legte die Finger an die Enden seiner Schachtel und riß sie fachmännisch auf. Als ich es nachmachen wollte, zerplatzte die Packung. Die Corn Pops fielen auf den schachbrettartig gemusterten Fußboden. »Scheiße«, sagte ich. Vor unseren Füßen lagen Goldnuggets, deren Zuckerüberzug im Lampenlicht glitzerte. Bevor ich mich entschuldigen konnte, hielt der Trainer seine Schachtel hoch und drehte sie um. Es regnete Cocoa Krispies. Nun riß er eine Packung nach der anderen auf, Froot Loops, Alpha Bits und die gräßlichen Special Ks, die wir sowieso nicht gegessen hätten, und kippte sie aus.

Die Flocken fielen auf den Boden. Plötzlich wurde um mich herum alles ganz klar und deutlich. Ich starrte den Trainer an und nahm jede Einzelheit seines erwachsenen Männerkörpers in mich auf. Die vom Licht der Küchenlampe scharf gezeichneten blonden Härchen, die sich aus seinem Hemdkragen kräuselten. Den etwas dunkleren Schnurrbart. Die auf Höhe der Ohrläppchen gestutzten Koteletten. Die kleinen, kupferfarbenen Sonnenräder rings um seine schwarzen Pupillen. Und darin, im Schwarz seiner Augen, das Spiegelbild meines Gesichts.

Der Trainer streckte die Hand aus. Er legte sie mir schwer in den Nacken. Ich machte die Augen zu und spürte, wie er mich lenkte, wie er mich leitete und langsam zu Boden drückte. Ich fiel auf die Knie, und er fiel mit. »Jetzt geht's los«, sagte er. Ich öffnete die Augen, und er beugte sich über mich. Hunderte von Frühstückflocken lagen um uns verstreut, wie Trümmer nach einer Katastrophe. Ich hatte Zuckergeruch in der Nase. Er kam näher, und ich roch seinen Atem, den sauberen Duft seines Panther-T-Shirts, den Kokosnußduft seines Shampoos.

Er massierte mir den Nacken. »Wenn ich jemanden wirklich, wirklich gern habe, zeige ich es ihm auf eine ganz besondere Weise.« Sachte drückte er meine Schultern nieder, bis ich flach auf dem Boden lag. Er legte mir den Kopf aufs Herz. Ich bewegte mich, und die Flocken knackten unter meinem Hintern. *Knisper, knusper.*

Ich wußte genau, was geschah. Ich wußte auch, daß es nicht richtig war. Aber ich wollte es. Der Trainer drückte mich an sich, liebkoste und streichelte mich, zog die Linien meiner Schultern, meines Rückens, meines Hinterns nach. »Pst«, sagte er. »Mein Engel.« Seine Nase berührte meine, sein Atem blies in meinen Mund. »Es ist nicht schlecht, sich so zu küssen. Gar nicht schlecht. Laß dir bloß nichts anderes erzählen.«

Er verschloß mir den Mund mit seinem Mund, schob mir die Zunge zwischen die Lippen, befühlte meine Schneidezähne, drang weiter vor und spielte mit meiner kleinen Zunge. Es war ein Gefühl, als ob seine Zunge meinen ganzen Kopf verschlang, als ob sie hinter meinen Augen schmeckte und leckte und meine blauen Hirnlappen abtastete. Unsere Zähne stießen aneinander. Seine Unterlippe stülpte sich über meinen Unterkiefer. Mein Kopf verschwand, er verschluckte mich. Ich stöhnte und wußte, daß es der richtige Ton war. Alfred und Mom machten nachts die gleichen Geräusche.

Ab und zu machte ich die Augen auf, nahm das erstbeste Bild in mich auf und kniff sie wieder zu. Die Bilder vermischten sich in meinem Kopf: seine Finger an der Gürtelschnalle mit dem Pferdekopf; grüne Tränen aus Glas am Kronleuchter; der springende, sabbernde Panther auf seinem Hemd; die silbernen Plomben in seinem Mund.

Er legte sich auf mich. Wieder knisterte und knackte es unter mir. Meine Hand ballte sich auf dem Linoleum zur Faust, zerdrückte die Reis- und Maiskiesel. Die Zunge zuckte immer noch in meinem Kopf herum. Seine Spucke lief mir in den Hals. Ich schluckte.

Er hob den Kopf. »Pst.« Er machte seine Hose auf und schaffte es irgendwie, sie bis zu den Knien hinunterzuschieben. Sein Schwanz wurde an meiner Hüfte steif. »Mach die Augen auf und sieh ihn dir an«, sagte der Trainer. Ich tat es. In dem Augenblick hätte ich alles getan, was er wollte. Sein Schwanz bog sich leicht nach oben, und an der Spitze hing ein milchiger Tropfen.

»Neil, ich hab dich so gern.« Seine Augen sahen wie bunte Glasscherben aus. Er küßte mich wieder, dann wanderte eine Hand an meinem Bein hoch und faßte mich im Schritt. »Das fühlt sich doch gut an, ja?« Er drückte, preßte, massierte. »Ja?« Ja, es fühlte sich gut an. Nun hörte es sich so an, als ob Stoff zerriß. Er steckte mir die Hand in die Baseballhose. Er packte meinen Schwanz, und der Schweiß an seiner Hand hätte mich fast verbrannt. Ich konzentrierte mich auf eine Ader in seinem Bizeps. Sie zuckte wie der dünne Faden einer Marionette. Ich versteifte mich, stemmte mich gegen den Arm, mit dem er sich abstützte, sehnte mit jeder Sehne, jedem Muskel herbei, was sich in fast neun Jahren in mir angestaut hatte. Ich konnte es nicht zurückhalten. Ich stöhnte noch einmal, um es ihn wissen zu lassen. Da zitterte er. Sein ganzer Körper zuckte. Er kniete sich über mich, und dann sah ich seinen Schwanz, der sich bonbonrosa und unwirklich groß über meine Brust wölbte. Das Sperma schoß heraus und ergoß sich in weißen Tropfen über die Neunundneunzig auf meinem Trikot. Es erschreckte mich ein wenig, aber ich sagte nichts. Nach einer Weile legte ich meine Hand in die Pfütze. Die Soße fühlte sich wärmer und klebriger an, als ich gedacht hatte. Allmählich beruhigte sich mein Herzschlag.

Er legte sich wieder hin. Er sah komisch aus, als ob er Schmerzen hätte, und als er mir ins Gesicht seufzte, konnte ich fast die Hitze seines Atems schmecken.

»Du fandest es schön«, sagte der Trainer. Er sah mich nicht an. »Es ist gut, daß du es schön fandest. Alles wird gut.«

Die Minuten vergingen. Ich zählte meine Atemzüge, während wir schwiegen. Ich war schon bei fünfundsechzig angelangt, bevor der Trainer wieder etwas sagte: »Pst.« Dabei hatte ich kein Wort von mir gegeben. Ich fing an zu zittern, und er nahm mich in den Arm, er bedeckte soviel von mir, wie er konnte, als ob meine Haut brannte und er eine Decke wäre, um die Flammen zu ersticken. Nur meine Mutter hatte mich jemals so im Arm gehalten.

»So sehr mag ich dich«, sagte der Trainer. »Es ist nichts Falsches dabei, es zu zeigen. Die Menschen haben Angst, es zu zeigen, aber du sollst wissen, daß nichts Falsches dabei ist, einem anderen Menschen zu zeigen, wie sehr man ihn mag, wie stolz man auf ihn ist.«

Ich sah mir das Chaos auf dem Fußboden an: zwei Löffel, eine tropfenförmige Perle seines Spermas und Frühstücksnuggets in allen möglichen Farben, als ob ein Kaleidoskop zerbrochen wäre. Ich schluckte. Der Geschmack seiner Zunge brannte mir im Mund.

Er zog seine Hose hoch. *Es ist passiert*, dachte ich, *es ist passiert*. Und ich hatte es schön gefunden. Draußen bellten Hunde, Kinder stritten in abgehackten Sätzen. »Ich verpetz euch«, schrie ein Junge. Der Trainer ließ einen Fünfdollarschein neben mich auf den Boden fallen, dann stieg er über mich hinweg, einen schwarzen Streifen von meiner Sonnencreme auf dem T-Shirt. Er bückte sich über die Spüle und drehte das heiße Wasser auf. Es spritzte ihm auf die Hände. »Den Boden mache ich später sauber.« Er lächelte mich an. »Meine Nummer neunundneunzig. Bald müssen wir los. Dann hauen wir das Taco Hut-Team in die Pfanne.«

Wir machten Taco Hut nach Strich und Faden nieder. Während der sieben Innings schlug ich drei RBIS, aber ich weiß nichts mehr davon. Ich sah, wie er von der Bank aus Handzeichen gab, und dachte an unseren Sex. Auch wenn ich es damals kaum begriff, ich wollte mehr davon. Bis ans Ende meiner Tage würde ich immer mehr davon wollen. Überall würde ich Sex sehen, in jedem Molekül, in allem, was ich sah, roch, schmeckte und anfaßte.

Ich könnte vorgreifen und die Nachmittage beschreiben, die ich mit dem Trainer verbrachte, das Geld, das er mir gab, alles, was ich von ihm lernte. Ich könnte das Ende des Sommers schildern und den Beginn des dritten Schuljahrs, den darauffolgenden Juni, als die Handelskammer dem Trainer ein älteres Team zuteilte. Ohne seine Führung ließ ich Baseball sausen. Wir sahen uns immer seltener, und irgendwann war unsere Beziehung zu Ende.

Trotzdem ist er für mich immer noch da, auch wenn ich es nicht erklären kann. Ich frage mich oft, wo der Trainer wohl jetzt wohnt und was er macht, ob er vielleicht im Gefängnis sitzt, ob er gelyncht wurde oder an einer Krankheit gestorben ist. Aber im Grunde spielt es keine Rolle. Wichtig ist nur, daß ich damals zum allerersten Mal das Gefühl hatte, mein Leben hätte einen Sinn. Wenn ich zurückdenke, was ich häufig tue, sind fast alle Erinnerungen an jenen Sommer verblaßt. Ich weiß kaum noch etwas davon, daß ich mit Mom nach Abeline in den Urlaub gefahren bin oder daß sie mit Alfred Schluß gemacht hat. Ich kann mich kaum noch an die anderen Jungen aus dem Team erinnern, auch nicht an die, die der Trainer in sein Haus am Rummelplatz gelockt hat.

Manchmal kann ich an nichts anderes denken als an die Zeit mit ihm. Als ob wir das einzige waren, was zählte. In meinen schönsten Träumen kommen nur er und ich vor, sonst niemand. Wir schweben durch seine nach Zucker duftenden Zimmer, wir zwei ganz allein, als ob Gott einen Strahl auf Kansas gerichtet hätte, in dessen Licht der Trainer und ich zufällig geraten wären.

3
Brian Lackey

Jeden Sommer pflanzte mein Vater Wassermelonen. Im September, wenn sie reif waren, hatte sich das Lachsrosa ihres Fleisches in dunkleres Zinnoberrot verwandelt. Bevor die Temperatur am Vormittag auf über fünfundzwanzig Grad anstieg, stapfte mein Vater mit dem Messer in der Hand zwischen den Ranken umher und schleppte Melonen ins Haus. In unserer Familie wurden so viele Melonen gegessen, daß wir wahrscheinlich alle eine Mischung aus Blut und Melonensaft in den Adern hatten.

Little River liegt ganz in der Nähe des Highway 56. Wegen der vielen Autos, die im September zum zwanzig Meilen entfernten Kansas-Volksfest in Hutchinson wollten oder von dort kamen, baute mein Vater jedes Jahr an der Straße einen Verkaufsstand auf. Deborah und ich waren für die Wagenladung Melonen verantwortlich. »Was ihr verkauft, könnt ihr behalten«, sagte er.

Zwei Jahre nach dem Sommer, in dem wir das Ufo gesehen hatten, beschloß mein Vater, uns die Melonen unbeaufsichtigt verkaufen zu lassen. Am ersten Tag des Volksfests stellte er den Pick-up neben der Highway-Einmündung am Straßenrand ab. Er kletterte auf die Ladefläche und ordnete die Melonen. Die gewöhnlichen gestreiften Früchte verteilte er zwischen den schwarzen Diamant- und den kleinen Honigmelonen. Er gab uns eine Roi-Tan-Zigarrenkiste mit Ein- und Fünfdollarscheinen und etwas Kleingeld. Er machte das Okay-Zeichen, drehte sich um und ging nach Hause.

Deborah und ich hockten uns an den Rand der Ladefläche, vor uns ein Meer von Wassermelonen. Ich kam mir wichtig vor, wie ein Kaufmann, der sein Geschäft aufsperrt. Während Deborah die

Früchte auf einer rostigen Waage abwog, berechnete ich den Preis – sechs Cent das Pfund – und schrieb ihn mit Filzstift auf die Schale.

Bald kamen unsere ersten fünf Kunden angefahren: ein älteres Ehepaar mit seinen drei Enkelkindern. Die rote Sonnenbrille der Frau paßte farblich zu ihrem verschmierten Lippenstift. Sie wirkte müde und verzweifelt. »Bei dem vielen Geld, das wir auf dem Rummel für alberne Spiele und Karussells ausgeben, kommt es auf die paar Dollar für eure Melonen auch nicht mehr an«, sagte sie. »Außerdem sind sie besser für die Kleinen als Zuckerwatte und Bonbons.« Sie prüfte die Reife einer dicken Melone, indem sie mit dem Fingernagel gegen die Schale klopfte. Deborah verdrehte die Augen. Vater hatte uns verraten, wie man die Reife bestimmen konnte. An der Stelle, wo die Melone an der Ranke hing, hatte sie einen dünnen, gekräuselten Faden. Wenn der braun wurde, war sie reif. Wir behielten das Geheimnis für uns und ließen die Frau so lange klopfen, bis sie sich entschieden hatte. Deborah wog die Melone ab. »Harold, gib ihnen zwei Dollar«, sagte die Frau. Ihr Mann bezahlte.

Im Laufe des Sommers waren meine Haare von der Sonne immer mehr ausgeblichen, und auch Deborah war strohblond geworden. Als es Mittag wurde, fühlten sich meine Haare trocken und spröde an, und meine Haut kribbelte. Ich wußte, daß ich am Abend mit einem Sonnenbrand nach Hause fahren würde. »Wir haben die Sonnencreme vergessen«, sagte ich.

Deborah drückte mir den Daumen in die Schulter. Eine halbe Sekunde lang blieb ein weißer Fleck auf der Haut zurück, bevor die Stelle wieder rosa wurde. »Bald siehst du wie ein Hummer aus«, sagte sie. Ich mußte an den vergangenen Sommer denken, als ich während eines Ausflugs zum Kanopolis-Stausee am Ufer eingeschlafen war. Wenn ich einen Sonnenbrand hatte, wurde mir immer schlecht. Wenn ich mich übergeben mußte, würde mich mein Vater morgen keine Melonen verkaufen lassen.

Deborahs beste Freundin, Breeze Campbell, kam zum Highway geradelt, um uns Gesellschaft zu leisten. Sie hatte auch keine Sonnencreme dabei. Sie fand, wir sollten etwas essen. Im Führerhaus, das voller Spinnweben hing, fand ich ein Messer hinter dem Sitz, dasselbe Messer, mit dem mein Vater vor zwei Jahren der Schildkröte den Kopf abgeschnitten hatte. Ich suchte mir eine Wassermelone aus, klopfte den Sand von der Schale und zielte mit dem Messer auf den Preis, 1,25. Dann stach ich zu. Die Melone zerbrach in zwei gezackte Hälften, wir griffen mit beiden Händen in das Fleisch und stopften es in uns hinein.

Normalerweise wurde ich in der Nähe von Deborahs Freundinnen verlegen, doch diesmal wurde ich immer mutiger, je mehr wir aßen. Ich stellte mich neben den Pick-up, überzeugte mich, daß die Mädchen mir auch zusahen, und schob mir händeweise Melonenfleisch in den Mund. Aber ich schluckte es nicht hinunter. Ich boxte mir mit den Fäusten in die vollgestopften Backen, so daß mir der Saft und die Kerne aus dem Mund spritzten. Breeze lachte. Sie sprang vom Wagen und machte mit.

Jedesmal, wenn ein Auto vorbeikam, »kotzten« wir drei Melonenfleisch auf den Highway. Doch nach einer Weile genügte mir das nicht mehr. Ich nahm Wassermelonen von der Ladefläche, hob sie hoch und ließ sie fallen. Mit einem lauten *Platsch* zerplatzten sie auf dem Asphalt. Nach wenigen Minuten war der Highway 56 mit rosa Fruchtfleisch, Schalenstücken und schleimigen Kernen bedeckt. Fliegen kreisten über dem Matsch wie über einem Tierkadaver.

Plötzlich hörte Deborah auf zu lachen. Ich drehte mich um und sah unseren Vater kommen. Er hatte sich geduscht, umgezogen und die Haare nach hinten geklatscht. Bestimmt wollte er nach Hutchinson zum Baseballspiel fahren. Die Sonne spiegelte sich in seinem Haaröl. Er preßte die Hände so fest an die Seitennähte seiner Shorts, daß seine steif abgespreizten Finger zitterten. Breeze räusperte sich und schob ihr Fahrrad die Straße hoch.

Man wußte nie, wie mein Vater reagieren würde. Es konnte zum Beispiel passieren, daß er meine Mutter eben noch tröstete und ihr im nächsten Augenblick die Tür vor der Nase zuknallte. An diesem Tag schlug mein Vater mich nicht. Er blickte nach Osten und nach Westen, ob Autos kamen. Es waren keine in Sicht. Er ging auf die

Melonentrümmer zu und fing an, die rosa Klumpen in den Straßengraben zu werfen. Als er ein Stück Schale entdeckte, auf dem noch der Preis stand, hielt er es hoch. »Einsfünfundachtzig«, sagte er. Wieder flog ein rosa Brocken durch die Luft. Er fand das nächste Stück Schale. »Zweifünfzig. Das war eine große, Brian.«

Als mein Vater die Reste weggeräumt hatte, war nur noch ein Fleck auf dem Asphalt zu sehen, eine Saftpfütze in Form eines Sterns mit unzähligen Zacken. Er lehnte sich an den Pick-up. Ich ließ seine Hände nicht aus den Augen. Eine Fliege setzte sich auf seine linke Hand und wackelte mit ihren dünnen Beinchen. Er verscheuchte sie und klopfte mit dem Fingerknöchel auf die Roi-Tan-Kiste. »So gegen sieben bin ich wieder zurück.« Mit einem mechanischen Blinzeln in den Augen lächelte er Deborah an. »Dein Bruder schuldet mir zwölf Dollar und vierzig Cent.«

In den zwei Jahren, seit meine Mutter, Deborah und ich das Ufo gesehen hatten, hatte ich mich zu einem begeisterten Sterngucker entwickelt. Im Sommer machte ich es mir abends auf dem Dach gemütlich. Meistens war ich allein, weil Deborah keine Lust mehr hatte, mit mir zu spielen, aber das störte mich nicht. Ich prägte mir die Mondphasen und verschiedene Sternbilder ein und suchte den Himmel mit dem Fernglas nach ungewöhnlichen Erscheinungen ab.

In der Zeitung achtete ich besonders auf Artikel über fliegende Untertassen, und manchmal fand ich tatsächlich einen Kurzbericht über unheimliche Lichter oder merkwürdig geformte Objekte, die von einem Flugzeug verfolgt worden waren. Ich träumte davon, der erste jugendliche Ufo-Forscher der Welt zu werden, der heimlich von der US-Regierung finanziert wurde, damit er um die ganze Welt reisen und Informationen zusammentragen konnte. Ich lieh mir aus der Stadtbibliothek Bücher aus und studierte darin die Zeichnungen und die wenigen Fotografien von Raumschiffen.

An Halloween wollte ich mich als Astronaut verkleiden, aber meinem Vater war das Kostüm zu teuer. »Ich schmeiße mein sauer verdientes Geld doch nicht für so einen Mist zum Fenster raus.« Ich mußte als Teufel gehen, weil es billiger war. Am letzten Oktobertag zog ich meine Verkleidung an, eine preiselbeerrote Trainingshose, Hosenträger und Gummistiefel. »Ich komme mir albern vor«, sagte ich zu meiner Mutter.

Damals gingen Deborah und ich noch jede Woche in die Kirche. Unsere Jugendgruppe hatte drei Meilen vor der Stadt ein verlassenes Haus für Halloween dekoriert. Wir wollten unser eigenes Spukhaus aufmachen, wo sich die Kinder schön gruseln konnten, nachdem sie genug Süßigkeiten gesammelt hatten. In meinem Teufelskostüm fühlte ich mich ausnahmsweise richtig mutig, weil mich die Klassenkameraden, die mich in der Schule immer hänselten, bestimmt nicht erkennen würden, und ich hatte vor, aus einer dunklen Ecke hervorzuspringen und sie zu erschrecken.

Der Abend begann in der lutherischen Kirche von Little River, wo Deborah und ich Kerzen holten. Während ich an den Bankreihen entlangschlich, hüpfte mein Schwanz hinter mir her. Ich bewegte mich so teufelsgleich wie möglich, um schon einmal für meinen großen Auftritt zu üben. Das Blau und Gold der bleiverglasten Fenster schimmerten matt, und ich stellte mir vor, daß die Hand Gottes jeden Augenblick das Dach und den Turm zur Seite schieben würde, um mir die Maske vom Gesicht zu reißen.

Deborah blieb unter dem Gekreuzigten stehen. Im Mondlicht, das schräg durch die bunten Scheiben hereinfiel, leuchteten die grünen Warzen, die sie sich ins Gesicht geklebt hatte. Sie ging als Hexe und hatte sich extra für Halloween die Haare rot gefärbt. Sie hatten genau den gleichen Ton wie das Blut, das dem Heiland aus den Wunden quoll. »Deine Verkleidung ist die reinste Gotteslästerung«, sagte sie, als ich mit den Kerzen hinter dem Altar hervorkam. »Einfach perfekt.« Sie glaubte schon seit Monaten nicht mehr an Gott. Angeblich ging sie nur noch in die Kirche, um mit Lucas Black, dem achtzehnjährigen Pfarrerssohn, zu flirten.

Draußen vor der Kirche, wo mein Vater und meine Mutter im Pick-up warteten, hupte es. Als wir uns zu viert auf die Sitzbank quetschten, schien es meinen Eltern unangenehm zu sein, nebeneinander zu sitzen. Es wäre bestimmt besser gewesen, wenn sie Deborah und mich zwischen sich gehabt hätten.

»In fünfundzwanzig Minuten fängt mein Dienst an«, sagte meine Mutter. Ihre Uniform hatte die Farbe von Roggenbrot. Auf ihrem goldenen Abzeichen stand M. LACKEY, auf den Schulteraufnähern STAATSGEFÄNGNIS KANSAS.

»Zuerst müssen wir die Kinder absetzen«, sagte mein Vater. Hinter dem Schild AUF WIEDERSEHEN IN LITTLE RIVER, KANSAS bogen wir in die verlassene Straße ein, die zu dem Spukhaus führte.

Ich überprüfte meine Maske im Seitenspiegel und bog ein schiefes Horn zurecht. Aus dem Schlitz zwischen den wulstigen, rotbraunen Lippen quoll mein Atem hervor. Unter der Maske trug ich meine neue Drahtbrille, mit der ich laut Deborah wie eine Eule aussah und wegen der ich in der Schule schon gehänselt worden war. Als ich, um mich im Spiegel besser sehen zu können, das Fenster ein Stück herunterkurbelte, verlor Deborah ihren Hut, und ihre roten Haare wehten im Wind. »Zumachen!« sagte sie. Dabei sah ich ihren geschwärzten Schneidezahn.

Die Welt flog an uns vorbei. Der Mond hing über dem flachen Horizont wie ein Edelstein, der in einem schwarzen See an die Oberfläche steigt. Die Felder waren mit dunklen Farmhäusern, Silos und Heuhaufen gesprenkelt. Ein Schäferhund jagte ein Kaninchen durchs Gebüsch. Der Abendnebel schob sich über Kansas wie eine dicke Baiserschicht.

Der Wagen rollte langsam auf das Spukhaus zu. Die Scheinwerfer spiegelten sich in den verschmierten Scheiben. »Ich komme frühestens um vier Uhr nach Hause«, sagte meine Mutter. »Ich muß die ganze Nacht auf dem Wachturm stehen, wie Rapunzel. Aber nur noch einen Monat, dann habe ich diese Schicht – Gott sei Dank – hinter mir.« Sie sah auf die Uhr. »Euer Vater hat morgen Bilanz. Deshalb geht er früh ins Bett. Ihr könnt sicher irgendwo mitfahren, oder am besten fragt ihr gleich Pfarrer Black.«

Sie küßte sich auf zwei Finger. Sie tippte erst Deborah, dann mir auf die Stirn. »Seid nicht so laut, wenn ihr nach Hause kommt«, sagte unser Vater. Ich sprang aus dem Wagen, Deborah hinter mir her.

Das Spukhaus stand in einem Halbrund von Bäumen. Es ging das Gerücht um, daß dort vor vielen Jahren ein Mann seine Familie abgeschlachtet hatte. Bei den Schülern der High-School von Little River galt es als Mutprobe, davor zu parken, aber meistens fuhren sie bald wieder weiter, wenn drinnen kein Licht anging und kein einsamer Geist aus dem Fenster starrte. Viele Bretter des niedrigen grauen Holzhauses hingen nur noch an einem Nagel, und die Dachschindeln waren von der Sonne gebleicht. Die Fensterscheiben waren von herabstürzenden Ästen zerschlagen oder von Vandalen mit Steinen eingeworfen worden. Es sah so wacklig wie ein Streichholzhaus aus.

Auf der Veranda stand ein Schild: TRAUST DU DICH? EINTRITT 1 DOLLAR. Es war mit »Blut« geschrieben, das wir in der Jugendgruppe aus Sirup und Lebensmittelfarbe zusammengerührt hatten. Ich machte einen Bogen um die Fußmatte, die einen großen Kunstblutfleck hatte.

Das vordere Zimmer war früher die Küche gewesen. In der Spüle leuchteten ausgehöhlte Kürbisse, die Grimassen schnitten, als ob sie noch alle Stiche und Schnitte spürten, die man ihnen zugefügt hatte. Fledermäuse und Vogelspinnen aus Gummi, die Deborah aufgehängt hatte, baumelten an Fäden von der Decke. Die alten Spinnweben in den Zimmerecken hatte sie gelassen. »Die machen die Stimmung noch gruseliger«, hatte sie gesagt, obwohl Breeze Campbell mit dem Gesicht voll in ein Netz hineingelaufen war.

Leaf, Breezes älterer Bruder, ging von Zimmer zu Zimmer und spritzte mit einer Plastikflasche Kunstblut auf Boden und Wände. Er war ein dicker Kerl, der immer eine schwarze Strickmütze aufhatte. Sein Kostüm bestand aus einem blutigen Laken, seiner unvermeidlichen Mütze und einem Messer, das ihm nicht besonders überzeugend in der Achselhöhle steckte. »Die Erwachsenen sind alle weg«, sagte er zu Deborah. »Nur mein Vater ist noch da, aber der sitzt hinten und säuft.« Die Führungen durch das Spukhaus sollten in fünfzehn Minuten beginnen.

Pfarrer Black hatte uns gebeten, es mit der Gruseldekoration nicht zu übertreiben, aber daran hatten wir uns natürlich nicht gehalten. In einem der oberen Zimmer hatten Leaf und seine Freunde den ganzen Fußboden mit Messern, Sägen, Bohrern und Hämmern ausgelegt. Sie hatten ein Loch in einen Tisch gesägt, ihn mit einem Laken verhängt und Kerzen darauf gestellt. Einer von ihnen wollte sich unter den Tisch hocken und den Kopf durch das Loch stecken. Neben seinem Hals würde dann auch noch ein Sägeblatt liegen, das mit Sirup und Lebensmittelfarbe beschmiert war. Wenn die Führungen begannen, sollte der »Tote« die Augen aufreißen und Blut spucken.

Deborah nahm einen Spiegel aus ihrer Handtasche. Sie berührte ihre Ohrringe, riesige Blitze, die sie aus Folienkarton ausgeschnitten hatte, und überprüfte ihre Warzen und Zähne. Ihr Gesicht sah aus wie aus Erbsensuppe gemeißelt. »Eines Abends stand der Mann, der früher hier wohnte, vom Tisch auf und ging in den Werkzeugschuppen.« Sie übte ihren Text für die Führung. »Als er wieder zurückkam, brachte er seine Frau und seine acht Kinder nacheinander in die neun Zimmer dieses Hauses, und dann ...«

Sie warf einen Blick ins Nebenzimmer, wo Lucas Black seine Waffen ordnete. Lucas spielte den mörderischen Vater, die Campbells mit ein paar älteren Freunden stellten die abgeschlachteten Kinder dar. Ich war der Jüngste in der Gruppe. »Du kannst überall im Haus herumspuken«, sagte Lucas und zeigte mit einem Schraubenzieher auf mich. »Du kannst die ganz Mutigen erschrecken.«

An diesem Abend war meine Schüchternheit wie weggeblasen, und ich freute mich schon darauf, den anderen einen Schrecken einzujagen. Zwei Jahre zuvor waren mein Vater und ich an Halloween auf dem Weg nach Topeka an einem Spukhaus vorbeigekommen, das so ähnlich aussah wie das, das unsere Jugendgruppe hergerichtet hatte. Mein Vater hatte angehalten. »Komm, wir sehen mal rein.« Ein Eisbär mit blutverschmiertem Maul und eine Mumie winkten die Leute ins Haus. Aber als die Mumie mir mit ihren klammen, schleimigen Fingern durchs Gesicht fuhr, machte ich im letzten Moment einen Rückzieher. »Wenn du so feige bist, wirst du es nicht weit bringen«, sagte mein Vater. »Das Leben ist kein Zuckerschlecken, Sohn.«

Deborah und ich gingen nach oben. Wegen des roten Sirups roch das ganze Haus nach Frühstück. Irgend jemand hatte eine Plastikpuppe ans Geländer gebunden, der man eine Schere in die Augen gebohrt hatte. Ihr Kleid war hochgeschoben, so daß man ihren nackten Hintern mit den Grübchen sehen konnte. Im Vorbeigehen zog ich ihr das Kleid herunter.

An den Wänden des Elternschlafzimmers zeichneten sich Lichtstreifen ab. Als Breeze ins Helle trat, wirkte das Make-up auf ihrem Gesicht plötzlich so plump wie ein Marmeladeklecks auf einem Pfannkuchen. »Da kommt ein Auto«, rief sie und lief in ihr Versteck.

Unten ging ein Kassettenrecorder an. Gruselige Filmmusik erklang, ein wummernder Baß, begleitet vom schrillen, kreischenden Stakkato einer Geige. Ich ging in das kleinste Zimmer, schnappte mir einen Besen und kauerte mich in eine muffige Ecke. Vor dem Fenster hing Breeze, den Kopf in einer Schlinge. Sie sah wirklich tot aus, obwohl sie eine versteckte Halteschlaufe um die Schultern hatte und sich mit dem Fuß am Fenster abstützte. Ich winkte ihr mit dem Besen zu, sie zwinkerte zurück. Sie ordnete ihren Strick. Das Kerzenlicht warf zwei rosa Vs auf ihr Gesicht.

Unten stieß Lucas Black einen Pfiff aus. Drei Sekunden lang blieb alles still. Draußen knallten Autotüren zu.

Ich hörte, wie Deborah einige Kinder um sich scharte. »Jede Führung dauert zehn Minuten«, sagte sie mit ihrer normalen Stimme. Sie machte eine Pause. Dann fuhr sie heiser fort: »Ich grüße euch. Hoffentlich habt ihr genug Mut mitgebracht. In diesem Hause spukt es. Der Mann, der früher hier wohnte, war ein kaltblütiger Mörder. Eines Abends stand er vom Tisch auf ...« Ich schloß die Augen und stellte mir vor, wie sich die Kinder ängstlich aneinanderschmiegten und gebannt die Hexe anstarrten, die sie durch das Haus führen würde.

Unter der Gummimaske hatte ich das Gefühl, als ob kleine Hände meine Augen zusammendrückten. Langsam bewegte sich die Gruppe die Treppe herauf. »Die jüngste Tochter mußte als erste dran glauben«, zischelte Deborah. »Er brachte sie in dieses Zimmer, wo er ihr befahl, den Mund auf- und die Augen zuzumachen. Sie dachte, er wolle ihr zum Nachtisch kandierten Mais oder Zimtbärchen geben, aber sie irrte sich.«

Unten schwoll die Horrorfilmmusik an. Oben wurde vereinzelt gekreischt. Die Kinder hatten das Zimmer betreten, wo Marcy Hathaway mit blutverschmiertem Gesicht auf dem Boden lag, ein rohes Kalbskotelett auf der Brust, das ihre abgeschnittene Zunge darstellen sollte.

Die Gruppe ging zurück in die Diele. Während ich in meiner Ecke hockte, hämmerte mir das Herz in der Brust. Ich bekam kaum Luft. Jeden Augenblick konnten die Kinder hereinkommen.

Die Tür öffnete sich einen Spalt. Breeze verdrehte die Augen und ließ die Zunge heraushängen. »Tretet ein«, forderte Deborah die Kinder auf. »Diese Tochter hat er erhängt. Mund auf, Augen zu. Das hat er zu allen gesagt. Dann hörte man nur noch das Knacken, mit dem der Hals des fünfzehnjährigen Mädchens brach.« Die Kinder drängten sich fasziniert um die Leiche. Ein kleiner Junge mit Draculagebiß fing an zu weinen.

Ich wartete ab, bis sie sich wieder umdrehten, weil sie sich die Bluttat im nächsten Zimmer ansehen wollten. Da erst sprang ich aus meiner Ecke. Sie kreischten, als ich den Besen über ihre Köpfe sausen ließ, obwohl ich gut aufpaßte, daß ich keinen traf. Sie rannten zur Tür hinaus. Ich lachte, und Deborah machte mir das Daumen-hoch-Zeichen.

Im Viertelstundenabstand löste eine Führung die nächste ab. Irgendwann verlor Deborah das Interesse. Ich suchte mir aus jeder Gruppe ein Opfer aus, meistens jemanden in einem besonders teuren Kostüm. Da leider keiner als Marsmensch oder außerirdischer Roboter ging, stürzte ich mich auf ein Kind, das als »Turiner Grabtuch« verkleidet war. Er oder sie trug einen schwarzen Turnanzug mit schwarzer Kappe und war von Kopf bis Fuß vergoldet, um auf diese Weise Jesus vor der Auferstehung darzustellen. Ich gab dem »Grabtuch« einen Stoß mit dem Besen und zwickte es ein paarmal mit meinen angeklebten Teufelsklauen.

Im Laufe des Abends veränderten sich die Gruppen. Anfangs erkannte ich die meisten Kinder aus der lutherischen Kirche in Little River wieder, doch später glitten immer mehr fremde Gesichter an mir vorbei. Die meisten Unbekannten schienen älter zu sein. »Ich glaube, sie kommen aus Hutchinson«, flüsterte Breeze. Dann ging die Tür auf, und sie verdrehte schnell wieder die Augen.

Eine Gruppe Jungen kam mir bekannt vor. Zu sechst kamen sie in das nach Sirup riechende Zimmer. Ihre Spukhausführerin hatten sie abgehängt. Ich beobachtete sie durch die Schlitze in meiner Maske. Als einer von ihnen rülpste, konnte man in der frostigen Luft seinen Atem sehen. Er hatte einen blonden Bürstenschnitt und ein Halsband aus kleinen weißen Muscheln. Ein anderer trug einen Overall und eine Baseballkappe von den Reds, in seinem Mund glitzerte eine Zahnspange. Keiner der Jungen war verkleidet.

Ich sprang aus meiner dunklen Ecke. Der mit der Zahnspange fing an zu lachen. »He, da ist Luzifer.« Die anderen drehten sich ebenfalls um und starrten mich an.

Die Jungen umringten mich. Ich machte »Buh!« Jetzt lachten alle sechs. Breeze Campbell lachte auch. Ihr Körper wackelte in der Schlinge.

Der Junge mit dem Bürstenschnitt und dem Muschelhalsband beugte sich vor. Seine grünen Augen fixierten mich.

Da fiel mir alles wieder ein. Ich hatte diese Jungen vor zwei Jahren gekannt, in dem Sommer, als ich die fünf Stunden verloren und das Ufo gesehen hatte, in dem Sommer, als ich in Hutchinson Baseball gespielt hatte. Ich hatte zusammen mit ihnen trainiert und mir anhören müssen, wie sie mich »Brillenschlange« und »Feigling« nannten, wie sie sagten: »Du gehörst auf die Bank.« Und nun, zwei Jahre später, als dieser Junge mich packen wollte, erinnerte ich mich plötzlich an alles, daß ich Baseball haßte, daß ich nie wieder damit angefangen hatte, obwohl mein Vater mir ständig davon vorschwärmte.

Der mit dem Bürstenschnitt drückte mich gegen die Wand. »Echt gruselig, wahnsinnig gruselig«, sagte er. Blitzschnell griff er nach meiner Teufelsmaske. Er zog sie mir vom Gesicht und warf sie auf den Boden.

Haare wurden mir aus der Kopfhaut gerissen. Als ich die Augen wieder aufmachte, konnte ich nur noch verschwommen sehen. Mit der Maske hatte ich auch die Brille verloren.

Sie lachten, alle lachten. Breeze kicherte schrill und durchdringend, wie ein kreischender Eichelhäher. Sie wollte den Jungen imponieren. Ich ging ein paar Schritte auf die Gruppe zu.

Da trat ich mit dem rechten Stiefel auf meine Brille. Es knackte laut, und die Gläser zersplitterten wie Kartoffelchips. Ich wollte sie aufheben. Doch es waren nur noch Scherben übrig, so spitz und scharf wie die Zähne im Mund eines Ungeheuers. Ich wischte sie beiseite und griff nach meiner Maske.

Die Jungen sahen hinter mir her, als ich aus dem Zimmer rannte. Ich hatte mich bis auf die Knochen blamiert, genau wie damals, in jenem Sommer. Mir fiel wieder ein, wie ich einmal im rechten Outfield einen leichten Ball fallen gelassen hatte und von den älteren Jungen dafür ausgelacht worden war. Ich lief nach unten, rutschte auf einer blutigen Stufe aus und schlug mit dem Arm die Puppe mit dem durchbohrten Gesicht vom Geländer. Ich rannte an Deborah und den anderen vorbei. Ohne Brille konnte ich sie kaum erkennen. Deborah drückte ihr Warzengesicht an Lucas Blacks Brust, die schon ganz mit grüner Schminke vollgeschmiert war.

»Was ist los?« fragte sie.

Ich antwortete nicht. Von oben hallten Satzfetzen meiner ehemaligen Mannschaftskameraden herunter: »Der Geköpfte nebenan«, »Keinen müden Dollar wert«, »Wartet draußen im Kombi.«

Deborah wollte mich festhalten. »Was hast du?«

Ich stürmte durch die Küche. Es war, als ob die ganze Stadt über mich lachte. Ich knallte die Fliegendrahttür hinter mir zu und lief über die Veranda, vorbei an den parkenden Autos, unter die Bäume.

Dreißig Minuten später fuhr ich zusammen mit Deborah und Breeze im Wagen der Campbells nach Little River zurück. Ich starrte mit glasigen Augen in die vorbeirauschende schwarze Nacht hinaus. Nachdem ich das Spukhaus verlassen hatte, war mir etwas passiert, woran ich mich kaum noch erinnern konnte.

Nur wenige Bruchstücke weiß ich noch. Als ich aus dem Haus kam, hing der Mond, fast elektrisch hell leuchtend, wie ein Heliumballon zwischen den fedrigen Wolken, so dick und prall, als ob er jeden Augenblick in Millionen Stücke zerplatzen müßte. Ohne Brille zerrann mir die Welt vor den Augen. Haus und Bäume sahen aus, als stünden sie auf dem Grund eines Sees. Ich lehnte mich an einen Baum, und die rauhe Rinde drückte sich in meine Haut, wie eine Knochensäule.

Ich setzte meine Maske wieder auf. Hinter mir wurde die Orgelmusik lauter, leiser, lauter. Die meisten Kinder waren schon nach Hause gegangen. »Machen wir Feierabend«, sagte ein Erwachsener. Mit den Tränen kämpfend, lief ich weiter. Von den ausgerissenen Haaren tat mir die Kopfhaut weh, und mein Gesicht pochte.

Ich weiß noch, daß ich an den geparkten Wagen vorbeikam. Vor mir war nichts, nur Luft, die so kalt war, daß sie knisterte, und ein Halbrund von Bäumen; die jungen Bäume am Rand gingen in uralte, hohe Pyramidenpappeln und Eichen über. Als ich zwischen ihnen hindurchwanderte, flüsterten und knarrten sie im Wind. Ich blickte in ihre verschwommenen Zweige hoch, die so zart und fein wie Spinnweben waren.

Hinter mir im Haus hörte ich Leaf brüllen, bestimmt hatte er gerade ein neues Opfer gepackt. Ein heulender Chor erklang. »He, Brian«, rief Deborah. Aber für mich war das Spiel zu Ende. Ich ging immer weiter. Deine Baseballzeit ist vorbei, redete ich mir ein. Vergiß die Jungen.

Irgendwo murmelte ein Bach. Ich folgte dem Geräusch, ging immer tiefer in den Wald hinein. Dornen rissen an meinem Umhang, Eichenblätter schwebten zu Boden, und meine Gummistiefel patschten durch lehmige Pfützen.

Hinter mir zerbrach ein Ast. Daran kann ich mich noch genau erinnern. *Knacks* machte es.

Plötzlich merkte ich, daß es um mich herum unglaublich still geworden war. Die Grillen, der Bach, sogar der Wind waren verstummt. Es war so leise, daß ich an den Abend denken mußte, an dem ich hinter unserem Haus auf dem Berg gestanden und in den Himmel gestarrt hatte, ein wenig ängstlich, aber auch seltsam friedlich, ja sogar glücklich, während das Raumschiff mit den blauen Lichtern über uns schwebte.

Das letzte, woran ich mich erinnere: Inmitten der tiefen Stille zerbrach ein zweiter Ast. Und ich drehte mich um.

Dann verschwimmt alles.

4
Wendy Peterson

Neil McCormick war ein abgerissener, mürrischer Schlaks von einem Jungen. Ich habe mich auf den ersten Blick in ihn verknallt. Aber ich merkte schon bald, daß aus uns nichts werden würde: Er war nämlich schwul.

Eines Nachmittags, nach einer spiritistischen Pausensitzung, wußten alle Kinder an der Sherman Middle School, was mit ihm los war. Es war im September 1983. Mit meinen zwölf Jahren gefiel ich mir bereits in der Rolle der Außenseiterin, die ich nie mehr ablegen würde. Die Trends, denen meine Klassenkameraden in Hutchinson folgten, kamen mir kindisch vor: Neonarmreifen, T-Shirts mit aufgebügelten Spitznamen und verbotene Eislollys aus Tequila mit einem echten toten Wurm drin. Aber als ein paar von ihnen anfingen, sich mit Okkultismus zu beschäftigen, war ich mit dabei. »Endlich stehen sie mal auf etwas Cooles«, sagte ich zu meiner Mom. Als Mutprobe zogen wir grüppchenweise über Friedhöfe. Wir kauften uns Tarotkarten und Magazine, in denen es um Telekinese oder Geistererscheinungen ging. Wir hockten uns in der Pause zusammen und warteten darauf, daß ein kleines Wunder geschah.

Meine Mom fand, ich hätte mich verändert. Zum nächsten Geburtstag wünschte ich mir Platten von Bands, die besonders unheimliche oder brutale Namen hatten: The Dead Boys, Suicide, Throbbing Gristle. Die Welt von Hutchinson, Kansas, war mir zu eng geworden. »Wenn du nicht aufpaßt, nimmt es noch ein böses Ende mit dir, Wendy Peterson«, sagte meine Mutter des öfteren zu mir.

Bei ihren Warnungen mußte ich jedesmal an Neil denken. Anscheinend war er außer mir keinem besonders aufgefallen, denn er war immer allein. Er ging noch nicht in die sechste, sondern erst in die fünfte Klasse, und er spielte nicht Fußball, was das mindeste war, wenn man dazugehören wollte.

An jenem Nachmittag allerdings drängte er sich furchtlos in unsere spiritistische Runde. Vicky und Rochelle, zwei allseits beliebte Schülerinnen, wollten den Geist eines verstorbenen blonden Fernsehstars beschwören. Sebastian Soundso war in Hollywood mit seinem BMW gegen eine Mauer gerast, und meine Mitschülerinnen hatten sich in den Kopf gesetzt zu ergründen, in welche himmlischen Gefilde es ihn verschlagen hatte. »Aaahhhmmm«, stöhnten sie. Mit hoch erhobenen Händen versuchten sie, die spirituellen Schwingungen zu fühlen.

Als Neil in die Sitzung platzte, landete sein Turnschuh genau auf unserer Alphabettafel. »Paß doch auf, du Arsch«, beschwerte sich einer aus der Runde.

»Ihr Blödmänner habt ja überhaupt keine Ahnung, wie man mit Geistern in Verbindung tritt«, sagte Neil. »Laßt es euch lieber mal von einem Profi zeigen.« Er klang fast großväterlich, als hätte er alle möglichen Weisheiten im Kopf. Die ersten machten die Augen auf, und die Konzentration war weg. Irgend jemand schnappte nach Luft.

Die Köpfe einiger größerer Jungen versperrten mir die Sicht. Als ich über ihre Schultern lugte, sah ich Neils schwarzen Wuschelkopf. Ein Luftzug wehte hindurch. Bestimmt waren seine Haare weich wie Cord.

Neil nahm eine herzförmige beige Plastikscheibe von der Alphabettafel. Sie sah wie ein dreibeiniges Tischchen aus, durch dessen Mitte eine goldene Nadel ging, deren Spitze in der Sonne glitzerte. Eben noch hatten Vicky und Rochelle ihre polierten Fingernägel auf die Scheibe gelegt, um den Geistern Fragen über den Weltuntergang zu stellen.

»Mein Vater ist Hypnotiseur«, sagte Neil. Er fuchtelte mit der Scheibe herum, als wäre sie eine Smith & Wesson. »Er hat mir seine ganzen Tricks beigebracht. Was meint ihr, was ich euch beschissenen Wichsern alles zeigen könnte?« Bei Neil klangen die Schimpfwörter nicht einfach so dahingesagt, sie bekamen eine ganz eigene Bedeutung.

Er zog seine Schuhe aus, hockte sich darauf und verknotete die Beine ineinander, wie es nur ein mageres Bürschchen wie er fertigbringen konnte. Er wurde so dicht umringt, daß die Sonne nicht mehr zu ihm durchdrang und er im Schatten saß. Es war kalt, und ich wünschte mir, ich hätte meine Jacke angezogen. Irgendwo schrillte die Pfeife eines Lehrers. Ein paar Mitschüler trällerten ein schwachsinniges Liedchen, dessen Worte vom Wind verweht wurden.

»Wer will der erste sein?« fragte Neil. Ich war ungeheuer gespannt darauf, was er vorhatte. Vielleicht würde er sie alle in ihrer unendlichen Dummheit entlarven.

Vicky meldete sich. »Geht nicht«, sagte Neil. »Für meine Art von Hypnose brauche ich einen Jungen.« Beleidigt steckte Vicky sich ihren Tequilalolly wieder in den Mund und trat zur Seite.

Neil zeigte auf Robert P., an dem der Anfangsbuchstabe seines Familiennamens klebte, weil es in der sechsten Klasse noch zwei Roberts gab. Robert P. konnte Spanisch und trug manchmal eine Augenklappe. Ich war dabeigewesen, als er mit seinem ersten feuchten Traum angegeben hatte. Manche Mädchen fanden ihn »niedlich«. Ich fand ihn genauso blöd wie die meisten anderen an der Schule.

Der Kreis rückte etwas auseinander, und ich konnte besser sehen. Robert ließ sich von Neil überreden, sich auf den Rücken zu legen. Rasch wurde das Gras glatt gestrichen, Steinchen und Kletten wurden entfernt, und er bekam eine zusammengefaltete Windjacke unter den Kopf geschoben. Die ängstlicheren Kinder blieben am äußeren Rand des Kreises stehen und blickten sich nervös nach den Lehrern um.

Neil setzte sich neben sein Versuchskaninchen. Er sagte: »Alle Mann auf die Knie.« Wir gehorchten. Ich konnte in Roberts Nasenlöcher gucken. Er hatte die Augen zu und den Mund leicht offen, so daß man genau erkennen konnte, daß er eine Zahnspange nötig hatte. Es war schade, daß ich keinen Platz auf der anderen Seite des Kreises gefunden hatte. Ich hätte zu gern neben Neil McCormick gekniet.

Neil legte Robert P. Zeige- und Mittelfinger an die Schläfen. »Tief ein- und ausatmen.« Er rubbelte und massierte ihn. Ich hätte alles dafür gegeben, an Roberts Stelle zu sein. Neil senkte die Stimme: »Jetzt zählst du in Gedanken rückwärts. Fang bei hundert an. Hundert, neunundneunzig. Immer weiter rückwärts zählen, immer schön langsam.« Alle bewegten gleichzeitig die Lippen mit. Ob er die ganze Gruppe hynotisieren konnte?

»Achtzig, neunundsiebzig, achtundsiebzig ...« Er sprach immer leiser, bis er fast flüsterte. Mein Blick wanderte zwischen Roberts Gesicht und Neils Hinterkopf hin und her. Ich war ihm so nah. »Neunund ...« Pause »... sechzig.«

Als Neil bei zweiundsechzig ankam, sah Robert P. wie ein Zombie aus. Nur seine Brust hob und senkte sich, ansonsten lag er vollkommen reglos da. Ich hatte den Eindruck, daß er sich nur hypnotisiert stellte, war aber trotzdem gespannt, was für eine Aufgabe Neil sich für ihn einfallen lassen würde. Hoffentlich etwas Peinliches, zum Beispiel Miss Timmons auf die Schuhe pinkeln oder mit einem Stein ein Schulfenster einwerfen.

Ein Mädchen sagte »Wow«. Darauf schien Neil nur gewartet zu haben. Er hockte sich rittlings auf Robert. »Fünfzig«, sagte Neil. Robert P. bewegte sich nicht. Neil packte seine Hände und drückte sie über seinem Kopf auf den Boden. Ihre Gürtelschnallen stießen aneinander. Der Kreis der Zuschauer zog sich enger. Fremde Finger berührten meine Haut, fremde Schultern stupsten mich. Ich sah niemanden an. Ich konnte den Blick nicht von Neil und Robert P. losreißen, als ob ich im Kino in der ersten Reihe säße, vor einem wunderschönen Film.

Neil streckte sich auf Robert aus und machte sich platt. Wieder stießen die Gürtelschnallen klickend aneinander.

Wolken schoben sich vor die Sonne. Der Himmel verdunkelte sich. Ein zweites Mal gellte die Pfeife. »Die Pause ist zu Ende«, rief

Miss Timmons, aber niemand rührte sich vom Fleck. Was kümmerte uns die nächste Stunde? Die Stille wuchs an, sie erblühte zu einer flauschigen grauen Blume. Leise zählte meine innere Stimme weiter: dreiunddreißig, zweiunddreißig.

Dann geschah es. Neil preßte seinen Unterkörper fest auf Robert und bewegte den Hintern auf und ab. Ich hatte bereits meine ersten Pornos gesehen, deshalb wußte ich, wie Ficken aussah. Aber das hier waren zwei Jungen, und sie waren angezogen.

Neil schob sein Gesicht genau über Roberts. Robert machte die Augen auf. Er blinzelte zweimal, starr und neugierig, wie ein Huhn. Neil sabberte. Die Spucke hing einen Augenblick glänzend an seinen Lippen, dann lief sie Robert in den Mund. Der hustete, schluckte und hustete noch einmal. Neil schob seinen sabbernden Mund immer näher an ihn heran. Schließlich berührten sich ihre Lippen.

Vicky kreischte, die Zuschauer sprangen auf und wichen zurück. Sie schrien »ekelhaft« und »widerlich« und hatten es plötzlich sehr eilig, in Miss Timmons' Unterricht zu kommen. Sie rannten so schnell, daß die Farben ihrer Turnschuhe ineinander verschwammen. Ich stand auf und sah mir das getrennte Jungenpärchen an. Robert P. krümmte sich im Gras wie eine Klapperschlange, die von einem Lastwagen überrollt worden war. Er hatte einen schokoladenbraunen Fleck am Kinn: Lehm, vermischt mit Neils Spucke.

Einer von Roberts Freunden verpaßte Neil einen Tritt in die Rippen und lief hinter den anderen her. Neil zuckte nicht einmal zusammen. Er nahm den Tritt hin, als wäre er nicht mehr als ein Händedruck.

»Schwule Sau«, sagte Robert P. und fügte noch etwas auf spanisch hinzu. Er weinte. Er holte mit dem Fuß aus und traf Neil an genau derselben Stelle wie sein Freund. Dann rannte er zur Glastür.

Neil blieb noch eine Weile mit ausgebreiteten Armen im Gras liegen, als ob er auf der Erde gekreuzigt worden wäre. Dann rappelte er sich grinsend hoch. Wir waren allein auf dem Schulhof. Ich wollte seinen Arm, seine Schulter, sein Gesicht berühren. Statt dessen streckte ich ihm die Hand hin, und er schlug ein.

»Das war geil«, sagte Neil. Er drückte meine Hand und schlurfte zur Schule.

Etwas Wichtiges war geschehen, und ich war dabeigewesen. Und ich hatte Neil McCormick angefaßt. Ich wartete, bis er außer Hörweite war. Dann tat ich so, als wäre ich in einem Film, und sagte laut: »Von nun an gibt es kein Zurück mehr.« Auf der Erde schillerte ein Speichelbläschen, wie ein glänzendes Krötenauge. Ich bückte mich und ließ es platzen. Wenn es mir irgendwie gelang, mich mit Neil anzufreunden, würde ich keine anderen Freunde mehr brauchen.

Mit den Séancen war es vorbei. Am Ende der Woche spielten die Kinder, die bis dahin ihre Alphabettafeln und magischen Kugeln mitgebracht hatten, wieder Himmel und Hölle oder Fußball. Wenn ich ihnen dabei zusah, war mir zum Schreien zumute. Ich brannte nur noch darauf, Neil besser kennenzulernen, weil er meine letzte Hoffnung war, der Langeweile entfliehen zu können.

Am Freitag versammelten sich ein paar Schläger auf dem Fußballplatz. Sie entdeckten Neil unter einem Baum und umringten ihn. »Schwule Sau«, rief ein Junge, der Alastair hieß. Neil ging sofort auf ihn los. Rasch bildete sich eine Menschenmenge, und ich stellte mich dazu. Die beiden Jungen droschen mit Armen und Beinen um sich, bis die Elfenbeinsichel von Neils Fingernagel Alastair das Kinn zerschnitt. Es flossen Tränen und ein paar Tropfen Blut, aber nur von Alastair. Mit meinen zwölf Jahren hatte ich öfter Tornados als Blut gesehen. Das Rot sah herrlich und heilig aus, wie zersplitterte Rubine.

Als der Kampf zu Ende war, stellte sich Neil wieder unter die Eiche. Er trug ein schrilles T-Shirt, eine echte Lederjacke mit Reißverschlüssen, die wie Zahnreihen blitzten, und dazu passende Stiefel. Für die Klamotten waren Tiere gestorben. Mit einem Schnappmesser in der Hand und mit mir im Arm wäre er die totale Schau.

Ich holte tief Luft, nahm meinen ganzen Mut zusammen und ging langsam auf ihn zu. Dabei legte ich den Kopf in den Nacken, um möglichst cool auszusehen. Die Sonne, die von den Metallplatten der Sherman Middle School abprallte, strich die Neigung des Daches heraus. Es war mit Toilettenpapier, und Graffitisprühereien übersät, einfallsreichen Sprüchen wie FAHRT ZUR HÖLLE. Den Blick auf die ausgezackten roten Buchstaben geheftet, ging ich weiter. Um mich herum fielen fünffingrige braune Blätter zu Boden, wie abgeschnittene Babyhände. Ich watete hindurch. Neil hörte das Rascheln und sah hoch.

Ich lehnte mich an einen anderen Baum und spielte die Lässige. »Du bist wirklich schwul, was?« Das Wort, auf das es ankam, sprach ich aus, als ob es die gleiche Bedeutung hätte wie *Filmstar* oder *Gottheit*. Es hatte etwas Wunderbares an sich, was Neil aus allen anderen heraushob, etwas, womit ich mich identifizieren wollte.

»Ja«, sagte er.

Es kam mir so vor, als hätte ich mich schlagartig verliebt. Allerdings nicht sosehr in ihn, als vielmehr in seine Aura. Es spielte keine Rolle, daß er ein Jahr jünger war als ich. Es spielte keine Rolle, daß die Lehrer ihn nicht ausstehen konnten. Man hörte es ihnen an, wenn sie in der Pause seinen Namen riefen. Neil McCormick, schnauzten sie, der Zaun hat seinen Grund, also klettere gefälligst nicht hinüber. Neil McCormick, leg den Stock weg. Einmal hatte ich Miss Timmons belauscht, als sie in ihrem Büro der Schulschwester anvertraute, wie sehr es ihr davor graute, im nächsten Jahr diesen McCormick in die Klasse zu bekommen. »Der Junge ist durch und durch verdorben«, und so weiter und so fort.

»Verdorben« zu sein kam mir alles andere als schlimm vor.

Neils lange Haare wehten im Wind. Sie glänzten so schwarz wie die Brillengläser des unheimlichen blinden Mädchens, das morgens im Schulbus hinter mir saß. Seine zusammengewachsenen Augenbrauen verliehen ihm etwas Rätselhaftes. Ich war ihm so nah, daß ich ihn riechen konnte. Der Geruch wurde immer stärker, wie von etwas Heißem. Wenn ich nicht so versessen darauf gewesen wäre, ihn noch einmal anzufassen, wäre ich davor zurückgeschreckt.

Ich holte wieder Luft, als wäre es das einzige Mal am Tag. »Aber du bist ein harter Schwuler, was?«

»Ja.« Er sah sich das verschmierte Blut auf seiner Hand an. Als er sich überzeugt hatte, daß ich ihn beobachtete, leckte er es ab.

In meinem Zimmer dachte ich mir Kurzfilme mit Neil und mir aus. Seit meine Eltern mir erlaubt hatten, länger aufzubleiben und mir *Bonnie und Clyde* anzusehen, hatte ich in meinen Tagträumen blutrot geschminkte Lippen und einen wehenden platinblonden Bubikopf, genau wie Faye Dunaway. Wir waren unzertrennlich. Wir fuchtelten mit armlangen Waffen herum. Wir knallten Bankkassierer und andere langweilige Zeitgenossen über den Haufen, daß das Blut in Zeitlupe durch die Luft spritzte. Zeitungen flatterten durch menschenleere Straßen. MCCORMICK UND PETERSON SCHLAGEN ERNEUT ZU lauteten die Schlagzeilen.

In diesen Träumen küßten wir uns nie. Es genügte mir, bei ihm zu sein. Nachts schlief ich mit geballten Fäusten ein.

Wochen vergingen. Von den anderen ängstlich gemieden, war Neil in der Pause meistens allein. Ich hatte keine Angst vor ihm, aber ich konnte auch nicht noch einen Annäherungsversuch starten. Es war wie mit dem Elektrozaun auf der Farm meines Onkels. Du kannst ihn ruhig anfassen, Wendy, forderte mich mein kleiner Bruder Kurt manchmal auf. Es tut nicht weh. Aber ich traute mich keinen Schritt näher heran. Ich war mir sicher, daß ein blauer Blitz aus dem Draht zucken und mich erschlagen würde. Genauso erging es mir mit Neil: Ich wagte es nicht, auf ihn zuzugehen. Noch nicht.

Zelda Beringer, die eine Zahnspange samt Gesichtsbogen trug und nicht mehr lange meine Freundin bleiben würde, zog mich wegen Neil auf. »Ich weiß überhaupt nicht, was du an diesem Schwulen findest. Außerdem ist der Typ total kaputt, das sieht man doch.« Ich riet Zelda, die Klappe zu halten, sonst würde ich ihr die Augen ausstechen und sie zwingen, sie runterzuschlucken. Sie sah mich mit einem Blick an, der mich tagelang nicht mehr losließ.

Am Kolumbus-Tag bekamen wir in der Schulkantine unser Lieblingsessen: Kartoffelboote. Eine Scheibe Wurst, die so lange gebraten wurde, bis sich die Ränder hochbogen, einen Schlag Kartoffelpüree hinein und oben drauf glibberigen geschmolzenen Käse. Außerdem gab es Pommes und drei Flaschen Ketchup pro Tisch. Der Nachtisch bestand aus halbierten Bananen, die in einer schleimigen Mischung aus gemahlener Gelatine und Wasser gewälzt worden waren.

Die Fünftkläßler saßen am anderen Ende des Speisesaals, aber ausnahmsweise war mir an diesem Tag ein guter Blick auf Neil vergönnt. Er nahm das Boot vom Teller und schlang es mit einem Bissen hinunter. Es war schade, daß ich kein Fernglas hatte. Ich hätte mir seine vollen Lippen zu gern ganz nah herangeholt.

Es war überhaupt ein nahezu perfekter Tag, nicht nur wegen der Kartoffelboote. Die Aufklärungsfilme für die alljährliche Sexualkundestunde waren angekommen. Den ganzen Nachmittag über blickten die Lehrer immer wieder auf die Wanduhren und wichen unseren Blicken aus. Das kannten wir schon. Für uns war es schließlich nicht das erste Mal. Doch diesmal sollten wir uns die Filme zusammen mit den jungfräulichen Fünftkläßlern ansehen. »Jetzt geht's gleich los mit den Titten und Ärschen«, sagte Alastair, der immer noch einen dünnen Kratzer am Kinn hatte.

Die fünfte Klasse marschierte herein, Neil als einer der letzten. Für die erste Hälfte der Vorführung, einen Diavortrag, trennte der Direktor, Mr. Fili, die Jungen von den Mädchen. Die Jungen gingen hinaus, Miss Timmons löschte das Licht. Die Luft war so stickig, als ob sich ein Killer eingeschlichen und tödliches Nervengift versprüht hätte. Ich stützte mich auf die Ellenbogen, das Kinn auf den Fäusten.

Miss Timmons zögerte, bevor sie die Texte zwischen den einzelnen Dias vorlas. »In diesem Alter kann es vorkommen, daß der junge Mann die junge Frau an bestimmten Stellen berühren möchte.« Sie biß sich in die Lippe, als wäre diese ein Stück Orange.

Als die Diashow zu Ende war, verteilte Miss Timmons Damenbinden. Die meisten Mädchen stopften sie schnell in ihre Taschen oder in die hinterste Ecke ihrer Schultische. Ich untersuchte meine. Sie sah so aus, als ob man sie am Lagerfeuer rösten oder hineinbeißen könnte.

Nach zehn Minuten kamen die Jungen zurück. »Sucht euch einen Platz, Männer. Hockt euch irgendwo auf den Boden«, sagte Mr. Fili. »Und seid bitte leise. Falls euch ein unwiderstehlicher Lachdrang überkommen sollte, haltet bitte die Luft an. Und keine Kommentare. Das ist eine ernste Angelegenheit.« Dabei warf er Neil einen bitterbösen Blick zu.

Neil kam, wie von einem Faden gezogen, auf meinen Tisch zu. Ich schluckte krampfhaft. Er setzte sich auf den Boden, und sein Knie berührte meine Wade.

Der zweite Teil des Aufklärungsspektakels war etwas Besonderes: ein richtiger Film, keine Dias mehr. Alles uhte und ahte, als der Projektor brummend anging. Vielleicht würden wir echten Sex zu sehen kriegen.

Leider bildete sich der Idiot von einem Filmemacher ein, er müßte uns auf die humorvolle Tour erklären, wo die kleinen Kinder herkommen. Kleine Zeichentrickspermien wieselten und wuselten auf ein dickes Ei mit rot geschminkten Backen zu. Das Ei leckte sich die Lippen, willig und lüstern wie eine alte Hure. Die Musik schwoll an, und schon hatte sich das schnellste und männlichste Spermium in das Ei gebohrt. »Volltreffer!« knarzte die Filmstimme.

Manche Kinder klatschten Beifall. »Pst«, sagte Miss Timmons.

Neil sah zu mir hoch. Ich hätte schwören können, daß er nach Wurst roch. Er hatte einen getrockneten Ketchupfleck auf dem Hemd. Als er mich anlächelte, lächelte ich zurück. Er flüsterte: »Das ist doch die totale Scheiße«, rutschte näher heran und lehnte sich an meine Beine. Wenn er sein Gewicht verlagerte, konnte ich fühlen, wie sich seine Wirbelsäule bewegte. Niemand achtete auf uns.

Auf der Leinwand erschienen ein gezeichneter Penis und eine Vagina. Ein paar Fünftkläßler kicherten. Der Penis drang in die Vagina ein, und das weiße Zeug kam wie aus einem Geysir herausgespritzt. Wieder wurde gekichert. Miss Timmons sagte noch einmal »pst«.

»So ein Quatsch«, flüsterte Neil. »Als ob alle so ficken würden.« Einige Mitschüler, die ihn gehört hatten, drehten sich höhnisch grinsend nach ihm um. »Dabei gibt's genügend Arschficker.« Ein Mädchen bekam rote Flecken im Gesicht, als ob jemand sie gekratzt hätte.

Während der Abspann lief, legte Neil mir die Hand auf den Turnschuh. Mich überlief ein Kribbeln, das zwei Sekündchen andauerte. Ich wackelte mit den Zehen. Das Licht ging an, und er zog die Hand weg. »Gehen wir, fünfte Klasse«, sagte Mr. Fili.

»Was für ein Bockmist«, sagte Neil zu mir und nur zu mir. »Wieso bringen sie uns nicht lieber was bei, was wir noch nicht wissen?« Die Enttäuschung stand ihm ins Gesicht geschrieben.

Neil winkte mir noch einmal zu, als sie nacheinander hinausgingen. Meine Klassenkameraden glotzten mich neugierig an, und ich hatte das Gefühl, als ob Neil und ich gegen den Rest der Welt stünden. Es war ein gutes Gefühl. Ich ließ die anderen noch eine Weile glotzen, dann zeigte ich ihnen den Stinkefinger.

Am Abend drehte ich meine Anlage voll auf, um das Fernsehen zu übertönen, vor dem meine Eltern und mein Bruder saßen. Obwohl die Tür zu war, konnte ich hören, wie ein paar Trompeten *America the Beautiful* schmetterten. Ein Nachrichtensprecher sagte: »Einen frohen Kolumbus-Tag allerseits.« Ich nahm die Nadel von der Blondie-LP und spielte dieselbe Seite noch einmal. Sie fing mit *Dreaming* an, meinem Lieblingsstück.

Mein Geographiebuch rutschte vom Bett. Ich war gerade dabei, mich im Geiste als Sängerin auf eine Bühne zu versetzen, eine ganze Horde tanzender Punks unter mir, als Mom an die Tür klopfte. »Kannst du mich hören?« fragte sie. »Bei dem Krach stürzt noch das Haus ein. Aber was ich sagen wollte, Telefon für dich. Ein Junge.«

Ich lief zum Apparat in der Küche. Mom war eben erst mit dem Abwasch fertig geworden, und auf dem Tisch lagen noch die Messer auf einem schwarzen Geschirrtuch. Weil es zu dieser Jahreszeit, mitten im Herbst, schon um sechs Uhr dunkel wurde, sah die Küche wie ein Folterkeller aus. Ich machte kein Licht.

Die Musik, die aus dem Hörer kam, klang cool. Ich hörte sie mir drei, vier, fünf Sekunden an. »Hier ist Wendy.«

Jemand sagte stotternd hallo. Dann: »Ich weiß nicht, ob du mich kennst. Ich heiße Stephen Zepherelli.«

Ich machte große Augen. Den berüchtigten Stephen Zepherelli kannte jeder. Er ging in die gleiche Schule wie ich, aber in ein anderes Gebäude, und er gehörte zum Trio der sogenannten Minderbegabten, die wir manchmal sahen, wenn sie Mr. Fili eine Nachricht brachten oder sich im Gang über den Wasserspender beugten. Bei uns hießen sie nur die Unterbelichteten. Stephen Zepherelli war der beschränkteste von den drei Minderbegabten. Er war nicht direkt geistig behindert, aber viel fehlte nicht dazu. Er sabberte, und er roch wie ein modriger Tümpel.

Plötzlich ging mir auf, wie unwahrscheinlich es war, daß er mich anrief. Ich kannte Stephen Zepherellis Stimme, und dieser Typ hatte eine andere. »Okay«, sagte ich. »Aber witzig finde ich das nicht. Man muß mindestens eine halbe Gehirnwindung haben, um telefonieren zu können. Wer bist du wirklich?«

Ein Lachen. Das New-Wave-Stück brach ab, dann knallte ein Gitarrensolo rüber. »Hallo, Wendy. Hier ist Neil McCormick.« Ich konnte es nicht fassen. »Ihr seid schon die vierten Petersons aus dem Telefonbuch, bei denen ich es probiere. Endlich die richtigen. Was machst du gerade?«

Ich hatte Neil den Zepherelli-Witz schon vergeben. »Nichts«, sagte ich. »Das gleiche wie immer. Wie fandest du denn den Film heute?«

Wir lästerten zehn Minuten über Leute aus der Schule, die wir nicht leiden konnten. Während Neil redete, hantierte ich mit den Messern und ordnete sie der Größe nach. »Am liebsten würde ich die Idioten alle abstechen«, sagte ich und stellte mich mit dem Rücken zum Wohnzimmer, wo meine Eltern saßen. »So, daß es richtig weh tut. Ihnen das Messer in den Wanst rammen und es ganz langsam rumdrehen. Ich habe gelesen, daß es so am meisten weh tut. Noch besser wäre es, man würde ihnen gleich die Köpfe abschneiden.«

Neil lachte. Ich stellte mir vor, daß er den Kopf in den Nacken warf, daß er den Mund geöffnet hatte und seine Zähne blitzten wie das Gebiß eines Tieres.

Als Halloween näherrückte, fuhr ich nicht mehr mit dem Schulbus, sondern ging mit Neil zusammen zu Fuß. Er wohnte nur vier Straßen von mir entfernt. Manchmal trug der eine die Bücher des anderen. Auf dem Heimweg probierten wir die verschiedensten Routen aus. Einmal gingen wir sogar in die entgegengesetzte Richtung, bis zum Gefängnis, das im Osten von Hutchinson lag. Neil hatte Kletten an den Schnürsenkeln. Er stellte sich vor das Tor und atmete die traurigen Gerüche nach regennassem Heu, Lehm und zusammengeharktem Laub ein. »Staatsgefängnis Kansas«, las er laut vor. »Vielleicht lande ich eines Tages auch hier.« Ein Aufseher beobachtete uns von seinem steinernen Wachturm aus. Wir winkten ihm zu, aber er winkte nicht zurück.

Neil lebte mit seiner Mutter zusammen. Er hatte keine kleinen Geschwister, mit denen er sich herumschlagen mußte. Und sein Vater war überhaupt kein Hypnotiseur. Er war tot. »Er ist im Krieg gefallen«, sagte Neil. »Er ist eine Leiche. Ich kenne ihn nur von einem Bild, von einem einzigen Foto. Er sieht mir noch nicht mal ähnlich. Was kümmert mich der Typ also?«

Mrs. McCormick trank Gin aus der Flasche. Auf dem Etikett war ein bärtiger Mann im Schottenrock abgebildet. Als ich Neil das erste Mal zu Hause besuchte, versteckte seine Mutter den Schnaps und gab mir die Hand. »Hallo, Wendy«, sagte sie. »Ich kriege nicht oft Freunde von Neil zu sehen. Und was für eine wunderbare blonde Mähne du hast.« Ihre Haare waren genauso schwarz wie die ihres Sohnes. Sie hatte sie nach hinten gekämmt und mit grünen Spangen festgesteckt, die wie Gürkchen aussahen.

Das Bücherregal der McCormicks war mit Taschenbüchern vollgestopft, die alle ein bißchen ramponiert waren oder keine Einbände mehr hatten. Neil erklärte mir, daß seine Mutter in einem Supermarkt arbeitete und die Bücher behalten durfte, die von den Kunden beschädigt wurden. Einige handelten von wahren Entführungs- und Mordfällen. Als Mrs. McCormick sah, daß ich sie beäugte, sagte sie: »Du kannst dir ausleihen, was du willst.« Bald hatte ich keine Lust mehr auf meine langweiligen Kinderkrimis, und schon nach wenigen Tagen wußte ich alles über Charles Starkweather und Caril Ann Fugate, zwei jugendliche Verbrecher, die vor wenigen Jahrzehnten auf der Flucht vor dem Gesetz eine Spur der Verwüstung im Mittleren Westen hinter sich gelassen hatten. Sie waren nicht viel älter gewesen als Neil und ich, und, was das größte war, sie stammten aus Nebraska, unserem Nachbarstaat. Auf den beiden grob gerasterten Verbrecherfotos hätten sie kaum grimmigere Gesichter machen können, wenn sie den Mund voller Heftzwecken gehabt hätten. Wenn ich mich lange genug konzentrierte, hatten Neil und ich fast Ähnlichkeit mit ihnen.

Allmählich wurde ich zu alt für Halloween, und ich hatte mir vorgenommen, mich '83 zum letztenmal zu verkleiden. Deshalb sollte es ein ganz besonderes Kostüm sein. Ich überlegte, als Zigeunerin, blutige Leiche oder auch als böse Nonne mit einem Messer unter der Kutte zu gehen. Doch dann kam mir die Idee, daß Neil und ich uns als Charles und Caril verkleiden könnten. Am Halloweenabend starrte ich auf die Verbrecherfotos und versuchte, mich auf Caril zu schminken.

Neil streckte sich auf seinem Bett aus. »Das wird nichts«, sagte er. Er warf einen Baseball in die Luft und fing ihn wieder auf. »Wozu der Aufwand, wenn es sowieso keiner errät?«

Ich wischte den Lippenstift wieder ab und beobachtete ihn, wie er mich im Spiegel beobachtete. Als ich mir die falschen Wimpern abzupfte, machte mein Augenlid *plopp*.

Mrs. McCormick kramte uns zwei alte Spinnenkostüme aus dem Schrank. Angeblich war sie im letzten Jahr mit ihrem Freund zusammen als »Mami und Daddy Longlegs« auf eine Party gegangen. »Der Typ ist ihr hinterher nicht mehr lange erhalten geblieben«, sagte Neil. »Manchmal kriegt sie eben gar nichts geregelt. Aber sie ist nun mal meine Mom.«

Wir malten uns mit Wimperntusche Ringe um die Augen und tupften uns mit dem Daumen schwarze Flecken auf den Mund. Bevor wir aus dem Haus gingen, drückte Neil mir drei gelbe Pillen in die Hand. »Schluck runter.« Auf der Schachtel stand DOZ-AWAY, und ich war mir nicht ganz sicher, ob wir von dem Zeug müde oder munter werden sollten, aber auf dem Deckel waren jedenfalls zwei hellwache Augen abgebildet.

Mittlerweile hätte ich alles getan, was Neil von mir verlangte. Ich steckte die Pillen in den Mund und würgte sie trocken runter.

Neil gab mir das Telefon, das neben seinem Bett stand. Ich sollte meine Eltern anrufen und ihnen sagen, daß seine Mutter uns begleiten würde. Es fiel mir nicht einmal besonders schwer, meine Mom anzulügen. »Dann klappere ich die Nachbarschaft eben nur mit Kurt ab«, sagte sie. »Ruf mich an, wenn ich dich abholen soll. Bleib nicht zu lange draußen, und denk immer daran, daß es böse Menschen gibt, die es an Halloween auf die Kinder abgesehen haben.« Sie lachte nervös. Ich wußte, was sie meinte. Sie hatte mir die reinsten Horrorstorys von Leuten erzählt, die einem zum Beispiel Äpfel mit Rasierklingen darin schenkten. Von diesen Geschichten konnte ich nie genug kriegen.

In den nächsten zwei Stunden liefen wir als Spinnen verkleidet durch Hutchinson und schleppten unsere vier zusätzlichen Beine mit uns herum. Die Augenreihen glühten auf unseren Kappen. Weil mir die Schatten, die wir warfen, unheimlich waren, machten wir um jede Laterne einen großen Bogen. Neil zischelte, wenn uns jemand die Tür aufmachte. Eine runzlige alte Frau tippte mir mit einem künstlichen schwarzen Fingernagel auf die Nase. Sie fragte: »Seid ihr nicht schon ein bißchen zu alt für so was?« Trotzdem waren unsere Plastiktüten bald randvoll mit Obst und Süßigkeiten. Auf dem Gehsteig stampfte ich einen Granny Smith zu Brei. Keine versteckte Rasierklinge.

Neil tauschte seine Bit-O-Honeys gegen alles ein, was ich mit Erdnüssen hatte. »Ich bin sowieso allergisch gegen Nüsse«, sagte ich. Es war gelogen, aber ich wollte ihm eine Freude machen.

An der Ecke 23rd und Adams Street kam uns ein Trupp von sieben Kindern entgegen. Die jüngeren von ihnen kannte ich aus der Schule, obwohl sie als Seeräuber, dicke Frau und eine Art Biber verkleidet waren. »Guck mal, da ist Du-weißt-schon-wer«, sagte Neil und zeigte auf einen grünen Drachen in der Mitte der Gruppe. Ich wußte nicht, wen er meinte. »Das ist doch dieser Hirni«, sagte Neil. Er hatte recht. Trotz seiner Schnauze und der grünen Spitzohren erkannte ich Stephen Zepherelli.

»He«, sagte Neil. Die Kinder sahen uns an. »He, ihr Rotzlöffel, wo sind eure Eltern?«

Das biberartige Wesen zeigte nach Westen. »Da hinten«, nuschelte es mit seinen falschen Nagezähnen.

Zepherelli grinste, und seine Drachenschnauze verrutschte. Er hatte einen Plastikkürbis unter dem Arm, der bis zum Rand mit Süßigkeiten gefüllt war.

»Komm, wir kidnappen ihn«, sagte Neil zu mir.

Ich hatte selbst erlebt, was Neil mit Robert P. und Alastair gemacht hatte. Irgendwie war ich gespannt, was für Bosheiten er sich wohl für diese Leuchte ausgedacht hatte, diesen Stephen Zepherelli. Neil hielt nach Erwachsenen Ausschau. Als keine in Sicht kamen, packte er den Jungen bei der linken Hand. »Wir sollen ihn mitnehmen«, sagte Neil zu den anderen. »Das hat sein Mom uns aufgetragen. Er soll nicht zu lange draußen bleiben.«

Zuerst wollte Zepherelli nicht mit, aber Neil tröstete ihn damit, daß wir ihn zu einem Haus bringen würden, wo es so viele Süßigkeiten gab, daß sie für »dreitausend hungrige Kinder« reichten. Danach schien ihn die Entführung nicht mehr besonders zu stören. Wir nahmen ihn rechts und links bei den dünnen Handgelenken und zogen ihn mit uns. Mahagonifarbene Blätter wirbelten um unsere Füße. »Langsamer«, sagte er einmal. Wir liefen um so schneller. Einmal blieb er stehen, um sich eine Handvoll kandierten Mais aus dem Plastikkürbis zu nehmen, ein andermal fischte er einen Zero-Riegel heraus. Im Schein der Laternen leuchteten seine aufgemalten Drachenzähne so weiß wie Klaviertasten.

Wir kamen am Haus der McCormicks an. »Gibt es hier die vielen Süßigkeiten?« fragte Zepherelli. Er wühlte in seinem Kürbis, um für den Nachschub Platz zu machen.

»Du hast es erraten.«

Neils Mom lag im Wohnzimmer auf der Couch und schlief. Im Haus brannten fast sämtliche Lampen. Neil vertraute mir Zepherelli an. »Halte die kleine Ratte mal eben fest. Ich bin gleich wieder da.« Er lief von Zimmer zu Zimmer und machte überall das Licht aus. Bald war es stockdunkel um uns. Neil nahm die LP von Bow

Wow Wow vom Plattenspieler und legte eine andere auf. Unheimliche Soundeffekte waberten durch das Haus, aber nicht zu laut, damit seine Mom nicht aufwachte. Eine Katze fauchte, Ketten rasselten, Gespenster heulten.

»Toll«, sagte Zepherelli. Von dem Zero hatte er weiße Schokolade an seiner Schnauze. Er knabberte an einem kandierten Maiskolben.

Neil war pinkeln gegangen, das konnte ich hören. Plötzlich war es mir peinlich, mit unserem Opfer dazustehen. Doch da kam Neil schon wieder zurück, er hatte eine Taschenlampe und eine Papiertüte mitgebracht. Er machte die Tüte auf. Es waren Knaller und Raketen drin. »Die sind noch vom Unabhängigkeitstag übriggeblieben«, sagte Neil. Er zwinkerte mir zu. »Wir bringen ihn hinters Haus.«

Im Garten der McCormicks gab es wucherndes Unkraut, einen Aprikosenbaum und eine schrottreife Rutsche samt Schaukeln. Hinter den Schaukeln war ein zubetoniertes Loch, das wohl irgendwann einmal ein Keller hatte werden sollen. Wir gingen darauf zu. Der Geruch fauliger Aprikosen hing in der Herbstluft. Sterne funkelten am Himmel. Eine Straße weiter forderten Kinder an einer Haustür lautstark Süßigkeiten.

Neil schob Zepherelli zu der Betonfläche. »Leg dich auf den Rücken«, sagte er.

Die gelben Pillen waren nicht ohne Wirkung geblieben. Meine Haut brannte, als ob ich in Eis gebadet hätte. Ich war hellwach und zu allem bereit. Ich rückte ein Spinnenbein zurecht und stellte mich vor unser Opfer, Neil kippte den Inhalt der Tüte auf den Beton. »Raketen«, staunte der Drache, als ob es Hundertdollarscheine wären. Trotz der Aprikosen konnte ich seinen Atem riechen.

Neil befahl ihm, die Klappe zu halten. Er riß ihm die Drachenschnauze ab. Das Gummiband klatschte Zepherelli ins Gesicht. »Aua.«

Neil nahm drei Raketen und steckte Zepherelli die hölzernen Stangen in den Mund. Dann drückte er ihm die Lippen zusammen. Es ging ihm so leicht von der Hand, als ob er es schon tausendmal gemacht hätte. Zuletzt hockte er sich auf den Jungen. Ich erinnerte mich an die Séance, an Robert P.s ruhiges Gesicht. Stephen Zepherelli sah ganz ähnlich aus. Er wirkte wie betäubt, fast so, als stünde er tatsächlich unter Hypnose. Er zeigte keine Gefühlsregung. Seine Wangen waren mit grüner Schminke verschmiert. Seine Augen waren kalt und ausdruckslos, sie erinnerten mich an die geschälten Weintrauben, die während der schwachsinnigen Gruselstunde in der Schule verteilt worden waren. »Das sind die Augen eines Toten«, hatte Miss Timmons mit ihrer besten Vincent-Price-Stimme gesagt.

»Du behältst die Raketen im Mund«, befahl Neil dem Unterbelichteten. »Du machst, was wir dir sagen, sonst bringen wir dich um.« Ich dachte an Charles und Caril Ann. Neils Spinnenaugen glitzerten im Mondlicht.

Auf der Soundeffektplatte im Haus schrie ein Mädchen, eine Geisterstimme lachte. Neil sah mich lächelnd an. »Die Streichhölzer sind unten in der Tüte«, sagte er. »Gib sie mir.«

Ich fischte das Streichholzheftchen heraus. Auf dem Deckel war ein strahlendes Frauengesicht über einer dampfenden Pastete abgebildet, und darunter stand: »Essen Sie bei McGillicuddy's.« Ich warf Neil die Streichhölzer zu. »Sei vorsichtig«, sagte ich so cool wie möglich. »Es könnte jemand die Raketen sehen.« Ich dachte immer noch, es wäre alles nur Spaß.

»Heute ist doch Halloween«, sagte Neil. »Es wird sich schon keiner aufregen.« Er riß das erste Streichholz an. Im Schein der Flamme leuchtete Zepherellis Gesicht orange auf. Die Raketen ragten ihm wie Spaghetti aus dem Mund. Seine Augen waren riesig. Er zappelte ein bißchen, und ich setzte mich auf seine Beine. Es war, als brächten wir einem ganz besonderen Gott ein Opfer dar.

Zepherelli spuckte die Raketen nicht aus. Er gab einen Laut von sich, der »Nicht« oder »Bitte« hätte bedeuten können.

Neil hielt das Streichholz an die Zündschnüre. Eins, zwei, drei. Er schützte mich mit seinem Arm. Wir liefen rückwärts, wie die Krebse. Ich hielt den Atem an, während die sprühenden Fünkchen die Zündschnüre hinaufliefen und in den Raketen verschwanden. Zepherelli rührte sich nicht. Er war wie gelähmt. Die Raketen schossen aus seinem Kopf, flogen in perfekten Bögen über das Haus der McCormicks und explodierten mit ziemlich mickrigen Goldfontänen.

Die Stille danach schien Stunden zu dauern. Ich rechnete jeden Augenblick mit Sirenengeheul auf der Straße, aber nichts passierte. Schließlich gingen Neil und ich langsam zu Zepherelli hinüber. »Leuchte ihn mal mit der Taschenlampe an«, sagte Neil.

Der helle Lichtkegel fiel auf das Gesicht unseres Opfers. Im ersten Moment hätte ich fast gelacht. Zepherelli ähnelte dem Bösewicht im Zeichentrickfilm, nachdem die Bombe hochgegangen ist. Pulverstaub schwärzte ihm die Drachenschnauze, Backen und Kinn. Seine Augen waren noch größer als vorher, sie huschten hektisch hin und her, als ob er geblendet worden wäre. Wir beugten uns über ihn. Zepherelli leckte sich die Lippen und zuckte zusammen. Jetzt erst erkannte ich, was wir angerichtet hatten. Es war alles andere als komisch. Sein Mund blutete. Kleine rote Splitter hatten sich in seine Lippen gebohrt, hineingerammt von den hölzernen Raketenstangen. Seine Lippen waren mit Blutblasen übersät.

Unser Opfer riß die Augen immer weiter auf. Mir fiel ein, wie schön ich das Blut gefunden hatte, als Neil sich mit Alastair geprügelt hatte. Doch nun, bei Zepherelli, sah es grauenhaft aus, wie Gift. Ich wandte mich ab.

Zepherelli wimmerte, leiser als ein junges Kätzchen. Ich hatte das Gefühl, als ob sich mein Herz wie eine Hand langsam zur Faust schloß. Er wimmerte noch einmal, und die Faust ballte sich zusammen. »Neil«, sagte ich. »Der verpetzt uns. Was meinst du, was uns dann blüht?« Womöglich würden meine Eltern davon erfahren. Am liebsten hätte ich Neil eine runtergehauen.

Neil machte ein Gesicht, wie ich es noch nie an ihm gesehen hatte. Er biß sich auf die Unterlippe, und sein Blick wurde glasig. Doch schließlich schüttelte er den Kopf und sah mich aus klaren Augen an. »Nein«, sagte er. »Der verrät uns nicht. Das können wir verhindern.« Er redete, als ob Zepherelli nicht da wäre. »Wir drehen ihn mit dem Gesicht zu uns. Pack mal mit an.«

Ich wußte nicht, was ich tun sollte. Ich hielt die Taschenlampe so fest, daß mir die Hand weh tat. Neil wischte Zepherelli den Staub von den Backen. Als er ihn berührte, zitterte der Junge und seufzte. Neil sagte: »Pst«, wie eine Mutter, die ihr Baby beruhigt. Seine linke Hand lag noch immer auf dem Gesicht des Jungen. Die rechte bewegte sich von seiner Brust hinunter zum Bauch und fing an, ihm die für Halloween grün gefärbte Trainingshose aufzubinden. Er steckte zuerst einen Finger und dann die ganze Hand hinein.

»Als ich noch klein war«, sagte Neil, »hat das manchmal ein Mann mit mir gemacht.« Er sprach ins Leere, als ob er einen eben erst auswendig gelernten Text aus einem Theaterstück aufsagte. Er zog Zepherelli die Hose runter. Der Junge hatte einen Ständer. Ich leuchtete mit der Taschenlampe hin.

»Manchmal wollte ich allen erzählen, was los war. Dann hat er es wieder mit mir gemacht, und ich wußte, wie sehr er es brauchte. Er hat es auch mit ein paar anderen Jungen gemacht, aber ich wußte, daß sie ihm nicht viel bedeutet haben. Ich war der einzige, von dem er ein Foto in der Brieftasche hatte. Hinterher hat er jedesmal einen Fünfdollarschein zusammengerollt, der so nagelneu war, daß er noch geknistert hat, und ihn mir hinten in die Jeans oder in die Baseballhose gesteckt. Es war für mich wie Taschengeld. Ich wußte, wie wichtig es ihm war, und mit der Zeit ist er immer weiter gegangen. Ich hätte ihn nie verraten. Ich habe mich darauf gefreut. Es hat diesen einen Sommer gegeben, da haben wir es jede Woche gemacht, immer vor den Baseballspielen. Es war herrlich, er hat auf mich gewartet, nur auf mich, als ob ich sein ein und alles wäre.«

Neil hörte sich mit einemmal älter an. Seine Stimme klang tiefer, und er fluchte und lachte nicht zwischen den Sätzen. Dann schwieg er und beugte sich über Zepherelli.

Neil vergrub seinen Kopf im Schritt des Jungen. Zepherellis Schwanz verschwand in seinem Mund. Die Spinnenbeine wackelten. Ich schlich mich weg. Die Taschenlampe fiel mir aus der Hand. Der weiße Lichtkegel strahlte die Äste des Aprikosenbaums an, zwischen denen ein Eichhörnchen oder ein anderes Tierchen herumturnte. Abgestorbene Früchte fielen auf die Erde.

Stephen Zepherelli stöhnte. Sein Atem ging schneller. Er hörte sich nicht mehr ängstlich an.

Neil hob den Kopf, der nicht mehr als ein Schatten war. »Das fühlt sich schön an, was?« Der Schatten senkte sich wieder, und es klang, als ob ein Vampir Blut saugt. Mir war zum Heulen zumute. Ich versuchte, mich in meinen Traum von Charles und Caril Ann, den jugendlichen Verbrechern, zu flüchten. Was wohl die blonde Mörderin an meiner Stelle getan hätte? Neil und ich waren überhaupt nicht wie dieses Pärchen. Wieder bettelten Kinder irgendwo um Süßigkeiten, aber näher als zuvor, vielleicht sogar an der Haustür der McCormicks. Ich dachte an Neils Mom, die so fest schlief, daß sie von allem nichts mitbekam. Wo war sie gewesen, als der Mann damals mit ihrem Sohn solche Sachen gemacht hatte?

Ich legte mich ins Gras, bis die Geräusche aufhörten. Neil band Zepherelli die Trainingshose wieder zu und gab ihm seine Drachenschnauze. »Es ist okay.«

Als Zepherelli sich hochrappelte, hatte er den gleichen Glanz in den Augen wie sonst. Er sabberte, und er hatte einen kommaförmigen getrockneten Blutflecken am Mund. Ich stand auf, zog ihm vorsichtig einen Splitter aus der Oberlippe und tupfte das Blut mit meinem schwarzen Ärmel ab.

Neil gab ihm einen Klaps auf den Hintern, wie ein Trainer. »Ich bring ihn nach Hause«, sagte er. Er lächelte mich an, aber er sah mir dabei nicht in die Augen.

Wir schlichen auf Zehenspitzen durch das Haus. Ich konnte die zerwühlten Laken, die Schulbücher und Baseballpokale in Neils Zimmer sehen. Die gruselige Platte war zu Ende, aber die Nadel war in der letzten Rille hängengeblieben. »Kratz, kratz, kratz«, sagte Zepherelli. Ich lachte gekünstelt.

Neils Mutter schlief immer noch. Sie schnarchte lauter als mein Vater. Ich leuchtete mit der Taschenlampe auf die Bücherregale über ihr, auf Titel wie *Monster und Mörder, Geister und Gespenster, Grausame Todesarten*. Noch vor ein paar Tagen hatte ich sie alle lesen wollen. Jetzt war mir die Lust daran gründlich vergangen.

»Ich weiß den Weg nach Hause«, sagte Stephen Zepherelli zu Neil. Er schien unbedingt den großen Pfadfinder spielen zu wollen. »Ich kann dir zeigen, wie wir gehen müssen.«

Wir verließen das Haus. Die Nacht roch nach Mückenspray, Grillsauce und harmlosen kleinen Feuern. Als mir die kühle Luft entgegenschlug, riß ich mir die Kappe vom Kopf. Ein knopfartiges Spinnenauge fiel auf den Bürgersteig. Ich bückte mich, um es aufzuheben. Im trüben Schein der Laterne starrte es mich an. Ich erkannte mein Spiegelbild in dem schwarzen Glas. Statt das Auge aufzuheben, zermalmte ich es mit meinem Schuh.

»Bis demnächst, Stephen«, sagte ich. Es war das erste Mal, daß ich seinen Namen aussprach, und ich brachte ihn kaum heraus.

»Bis morgen, Neil.«

Und ich würde ihn morgen wiedersehen und übermorgen und auch am Tag danach. Neil hatte mir einen Teil von sich offenbart, den er noch keinem anderen Menschen gezeigt hatte. Wahrscheinlich hatte ich es nicht anders verdient. Nun war ich an ihn gebunden.

Neil ging mit Zepherelli die Straße hinunter. Ich sah ihnen nach, wie sie durch das tote Laub schlurften und immer kleiner wurden, bis die Dunkelheit sie verschluckt hatte.

5
Deborah Lackey

Mein Bruder war die meiste Zeit allein, und manchmal hatte ich fast das Gefühl, daß meine Mutter und ich seine einzigen Freunde waren. Es kam nie vor, daß jemand Brian auf dem Heimweg von der Schule begleitete. Er ging nie auf Partys, und er nahm auch nicht an Veranstaltungen wie dem Schulball oder der Weihnachtsfeier teil. Wenn er überhaupt einmal das Haus verließ, dann nur, weil er nach Hutchinson in die Cosmosphere wollte, ein Raumfahrtmuseum mit Planetarium, das ich langweilig fand. Trotzdem fuhr ich ihn oft hin, damit er sich den neuesten Weltraumfilm ansehen konnte.

Obwohl ich ihn nie darauf ansprach, tat Brian mir leid. Eines Abends klingelte das Telefon, und ich hatte ein paar kichernde Teenager am Apparat. »Ist der Alptraum zu Hause?« fragte eine spöttische Stimme. »Hier ist die Pickelpatrouille«, sagte eine andere. »Wir machen auch Hausbesuche.« Gelächter, ein Klicken, das Freizeichen.

Brian stieg immer noch abends aufs Dach. Das hatte ich mir schon lange abgewöhnt, genau wie unser Vater, der nach einem Ehekrach lieber in seinen Truck stieg und wegfuhr. Selbst der ramponierte Sessel stand nicht mehr oben. Aber Brian kletterte Abend für Abend, ungefähr eine Stunde nach Sonnenuntergang, mit dem Fernglas um den Hals die Leiter hinauf.

Lange würde ich nicht mehr da sein, um mir dieses Ritual anzusehen. Ich hatte die Schule hinter mir und verbrachte Weihnachten 1987 meine letzte Woche in Kansas. Als ich am Abend des Vierundzwanzigsten vor meinem antiken Spiegel saß, beschloß ich, mir mit dem Kofferpacken noch etwas Zeit zu lassen. Ich sah aus dem Fenster. Der helle Mondschein und das Licht der Verandalampe schärften die Konturen der Umgebung unseres Hauses. Eine Schar Kaninchen im dicken Winterfell hoppelte um die immergrünen Pflanzen an der Einfahrt herum.

Zum erstenmal machte ich mir Gedanken darüber, ob ich Kansas wohl vermissen würde. Nach achtzehn Jahren in Little River hielt ich es einfach nicht mehr aus. Meine Freundin Breeze wohnte noch im Ort, war aber bereits vollauf mit Mann und Sohn beschäftigt. Meine anderen Bekannten studierten zwar alle außerhalb, würden jedoch mit großer Wahrscheinlichkeit früher oder später wieder zurückkommen. Eines stand für mich fest: Ich wollte nicht bis ans Ende meiner Tage in Little River versauern.

Über mir kam Brian auf das Dach gestapft. Ich blieb am Fenster sitzen. Es dauerte nicht lange, bis sein monströs verzerrter Schatten auf den Rasen fiel. Ich konnte seine Daunenjacke, Fausthandschuhe, Pudelmütze und sogar den wulstigen Kopfhörer erkennen, aus dem seine heißgeliebten sphärischen Computerklänge wummerten. Diese Stunde gehörte Brian ganz allein, wie ein Mönch zog er sich zurück. Plötzlich schämte ich mich, als ob ich ihn heimlich unter der Dusche beobachtete. Er streckte sich auf den gekiesten Dachschindeln aus, schlug ein Bein über das andere und ließ gemächlich einen Fuß kreisen.

Sein Schatten hob das Fernglas an die Augen. Statt Little River auszuspionieren, richtete er es auf den Mond und die Sterne. Er suchte den Nachthimmel ab, nach einer neuen Richtung für sein Leben, nach Aufregungen, die er unten im Haus nicht finden konnte.

Ich spürte schon jetzt, wie sehr er mir fehlen würde.

Bevor es Zeit wurde, ins Bett zu gehen, stieg Brian vom Dach und kam wieder ins Haus, wo der Rest der Familie wartete. Bei uns war es Brauch, daß wir uns an Heiligabend im Wohnzimmer versammelten und zusammen unser erstes Geschenk auspackten. Mit der Pudelmütze auf dem Kopf hockte Brian sich zu mir neben den Baum. Meine Mutter saß in der Ecke des Zweisitzersofas, das Gesicht ganz nah bei uns, weil sie auf gar keinen Fall etwas verpassen wollte. Auf der anderen Seite des Zimmers lehnte mein Vater sich im Schaukelstuhl zurück und schaufelte aus einer Silberschüssel Popcorn in sich hinein. An dem Fenster, das nach Little River hinausging, blinkte die Weihnachtsdekoration. Von unserem Berg aus konnten wir den ganzen Ort überblicken, der in Rot, Blau und Grün leuchtete, wie die unebene Kruste eines englischen Kuchens.

Wie in jedem Jahr machte mein Vater den Anfang. Ich suchte ihm ein Geschenk aus. Vorsichtshalber gab ich ihm nicht das Päckchen, auf dem FÜR GEORGE VON M stand, sondern nahm lieber eines von Brian und mir. Ich hatte die Wahl zwischen Angelkasten, Old-Spice-Aftershave und Schlüsselanhänger. Zuletzt entschied ich mich für den Schlüsselanhänger. Er riß das Geschenkpapier ab und ließ es auf den Teppich fallen. »NFL«, sagte er und rieb mit dem Daumen über das goldene Emblem der Football-Liga. »Toll.« So etwas sagte er nur bei solchen Gelegenheiten.

»Jetzt bin ich dran«, sagte Brian. Er suchte sich selbst ein Päckchen aus. »Von deinem Schwesterherz«, las er vor. Auf dem Geschenkpapier liefen lachende Pinguine, denen Violinschlüssel und Viertelnoten aus den Schnäbeln flatterten, Schlittschuh. Es war ein Buch, das Geschenk, das auf allen Wunschzetteln aufgetaucht war, die Brian meiner Mutter in die Handtasche geschmuggelt und mir unter der Tür durchgeschoben hatte. Er hielt es hoch: *Loch Ness: Neue Theorien.*

»Das hat ihm gerade noch gefehlt«, sagte mein Vater. Er sah zum Baum, unter dem noch mehr buchförmige Päckchen lagen. »Laßt mich raten. Das sind doch garantiert Wälzer über das Bermuda-Dreieck, Ufos und Yetis.« Er griff nach dem Loch-Ness-Buch, blätterte bis zu dem Doppelfoto in der Mitte und warf es Brian wieder zu. »Der totale Schwachsinn«, sagte er.

Meine Mutter packte ein Fläschchen White-Shoulders-Parfüm von Brian und mir aus. Sie hielt es mit dem Daumen zu, drehte es um und strich sich je einen Tropfen hinter das Ohrläppchen.

Ich war als letzte an der Reihe. Fast hätte ich einen roten Kopf bekommen, als ich sah, was meine Mutter mir geschenkt hatte: eine Schachtel mit BHS. »Holla«, sagte mein Vater.

»Unterwäsche kannst du immer gebrauchen«, sagte meine Mutter. Die Lichter flackerten smaragdgrün auf ihrem Gesicht. »Ganz egal, wo du wohnst, ob in Little River oder in San Francisco.« Brian beobachtete meine Reaktion. Als ich ihn anlächelte, sah er weg.

In der Nacht wachte ich durch das Gebrüll meiner Eltern auf. Normalerweise steckte ich einfach den Kopf zwischen die Kissen, wenn sie wieder einmal Krach hatten. Aber diesmal wurde der Streit immer heftiger. Als mein Vater »Du kannst mich mal« schnauzte und meine Mutter »Du kannst mich auch mal« zurückschnauzte, wußte ich, daß es ernst war.

Ich schlich mich barfuß in die Diele. Brian stand schon an der Treppe und lauschte. Ihn hatten sie also auch geweckt. Er legte einen Finger auf die Lippen, als er mich sah.

»Ich hab die Nase gestrichen voll...« Meine Mutter klang, als ob sie geweint hätte. Das Radio vermischte sich mit ihrer Stimme, ein Kinderchor, der blechern die erste Strophe von *Stille Nacht* sang.

Mein Vater räusperte sich. »Dann mach doch endlich Schluß!«

»Ach, scher dich doch zur Hölle!«

»Damit ich dich dort treffe? Nein, danke.«

Ich hielt den Atem an, Brian ebenfalls. Der Heizlüfter in seinem Zimmer klickte hohl, wie ein knacksender Fingerknöchel.

Schritte polterten, eine Schublade wurde aufgerissen, Küchengeräte klapperten. Messer, Gabeln und Löffel landeten krachend auf dem Linoleum. Das war die Art meiner Mutter, ihre Wut zu zeigen. Die Küche war *ihr* Revier. Es war ganz allein ihre Sache, ob sie meinem Vater das Besteck vorlegte oder es ihm in den Hals rammte. Einmal hatte sie nach einem Streit beim Abendessen einen Teller wie eine Frisbeescheibe an die Wand geworfen. Die Schramme war heute noch zu sehen.

Sie schrien sich weiter an. Aber diesmal lag etwas Endgültiges in ihren Beschimpfungen, und man merkte ihnen an, daß sie es leid waren zu kämpfen. Zwanzig Jahre Streit waren genug. Ich glaube, es spielte keine Rolle, daß am nächsten Morgen Weihnachten war. Irgendwie müssen meine Eltern geahnt haben, daß Brian und ich an der Treppe lauschten. Ich denke, sie wollten uns wissen lassen, daß es vorbei war.

»Du kannst mich mal«, sagte mein Vater noch einmal, dann war er weg. Er rannte aus dem Haus, knallte die Tür hinter sich zu und ließ ein-, zweimal den Motor des Pick-up aufheulen. Er setzte so schnell aus der Einfahrt, daß die Reifen auf den vereisten Pfützen durchdrehten.

Stille. Ich stellte mir vor, daß meine Mutter in der Küche stand, verstreute Besteckteile zu ihren Füßen. In die Stille hinein schneuzte sie sich. Aus irgendeinem Grund fand ich das wahnsinnig komisch. Brian sah mich an, und wir mußten uns den Mund zuhalten, um nicht laut loszuprusten.

Meine Mutter putzte sich noch einmal die Nase, daß es wie ein Trompetenstoß in den ersten Stock heraufhallte. Brian konnte sich nicht mehr beherrschen, er lachte los, dröhnend wie ein Tamburin. Drei Stufen auf einmal nehmend, sprang er die Treppe hinunter. Wie zuvor unser Vater lief er aus dem Haus. *Er holt sich den Tod*, dachte ich. Er lachte immer noch, als die Tür hinter ihm ins Schloß fiel.

Ich schlich nach unten. Ich wollte Mutters verweintes Gesicht nicht sehen, aber ich fand, ich müsse ihr beim Aufräumen helfen. »Alles in Ordnung?« fragte ich. Aber sie war nicht in der Küche. Ich ging ins Wohnzimmer: der umgestoßene Schaukelstuhl, eine heruntergefallene Lampe, eine nach Zimt duftende Trockenblumenmischung neben einer gesprungenen Schüssel. Mitten auf dem Fußboden lag ein zermanschtes Stück Kürbiskuchen, aus dem ein Klecks Schlagsahne quoll, wie eine Träne. Das Feuer im Kamin war ausgegangen, aber die Lichter am Weihnachtsbaum blinkten noch und warfen Regenbögen auf das zusammengeknüllte Geschenkpapier.

Als ich mich umdrehte, sah ich meine Mutter. Sie schlurfte langsam zum Fenster, ohne mich zu bemerken. Sie stieß mit dem Schienbein gegen den umgekippten Schaukelstuhl. »Aua-aua«, sagte sie. In dem gleichen Ton hatte sie mit Brian und mir gesprochen, wenn wir als Kinder mit unseren Schrammen und Beulen zu ihr gelaufen kamen. Vorsichtig setzte sie einen Fuß vor den anderen, die Arme hatte sie weit ausgestreckt, als ob sie der Dunkelheit etwas darbieten wollte. Es war ein grauenvoller Anblick. Sie war immer die Herrscherin über diese Räume gewesen, in denen sie nun blind und unbeholfen umhertapste. Als sie zum Fenster kam, schob sie den Vorhang zur Seite. »Du holst dir eine Lungenentzündung«, rief sie Brian zu. Von ihrem Atem beschlug die Scheibe.

Ich zog mir Stiefel an und ging hinaus. Es schneite in gleichmäßigen Flocken, die immergrünen Pflanzen waren weiß gepudert. Irgendwo kreischte ein Sperling. Ich folgte den Fußspuren. Brian, der nur einen Schlafanzug und dicke Socken anhatte, stand mit dem Gesicht zum Feld auf dem Berg. In der Ferne wurden die Rücklichter an Vaters Truck immer kleiner, zwei winzige Rubine, die in der Schwärze aufgingen. Ob er wohl den neuen Schlüsselanhänger benutzt hatte, als er in dieser Nacht, in der er uns endgültig verließ, den Motor startete?

Als von den Rücklichtern nichts mehr zu sehen war, winkte ich in die Richtung des unbekannten Ziels, das mein Vater ansteuerte. »Das war's also«, sagte ich. Doch sogleich merkte ich, wie plump und rücksichtslos diese Bemerkung war, und ich hätte sie am liebsten wieder zurückgenommen. Aber Brian hatte mich nicht gehört. Er hob den Kopf und starrte zum Himmel. Genauso hatte er damals auch dagestanden, an dem Abend, als wir die blauen Lichter über dem Feld beobachtet hatten. Doch nun war am Himmel nichts zu sehen außer Schnee, eine weiße Masse, die den Mond und die Sterne verdeckte.

Ohne den Kopf zu senken, begann mein Bruder zu tanzen. Er wackelte mit den Hüften und stampfte mit den Füßen, streckte die Arme aus und schnipste mit den Fingern. Er lächelte, und auf seinem Gesicht lag reine Glückseligkeit.

Hinter uns machte Mutter das Fenster auf. »Eine Lungenentzündung«, wiederholte sie. Ich wußte, daß sie den Kopf hinausgestreckt hatte, daß die Schneeflocken wie Pailletten auf ihrem Haar und in ihrem Gesicht glitzerten, und daß ihr Gesicht nicht länger von der Sorge um den Mann, der uns verlassen hatte, gezeichnet war. Sie dachte nur noch an die beiden Menschen, die wirklich zählten – ihre Kinder.

Ich drehte mich nicht um, ich fing ebenfalls an zu tanzen. Ich war achtzehn Jahre alt, in drei Tagen würde ich Kansas verlassen und nach San Francisco gehen, vielleicht für immer. Es war mir egal, wie albern ich aussah. Ich hob die Arme und drehte mich auf dem dicken Schneeteppich. Es schneite immer stärker, Edelsteinsplitter, die im Zickzack durch die Luft segelten. Es war ein Fest. Brian und ich tanzten auf dem Berg, und es war fast so, als ob wir auf dem Grab unseres Vaters tanzten, während die Himmelsschnipsel wie Konfetti auf uns fielen.

6
Neil McCormick

Einmal habe ich ein Fahrrad geklaut. Es war auch nicht schwieriger, als wenn ich mir bei uns zu Hause in der Küche heimlich einen Lebkuchen aus dem Plätzchenglas genommen hätte. Aber es war wesentlich aufregender. Ich hielt nach neugierigen Fußgängern Ausschau, schwang mich in den Sattel, trat in die Pedale und war weg. Der eisige Wind stach mir ins Gesicht. Ich fuhr in die Seventeenth Street, wo Wendy wohnte. »Mein neuer fahrbarer Untersatz«, sagte ich, als sie mir die Tür aufmachte. Für mein altes Rad war ich schon seit Jahren zu groß.

Sie spitzte die Lippen zu einem perfekten O. Sie sagte: »Das ist ja ein Weißes Rad«, und es klang, als hätte jedes Wort ein Ausrufezeichen hinter sich. Als sie aus dem Staunen wieder heraus war, hatte sie die gleiche Idee wie ich. »Los, wir sprühen es um.«

Aus dem weißen Fahrrad wurde ein schwarzes. Die Lenkstange und das hintere Schutzblech verzierte ich mit Stickern, die Wendy von den LPs ihrer Lieblingspunkbands hatte. Auf einem Aufkleber glühten die Augen von Charles Manson. Den klebte ich mir auf den Sattel.

Bei dem Gedanken an den Skandal mußte ich lachen. Vor einem Jahr hatte der Hutchinsoner Stadtrat ein Projekt ins Leben gerufen, das »Weiße Räder« hieß. Freiwillige Spender kauften zehn weiße Fujis und verteilten sie in der Stadt. Die Anwohner konnten damit fahren, wann immer sie wollten – wenn ihre Beine müde wurden, wenn sie einen Schwips hatten, wenn sie vor einem Messerstecher flüchten mußten, um nur ein paar Beispiele zu nennen. Hinterher stellte man es einfach irgendwo ab, damit der nächste damit fahren konnte.

Ich hielt das Projekt zwar für eine Schnapsidee, aber ansonsten kümmerte es mich nicht die Bohne, bis zu dem Tag, an dem ich den Diebstahl beging. Am Morgen war das einjährige Bestehen des Projekts »Weiße Räder« in der Zeitung mit fetten Schlagzeilen bejubelt worden. Auf einem riesigen Foto standen ein paar grinsende Teenager neben den Rädern, die Hände auf den Sätteln. Ich erkannte Sowieso und seine Freundin aus der Schule wieder. Genau die Sorte Leute, die ich nicht ausstehen konnte – die Typen, für die das Leben eine Vergnügungsreise in einem Fesselballon war.

»Wer zuletzt lacht, lacht am besten«, sagte ich. »Und das bin ich.« Die Farbe spritzte aus der Dose. Meine Fingerkuppen waren so schwarz wie Oliven, und ich stach Wendy damit in die Rippen.

Wendy borgte sich das Rad ihres kleinen Bruders. Weil es ein kalter Abend war und ein scharfer Wind ging, vermummten wir uns mit Schals und Mützen, bevor wir in Richtung Monroe Street aufbrachen. Unterwegs kamen wir an einer Baustelle vorbei. Eine stämmige Verkehrspolizistin winkte uns mit einem orangefarbenen karoförmigen Schild. »Langsamer, verdammt noch mal, langsamer!« Wendy ließ sich genauso ungern etwas sagen wie ich. Sie nahm eine Hand vom Lenker und zeigte der Bullentante die Faust.

Wir stellten die Räder in die Garage. Mom hatte das Verandalicht für mich brennen lassen. Die kleinen Eiszapfen am Dach glitzerten wie weiße Raubtierzähne. In der Küche schob Mom gerade einen Thunfisch-Nudel-Auflauf in den Backofen. Auf die oberste Nudelschicht hatte sie Kartoffelchips gekrümelt. Seit drei Wochen trank sie nicht mehr, und so lange probierte sie nun schon jeden Abend ein neues Gericht aus. Wendy tätschelte ihr die Schulter. »Riecht köstlich, Mom«, log sie.

Mom gab ihr einen Kuß auf die Backe. »Laut Wetterbericht soll es heute abend schneien«, sagte sie. »Vielleicht kriegen wir weiße Weihnachten. Du kannst mit uns essen, Wendy.« Seit es mit ihrem letzten Freund aus war, hatten wir keinen Besuch mehr zum Essen gehabt.

Ich drehte das Radio an, aber weil der blöde DJ gerade den nächsten Song der Top Forty Hitparade ansagte, machte ich es schnell wieder aus. Mit dem Fernsehen hatte ich mehr Glück. Es lief eine Wiederholung von *Gilligans Insel* in Schwarzweiß. Die Mädchen wollten irgendwas von Gilligan. Ginger klimperte mit den Wimpern und massierte ihm den Nacken, während Maryanne ihm eine frischgebackene Kokosnußsahnetorte brachte. Auf der Lachspur wurde gekichert und gegluckst. Wendy wollte wissen, wieviel ich dafür nehmen würde, den Skipper zu bumsen. »Einen Hunderter«, sagte ich. »Und für den Professor?« – »Der ist nicht übel. Fünfzig.«

Wendy sah mich fragend an. Seit Wochen hatten wir nur noch ein Thema, nämlich den einfachsten Weg, an Geld zu kommen: Prostitution. Aus meinen Pornoheften wußte ich schon länger darüber Bescheid. Wendy fand, ich könnte an nichts anderes mehr denken. Ich hatte sogar meine Facharbeit darüber geschrieben. Obwohl der Titel »Das älteste Gewerbe der Welt« alles andere als originell war, bekam ich eine Zwei minus, womit ich zufrieden war. Im Zuge meiner Recherchen hatte ich in der Hutchinsoner Stadtbücherei ein verstaubtes Buch ausgegraben, das verschiedene Städte aufführte, in denen ältere Männer für Strichjungen jede Menge Geld springen ließen.

Außerdem hatte ich vor kurzem entdeckt, daß es sogar in Hutchinson eine Stricherszene gab. Christopher Ortega, ein nicht unattraktiver Junge aus Wendys Klasse, hatte mir erzählt, daß er mit schwulem Sex sein Taschengeld aufbesserte. Er streifte am Wochenende durch den Carey Park und beobachtete, wie einsame Freier im Auto ihre Runden drehten. »Ich nehme fünfzig Dollar dafür«, hatte Christopher gesagt. Ich kaufte ihm seine Geschichte ab, und zwar deshalb, weil er uns, was solche Sachen anging, noch nie belogen hatte – zum Beispiel hatte er uns einmal einen Beutel Gras besorgt, als ich ihm nicht glauben wollte, daß er auch mit Drogen dealte, und als ich ihn verdächtigte, den Schwulen bloß zu spielen, hatte er mir sofort einen Zungenkuß gegeben.

»Ich überlege mir ernsthaft, mein Glück mal im Carey Park zu probieren«, sagte ich zu Wendy. Es war in dieser Woche schon das dritte Mal, daß ich damit anfing.

Wendy beugte sich vor, um einen Blick in die Küche zu werfen, dann wandte sie sich wieder mir zu. »Es wäre mir lieber, wenn du dir auf eine andere Art ein paar Kröten verdienen könntest.« Fischgeruch waberte ins Wohnzimmer. Wendy hielt sich die Nase zu und fuhr mit veränderter Stimme fort: »Aber wenn du sowieso nur noch ans Bumsen denkst, kannst du dich genausogut dafür bezahlen lassen.«

Die Frau in der Fernsehwerbung ließ das beliebte Markenwaschmittel stehen und nahm dafür das Billigprodukt. »Die alten Knakker bezahlen jeden Preis für eine Nummer. Immer noch besser als Handarbeit«, sagte ich. »Hauptsache, sie können mal wieder einen jungen Kerl spüren. Du mußt es als Dienstleistung sehen. Sie kriegen was von mir, und ich kriege was von ihnen.«

»Da hast du recht.« Pause. »Aber sei vorsichtig. Das hört sich jetzt bestimmt blöd an, aber sogar in Hutchinson laufen Perverse rum. Du bist erst fünfzehn. Du könntest an den Falschen geraten. Und ich müßte hinterher deine Einzelteile zusammensuchen.«

»Du hast zu viele Bücher gelesen«, sagte ich. Wendy sah mich durchdringend an, bis ich den Kopf senkte. Auf dem Pulloverärmel hatte ich schwarze Lackflecken. »Es ist ja schließlich nicht so, als ob ich es noch nie gemacht hätte. Für Geld, meine ich.«

Darauf hatte sie nur gewartet. »Der Trainer?« sagte sie. Sie war die einzige, der ich erzählt hatte, was in jenem Sommer passiert war. Ich hatte ihr alles gebeichtet, immer und immer wieder. Wendy kannte den Trainer inzwischen so gut, daß sie praktisch seine Stimme hören, seinen Atem riechen, seine Haut fühlen konnte.

Sie sagte es noch einmal, aber diesmal ließ sie das Fragezeichen weg. »Der Trainer.«

Das geklaute Fahrrad machte mich zum wohlhabenden Mann. Am nächsten Samstag zog ich ein Extrapaar Socken an, schlang einen Teller Auflaufreste hinunter, verabschiedete mich von Mom, die gerade zur Arbeit wollte, und fuhr in den Carey Park. Sex für Geld, noch nie hatte mich ein Gedanke so angemacht.

Eine dünne Eisschicht lag auf den beiden Teichen, die den Park einrahmten. Der Golfplatz und die Basketballfelder waren leer. Ich zog mir die Strickmütze über die Ohren.

Es war nicht schwierig, die Freier zu erkennen. Vier bis fünf Männer in altmodischen Autos fuhren immer wieder im Kreis um den Park herum. Ein Typ in einem Toyota Corolla und ein anderer in einem Impala – Mom hatte fast genau den gleichen, nur eine Spur dunkler – tippten jedesmal auf die Bremse, wenn sie mich überholten. Ich radelte am Park entlang und tat so, als ob ich nichts merkte. Dabei sah ich alles. Ich war atemlos, begeistert, glücklich, aufgeregt, daß sie mich kaufen wollten. Ich blickte in die Wagen, suchte nach einer Spur von Attraktivität, einer Besonderheit in den Gesichtern, einem Anhaltspunkt dafür, daß mir der Sex auch noch Spaß machen würde.

Eine halbe Stunde lang radelte ich um den Carey Park herum, dann hielt ich am Spielplatz an. Ich versuchte mich an alles zu erinnern, was Christopher mir geraten hatte. »Gib dich möglichst kindlich, aber doch alt genug, daß sie keine Angst haben müssen, einen Minderjährigen zu verführen. Laß dir keine Gefühle anmerken. Mach ein möglichst spitzbübisches Gesicht, das sieht schnukkeliger aus.«

Ich ging zu den bunt gestrichenen Zirkustieren hinüber, die mit schweren Stahlfedern an Betonblöcken befestigt waren, und setzte mich auf einen Elefanten. Das kalte Metall verbrannte mir den Hintern. Wolken kringelten sich über den Himmel, und es dauerte nur ein paar Sekunden, bis der Corolla anhielt. Ich warf einen Blick auf den Fahrer – dunkle Locken und Schnurrbart. Er streckte einen Finger durch einen Spalt im Fenster der Beifahrertür und winkte mich zu sich.

Volltreffer.

Schon hatte ich meinen ersten Freier an Land gezogen. Weil ich nicht genau wußte, was ich sagen sollte, kam ich gleich zur Sache. »Hast du Kohle?«

»Sonst zahle ich immer fünfzig, und höher gehe ich nicht«, sagte er. Anscheinend sah ich tatsächlich wie ein Profi aus. Ich nickte und stieg ein.

Angeblich hieß er Charlie. Verheiratet, geschieden, wieder verheiratet. Drei Kinder, einen Jungen und zwei Mädchen. »Ich habe geschäftlich in Hutchinson zu tun«, sagte er schroff. »Ich bin Vertreter für Süßigkeiten.« Ich schnupperte. Der Wagen roch nach Orangen-Käse-Kräckern mit Erdnußbutterfüllung. Offenbar konnte er Gedanken lesen, denn er bot mir ein Päckchen an. Ich fing an, Kräcker zu knabbern, und sah mir Charlie ein bißchen genauer an. Er trug einen grünen Anzug mit Namensschild am Revers und einen Weihnachtsmannschlips. Er fingerte sich ständig im Gesicht herum und tippte sich immer wieder ans Kinn, als ob es jeden Augenblick zerbröseln könnte. Ich rutschte näher an ihn heran, und er tätschelte mein Knie. Er schaltete auf Drive und fixierte die Straße, als wäre sie ein Nadelöhr.

»Die Bullen fahren hier Streife«, sagte Charlie. »Auch wenn es draußen friert. Sie wissen ganz genau, was gespielt wird.« Seine Hände zitterten. »Suchen wir uns irgendwo ein Zimmer.«

Wir fuhren ins *Sunflower Inn*. Auf der Fußmatte von Zimmer 102 stand WILKOMMEN, mit einem L. Das Bett war bequem, aber ansonsten sah das Zimmer irgendwie unheimlich aus. Die orangefarbene Tagesdecke hatte einen faustgroßen schwarzen Flecken, der Fernsehapparat schien seit Jahrzehnten nicht mehr abgestaubt worden zu sein. Durch eine Fensterritze zog es, und der orangefarbene Vorhang blähte sich wie eine gewaltige Lunge.

Ich band mir die Schuhe auf. »Nicht so eilig«, sagte Charlie. »Wir haben eine ganze Stunde Zeit.« Ich rechnete. Eine Stunde waren sechzig Minuten. Sechzig geteilt durch fünfzig ergab ungefähr fünfundachtzig Cent pro Minute. Ich mußte grinsen, was Charlie offenbar für Vorfreude hielt. Er fing an, mir den Rücken zu massieren.

Er gab das Tempo vor. Ich berührte ihn kaum, bis er den Reißverschluß an meiner Hose aufmachte und drei Finger hineinschob. Dann erst zwickte ich seine Brustwarzen, kraulte die Haare auf seinem Bauch und faßte ihm in den Schritt. *Ich kann es*, dachte ich. Er drückte mich aufs Bett. Er kniete sich neben mich und legte mir den Kopf in den Schoß, dabei hüpfte und zuckte sein Kopf, als wäre er voll Kohlensäure. Er leckte an meinen Eiern herum. Seine Zunge fühlte sich so platt und kalt an wie ein Eis am Stiel.

Natürlich dachte ich dabei an den Trainer. Es war einfach kein

Vergleich. Jener Sommer lag jetzt sechs Jahre zurück. Seitdem hatte ich mit ein paar Typen gebumst, aber sie waren ungefähr in meinem Alter gewesen und hatten mich nicht besonders beeindruckt. Während ich Charlie über die Rippen strich, fragte ich mich, wohin es den Trainer wohl inzwischen verschlagen hatte. Ich wußte, daß er aus Hutchinson weggezogen war. In der Schule war gemunkelt worden, die Eltern eines Jungen hätten Verdacht geschöpft, woraufhin er den Job als Jugendtrainer an den Nagel gehängt hätte. Vielleicht lag er gerade in einem anderen Staat mit einem anderen Jungen als mir im Bett. Womöglich war er tot. Der Gedanke kam mir ungeheuer romantisch vor. Wenn ich allein und ein bißchen high gewesen wäre, hätte ich meiner Phantasie freien Lauf gelassen. Ich, ganz in Schwarz, schweren Schrittes auf dem Weg zum offenen Sarg des Trainers, eine Träne auf der Backe, in der Hand eine weiße Lilie, um sie ihm auf die reglose breite Brust zu legen ... Charlies Ächzen riß mich aus meinen Träumereien.

Im Gegensatz zum Trainer, der mich immer gestreichelt hatte, faßte Charlie mich kaum an. Ich ließ die Gedanken schweifen, und Charlie hörte mit dem Blasen auf. Er hob den Kopf und starrte auf meinen Schwanz. »Aufpassen, Junge, sonst geht dir dein Ständer flöten.« Ich entschuldigte mich. Er machte weiter.

Charlie saugte, und ich zappelte auf dem Bett herum. Der Minutenzeiger meiner Uhr rückte von neun auf zehn auf elf. Der Trainer hatte einen viel wärmeren Mund gehabt. Er hatte mir die Beine massiert, die Muskeln meiner Oberschenkel paßten genau in seine Hände. Er ließ Schwanz und Sack ganz in seinem Mund verschwinden, und ich konnte den Druck seiner Lippen spüren, während mir sein Speichel bis auf die Knie lief, die ich mir beim Schliddern zur dritten Base aufgeschürft hatte.

»Ich bin fertig«, sagte ich zu Charlie. Aber er hörte nicht auf. Ich sagte es noch einmal. Diesmal schüttelte ich mich. Er saugte fester, kratzte mit den Zähnen über meine Eichel. In diesen Sekunden war es schwer, Lust von Schmerz zu unterscheiden. Ich versuchte mich loszumachen, aber er legte beide Hände auf meine Arschbacken. Ich kam, und er schluckte.

Charlie stand auf und räusperte sich. »Ich sehe genau, was du denkst«, sagte er. »Das war nicht safe. Aber wir sind hier schließlich in Kansas, nicht in irgendeiner versifften Großstadt. Und du bist noch ein Kind.« Es war das erste Mal, daß ein Mann das zu mir sagte, aber es würde nicht das letzte Mal sein.

Ich wäre am liebsten sofort gegangen.

Charlie latschte ins Badezimmer und schloß hinter sich ab. Er fing an, *Strangers in the Night* zu pfeifen. Ich hätte ihm gern eine reingehauen oder ihm den Mund zugeklebt. Als das Wasser aus dem Duschkopf prasselte, sprang ich vom Bett. Ich zog mich an und durchsuchte seinen Koffer. Seine Sachen waren ordentlich gefaltet. Alle Socken waren weiß. Ich fand einen Haufen Süßigkeiten – Schokoriegel, Kaugummipäckchen, Plastikmülltonnen, die mit Bonbons gefüllt waren, und eßbare Gummilippen. Ich entdeckte Vitamin C, Magnesium und Aspirin. Ich schnappte mir meine Jakke und stopfte mir die Taschen voll.

Auf der Rückfahrt zum Park redeten wir kaum ein Wort miteinander. Er hielt neben meinem Fahrrad an. »Vielleicht trifft man sich mal wieder.« Er sah mich nicht an. Sein Blick hing an dem Spielzeug, das an seinem Rückspiegel baumelte. Es war ein Teddybär mit einem leicht tragischen Gesichtsausdruck, wie ihn manchmal die Kinder auf den Milchkartons hatten. Auf seinem roten Hemdchen stand DADDY.

Er gab mir zwei Zwanziger und einen Zehner. »Danke«, sagte ich. »Das war schön.«

Es wurde langsam kalt, deshalb beeilte ich mich, nach Hause zu kommen. Mom hatte mir einen Zettel hingelegt: »Morgen Frühschicht.« Sie saß im Wohnzimmer und schlief, den Wecker neben ihrem Sessel. Aus irgendeinem Grund wollte ich ihre Stimme hören. Es war zu still im Haus. Fast hätte ich sie aufgeweckt, aber dann überlegte ich es mir anders. Ich ging ins Badezimmer und stellte die Vitamine weg. Mein Gesicht in dem staubigen Spiegel sah wie immer aus: dieselben buschigen Augenbrauen, dasselbe kantige Kinn, derselbe Pickel am selben Hals, auf den ich Alkohol schmieren mußte. Ich schloß mich in meinem Zimmer ein. Die Algebraaufgaben lagen noch genauso da, wie ich sie aufs Bett geschmissen hatte. Die Süßigkeiten und das Geld paßten gut in die unterste Schublade der Kommode, neben den Beutel Gras, den ich Christopher abgekauft hatte. Ich steckte einen Zwanziger, das Gras und die Mülltonne mit den Bonbons ein und rief Wendy an. Als ich den Mund öffnete, schmeckte ich Erdnußbutter. »Du errätst nie, was ich gerade gemacht habe.«

Wir trafen uns vor Wendys Haus. Sie hatte ein blinkendes Rücklicht an das Rad ihres Bruders montiert, und ich entdeckte sie schon aus zwei Blocks Entfernung. Sie stand in dem roten Blinklicht und wartete auf mich, warm eingemummelt in Jacke und Schal. Sie sah wunderschön aus. »Es ist saukalt«, rief sie, als ich vor ihr eine Vollbremsung hinlegte. »Aber du mußtest mich unbedingt aus dem Haus locken, um mir deinen Schwulentreff zu zeigen!«

Wir fuhren zum Carey Park. Ich wollte meine Zeiten an die Toilettenwand schreiben, um die Freier zu informieren, wann ich verfügbar war. Ich hatte mir schon überlegt, was ich mir alles mit fünfzig Dollar die Woche leisten konnte – mehr Drogen für Wendy und mich, neue Springerstiefel und sogar einen echten Weihnachtsbaum statt der Plastiktanne, die meine Mutter bei den Nachbarn im Keller untergestellt hatte.

Ich klebte mir ein Paar von Charlies Gummilippen auf den Mund. Als wir am Bahnübergang warten mußten, drückte Wendy mir einen Kuß darauf.

Im Dunkeln war es richtig unheimlich im Park. Ich lehnte mein Rad an einen Baum, Wendy schmiß ihres auf die Erde. Wir schlichen zur Männertoilette. Die Tür war nicht abgeschlossen, und Wendy knipste das Licht an.

Mit einem lila Stift malte ich einen Lava spuckenden Vulkan an die Wand und schrieb darunter: »Samstag nachmittags von zwei bis drei. Stehe immer gern zu Diensten.« Der letzte Satz hörte sich blöd an, also übermalte ich ihn und ersetzte ihn durch: »Jung und willig.« Darunter malte ich in Grün ein Dollarzeichen. In nicht einmal vierundzwanzig Stunden war ich zum Strichjungen geworden.

»Jetzt aber schnell nach Hause«, sagte Wendy. »Sonst holen wir uns noch Frostbeulen.«

Ich hielt sie fest. »Warte. Ich will dir noch was zeigen.« Ich machte meine Hose auf. Wendy sah mich an, als ob ich nicht ganz dicht wäre. Ich zeigte auf meinen Schwanz, auf die blauen Flecken vom Nachmittag, die Charlies Zähne auf meiner Haut hinterlassen hatten. »Guck mal, was der Typ mit mir gemacht hat«, sagte ich. »Anscheinend braucht man zum Blasen kein Hirn.«

»Steck das wieder weg, du Exhibitionist.« Sie marschierte hinaus und hielt mir eine Strafpredigt. »Von jetzt an läßt du dir so was nicht mehr gefallen. Dein Schwanz ist schließlich keine Zuckerstange. Womöglich beißt ihn dir der nächste Freier ganz ab. Am besten nimmst du Tränengas mit oder ein Schnappmesser. Auf jeden Fall mußt du mehr verlangen, wenn sie so was mit dir machen.«

»Ich habe erst hinterher gemerkt, daß es weh tut.« Ich biß ihr ein Stück von den Gummilippen ab. »Da. Fröhliche Weihnachten, auch wenn es noch ein bißchen früh dafür ist.« Die Kälte schnitt mir in die Haut. Ich machte die Hose wieder zu.

Wir radelten noch eine halbe Meile nach Westen. Wir flogen nur so durch die Dunkelheit. Mir tränten die Augen, und die Lichter der Stadt huschten in verschwommen glitzernden Streifen vorbei. Nach einer Weile war ich vom Fahrtwind völlig durchgefroren. Als ich mit den Fingern wackelte, konnte ich die Handschuhe kaum noch fühlen. Ich dachte an den Zwanzigdollarschein in meiner Brieftasche.

Wir kamen an der Zufahrt zum Riviera-Autokino vorbei. Es war zwar seit dem Sommer geschlossen, aber die Schautafel war trotzdem noch schwach beleuchtet. Es klebten sogar noch ein paar Buchstaben daran, aus denen jemand den Satz ER KOMMT BALD gebildet hatte. Wendy und ich ließen die Räder stehen. Wir kletterten über den Zaun und gingen durch ein Labyrinth aus Lautsprecherständern. Von der Vorführbude blätterte die Farbe ab. Die rechteckige Leinwand des Autokinos sah wie ein gigantischer weißer Briefumschlag aus. Sie verdeckte einen Teil des Himmels, die offene Tür zu einer leeren Welt.

Wir blieben in der Mitte der Anlage stehen. Es war kurz vor Mitternacht. Es war sehr still geworden. Ich lauschte nach einer Sirene, einem Hundebellen oder einer Autohupe, aber ich hörte nichts. Ich weiß noch, daß ich dachte: *Jetzt müßte es schneien.* Als hätte ich auf einen Knopf gedrückt, auf dem WUNDER stand, wurde der Himmel plötzlich hell, gesprenkelt von Tausenden fallender Flocken.

Ich hatte das Gefühl, etwas sagen zu müssen, um zu beweisen, daß ich nicht träumte. »Es schneit.«

Ich nahm Wendys Hand. Schneeflocken blieben an unseren Jacken hängen. »Ich wünschte, sie würden jetzt einen Film zeigen«, flüsterte sie. »Einen Film über unser Leben, über alles, was wir bisher erlebt haben. Und wir wären die einzigen Zuschauer, nur du und ich.«

Mit ihrer freien Hand hob sie einen Lautsprecher vom Ständer. Sie drehte an den Knöpfen herum und hielt ihn sich ans Ohr. »Hör mal. Ich höre etwas. Das ist die Stimme Gottes.« Sie lachte, und ich beugte mich hinüber, bis ich mit der Schläfe das kalte Gehäuse des Lautsprechers berührte. Es schneite heftiger, die Flocken fielen dicht an dicht, wie Pfeile. Ich schloß die Augen und lauschte. Wendy drückte meine Finger. Nach einer Weile hörte ich tief aus dem Inneren des Lautsprechers ein Flüstern. Vielleicht gab es eine ganz einfache Erklärung dafür, vielleicht war es nur Wendy, die mir einen Streich spielte, oder es waren unsere Handschuhe, die sich aneinander rieben, oder es war der Wind, der die Flocken um uns herumwirbelte. Aber ich wünschte mir, daß es etwas anderes bedeutete. »Ja«, sagte ich zu ihr. »Ich höre ihn.« Der Rest der Welt war erfroren, nur Wendy und ich waren übriggeblieben. Ich strich ihr den Schnee aus dem Gesicht. »Ja, ich höre ihn.«

Zweiter Teil
GRAU
SOMMER 1991

7
Brian Lackey

Die Luft war so heiß, als ob sie sich jeden Augenblick entzünden könnte. Als ich mit dem Rasenmähen fertig war, legte ich mich in den Liegestuhl. Ein paar Meter entfernt stand meine Mutter, sie hatte den Kopf zur Seite geneigt, und auf ihrer Sonnenbrille spiegelte sich die Sonne in zwei weißen Punkten. Sie zielte mit ihrem Revolver auf eine Pyramide aus 7-Up-Flaschen. *Peng-peng-peng.* Von der obersten Flasche blieb nur eine grüne Scherbe übrig, aber die anderen blieben heil.»»Morgen falle ich bei der Schießprüfung bestimmt durch«, sagte sie.

»Weiter üben«, sagte ich. Ich trug nur Shorts und Sandalen, und meine nackten Knie waren mit Grasflecken übersät. Ich nuckelte mit einem Strohhalm an einem Orangensaft. Ich hatte mir den Oberkörper mit Sonnenöl eingerieben, das nach gerösteter Kokosnuß roch.

Unsere Zeitung und die Post hatten wir schon am Morgen bekommen: die Telefonrechnung, eine Karte von Deborah mit einem Foto von der Haight Street unter einem gebatikten Himmel und ein Rundschreiben von der National Rifle Organisation für meine Mutter. Die restlichen Briefe waren von Colleges in Indiana und Arizona und von einer christlichen Uni in Kansas, die meinen Namen bestimmt von der Teilnehmerliste irgendeiner kirchlichen Veranstaltung hatte, die ich vor Jahren besucht hatte. »Herzlichen Glückwunsch, christlicher Schulabgänger«, stand auf dem Umschlag. Ich ließ die Briefe ungelesen ins Gras fallen. Ich hatte mich bereits entschieden, in den nächsten beiden Jahren zu Hause zu bleiben und auf das Community College in Hutchinson zu gehen.

Meine Mutter lud nach und zielte erneut. Eine Kugel nach der anderen ging daneben und pfiff den Berg hinunter. Vorsichtig legte sie den 38er ins Gras. Wenn ich meiner sonst so ernsten Mutter bei ihren Schießübungen zusah, mußte ich lachen. Was wohl die Lästermäuler im Ort davon hielten? Ob überall neugierige Frauen auf den Veranden standen und zu uns herübergafften? Womöglich würde nächste Woche sogar etwas darüber in der Zeitung stehen: »Schüsse im Norden der Stadt.« Seit mein Vater und Deborah nicht mehr da waren, kam es mir so vor, als ob meine Mutter und ich in Little River als Spinner angesehen würden – die Geschiedene mit der Knarre und ihr pickeliger, lesewütiger Sohn.

Meine Mutter rieb sich mit der Waffe über den Oberschenkel und steckte sie in ein imaginäres Holster. »Zieh dir was über«, sagte sie. »Wir müssen einkaufen, und ich brauche Gesellschaft.« Seit ich vor ein paar Monaten die High-School beendet hatte, gehörten der gemeinsame Großeinkauf in Hutchinson und die Waffel mit Schokoladen- und Vanilleeis, die wir uns auf dem Rückweg gönnten, zu unserem Samstagsritual. Samstags hatten wir beide frei – ich mußte nirgendwo den Rasen mähen, meine Mutter mußte nicht ins Gefängnis.

Ich lief auf mein Zimmer, räumte mit dem Fuß ein paar Taschenbücher aus dem Weg, wühlte ein T-Shirt aus dem Kleiderhaufen und zog es mir über die öligen Schultern. Unten schnappte ich mir noch schnell die Zeitung, dann verließ ich mit meiner Mutter das Haus.

Die Hitze stieg in Wellen vom Highway auf. Meine Mutter schaltete die Klimaanlage des Toyota ein, und schon wehte uns kühle Luft ins Gesicht. Ich nahm das Country-und-Western-Band aus dem Recorder, stopfte es ins Handschuhfach und legte eine Kassette von Kraftwerk ein. Meine Mutter protestierte zuerst, aber zum Schluß klopfte sie sogar den Takt auf dem Lenkrad mit. Die Roboterstimmen der Band brummten etwas von der Liebe zu einer Maschine. Ich »sang« mit, rollte die *Hutchinson News* auseinander und überflog die Schlagzeilen. VERGEWALTIGUNGSVORWÜRFE GEGEN POLIZEICHEF, HOCHWASSERWARNUNG FÜR DEN BEZIRK RENO COUNTY.

Da mich keiner dieser Berichte interessierte, blätterte ich weiter. Es dauerte ein paar Sekunden, bis ich begriff, was ich sah. Oben auf der Seite standen die Buchstaben U, F und O. Links darunter war ein laienhaft gezeichnetes Raumschiff abgebildet.

Ähnliche Zeichnungen kannte ich aus Hunderten von Büchern, aber ich hätte nie erwartet, in einer ganz normalen Tageszeitung einen Artikel über Ufos zu finden. »Hör dir das mal an«, sagte ich zu meiner Mutter und las ihr die Schlagzeile vor. »Ufo-Sendung auf NBC – Frau aus Kansas schildert Begegnungen mit Außerirdischen.«

Der ganze Wagen roch nach dem Pulverdampf, der meiner Mutter noch an der Haut klebte. Sie warf einen Blick auf die Zeitung in meinem Schoß und nickte, damit ich weiterlas.

Ich überflog den ersten Teil des Artikels. »Die Frau, um die es geht, wohnt in Inman«, sagte ich. »Das ist hier ganz in der Nähe. Sie heißt Avalyn Friesen. Sie behauptet, in ihrem Leben schon öfter von Außerirdischen entführt worden zu sein. Das ist unter Hypnose herausgekommen. Nächsten Freitag bringt NBC eine Sendung, in der es um Kontakte zu Außerirdischen geht, und darin tritt sie auf.«

Ich glaubte der Frau, und meine Mutter wußte das. Wir hatten unendlich viele Gespräche über Ufos geführt. Vor der Trennung meiner Eltern hatte uns dieses Thema miteinander verbunden. Mein Vater war nicht dabeigewesen, als wir das Ufo über dem Melonenfeld gesehen hatten, und wenn wir uns darüber unterhielten, konnte er nicht mitreden. Meine Mutter wußte, daß ich mir keinen Zeitungs- oder Fernsehbericht entgehen ließ, in dem es um unbekannte Flugobjekte und unheimliche Begegnungen ging.

»Sie tut mir leid«, sagte ich. »Die Leute in ihrer Stadt denken bestimmt, sie ist verrückt.« Ich starrte auf das daumengroße Foto von Avalyn. Sie hatte rot geschminkte Pausbacken und bleistiftdünnes Lächeln. Sie trug eine große, mit Straß besetzte Brille. Sie sah aus wie eine Witwe, die mit den Tränen kämpfte. Sie wirkte nicht so, als ob sie sich ihre unwahrscheinliche Geschichte nur ausgedacht hätte, um Aufmerksamkeit zu erregen.

Laut Bildunterschrift hatte Avalyn das Ufo selbst gezeichnet. Es sah wie ein grauer Football mit Beinen und Antennen aus. An unser Ufo konnte ich mich noch so genau erinnern, als ob es gestern gewesen wäre. In jenem Sommer hatte ich in der ersten Schulwoche nach den Ferien ein ähnliches Raumschiff gemalt, das blaue Energiestrahlen verschoß. Ich war damals im dritten Schuljahr. Ich weiß noch, wie ich mit meinem selbstgebastelten Poster vor der Klasse stand und den anderen von meinem Ufo-Erlebnis erzählte. Sie hatten mich so lange ausgelacht, bis ich mich wieder auf meinen Stuhl setzte. Auf dem Heimweg rissen mir ein paar Kinder das Poster aus der Hand. Sie spuckten es an und trampelten darauf herum, bis es zerfetzt in einer matschigen Pfütze lag.

Der Supermarkt war nur zwei Straßen von der Cosmosphere entfernt. Wenn wir einkaufen fuhren, trödelte ich normalerweise so lange auf dem Parkplatz herum, bis ich die neuen Filme oder Veranstaltungen auf der Programmanzeige entziffert hatte. Aber heute hatte ich etwas Wichtigeres im Sinn, etwas Realeres als die Vorführungen, die ich mir Monat für Monat auf der kuppelförmigen Leinwand ansah.

Mit der Zeitung vor der Nase trottete ich hinter meiner Mutter durch den Supermarkt. Ein paarmal wäre ich um ein Haar mit einem anderen Kunden zusammengestoßen. Immer wieder sah ich mir Avalyns Foto an. Schon seit Jahren wünschte ich mir, einmal jemanden kennenzulernen, der offen zugab, Kontakt mit Außerirdischen gehabt zu haben. Außer meiner Mutter und meiner Schwester kannte ich niemanden, der schon einmal ein Ufo gesehen hatte. Und jetzt war da diese Frau, die nur zwanzig Meilen von uns entfernt von Außerirdischen entführt und an Bord eines Raumschiffs aus einer anderen Welt verschleppt worden war. Trotz der grob gerasterten Aufnahme konnte ich ihr ansehen, daß sie reich an großem, profunden Wissen war. In diesem Wissen lag Schönheit. Ich wollte es haben. Womöglich war Avalyn Friesen in diesem Moment auch in Hutchinson, womöglich kaufte sie gerade in diesem Supermarkt ein. Einkaufswagen rollten an mir vorbei. Ich sah von dem Foto hoch und blickte forschend in viele Gesichter. Während meine Mutter Radieschen und Gurken einpackte, fiel mir das Profil einer Frau auf, die Zucchini abwog: fast die gleiche Nase, die Haare ebenfalls zum Knoten geschlungen. Ich starrte sie an. Die Frau wandte sich ab. Es war nicht Avalyn.

Als meine Mutter fertig war, ging ich durch die Glastür nach draußen. Nach der Kühle im Laden schlug mir eine Hitzewand entgegen. Ich kniete mich vor die Zeitungsautomaten – Hutchinson, Kansas City, Wichita. Keine Schlagzeilen über Avalyn auf den Titelseiten, aber ich tippte darauf, daß ihre Geschichte weiter hinten versteckt war. Vielleicht hatte ich mit Wichita Glück. Ich steckte zwei Vierteldollarmünzen in den Automaten, nahm mir gleich zwei Exemplare heraus und setzte mich in den Toyota.

Auf Seite C-12, unter »Menschen und Schicksale«, wurde ich fündig. Im großen und ganzen gab der Artikel im *Eagle-Beacon* das wieder, was ich bereits in den *News* gelesen hatte, einschließlich der harmlosen Raumschiffzeichnung. Aber darüber hinaus enthielt er einige wichtige Ergänzungen. Avalyn hatte einen ihrer Entführer gemalt. Der Außerirdische hatte hängende Arme und einen dicken, kahlen Kopf, wie eine Glühbirne. Er hatte kleine Pünktchen als Nase. Seine Ohren sahen aus wie Fragezeichen. Der Mund war nicht mehr als ein dünner Strich, ein in das Gesicht geschnittener Schlitz. Aber das Auffälligste an Avalyns Außerirdischem waren die Augen, pechschwarze, mandelförmige Löcher. Die Zeichnung war plump, fast kindlich. Ich versuchte mir vorzustellen, diesem Wesen Auge in Auge gegenüberzutreten, diesem Ding, das Avalyn berührt hatte.

Darunter stand noch ein Beitrag, der im ersten Artikel gefehlt hatte. Ein Psychologe, der sich darauf spezialisiert hatte, Menschen zu behandeln, die Opfer einer Weltraumentführung geworden waren, listete eine Reihe von Zeichen und Symptomen auf, die auf mögliche Begegnungen mit Außerirdischen hindeuteten.

HATTEN SIE KONTAKTE ZU AUSSERIRDISCHEN?
Fragen auch Sie sich, ob Sie schon einmal Besuch aus dem Weltraum hatten? In seinem dritten und neuesten Buch *Gestohlene Zeit* führt Ren Bloomfield, Psychologe und »spirituel-

ler Ratgeber«, Indizien auf, die für eine Begegnung mit Außerirdischen sprechen. Hier die wichtigsten sechs Punkte:
1. Gestohlene Zeit; fehlende Stunden oder sogar Tage, an die Sie sich nicht erinnern können.
2. Wiederkehrende Alpträume – vor allem von fliegenden Untertassen oder Außerirdischen. Träumen Sie davon, daß Sie von Außerirdischen untersucht werden?
3. Unerklärliche Blutergüsse, Hautabschürfungen, kleinere Stichverletzungen oder Auftreten von Nasenbluten.
4. Böse Vorahnungen, Verfolgungswahn und das Gefühl, beobachtet zu werden.
5. Angst vor der Dunkelheit oder davor, im Freien allein zu sein.
6. Unerklärliches, anhaltendes Interesse an Filmen, Büchern oder Berichten über unbekannte Flugobjekte, das an Obsession grenzen kann.
Wenn Sie eines oder mehrere dieser Phänomene an sich feststellen, ist es durchaus möglich, daß Sie nicht allein sind. In Ihrem Unterbewußtsein könnte die Erinnerung an eine Begegnung mit Außerirdischen schlummern.

Bei dem ersten Punkt, der sich um die gestohlene Zeit drehte, fiel mir der Abend wieder ein, an dem ich unter der Veranda aufgewacht war. Wenn ich mich stark genug konzentrierte, konnte ich noch immer die Luft in dieser Höhle schmecken und das Blut riechen, das mir aus der Nase lief, ohne daß ich wußte, warum. Ren Bloomfield führte Nasenbluten unter Punkt drei auf. Außerdem konnte ich mich gut an eine Zeit erinnern, als ich panische Angst vor der Dunkelheit gehabt hatte, mich verfolgt glaubte und von merkwürdigen Träumen gequält wurde. Der letzte Punkt traf ebenfalls auf mich zu, obgleich es in meinem Fall eher eine Untertreibung war. Seit dem Tag, an dem ich das Ufo gesehen hatte, faszinierte mich jede noch so unbedeutende Information über extraterrestrisches Leben. *Möglicherweise sind Sie nicht allein*, stand in dem Artikel. Der Wunsch, mit Avalyn zu sprechen, wurde übermächtig. Ich wollte all das Wissen ergründen, das man ihr gegen ihren Willen eingeflößt hatte.

Es klopfte an die Scheibe der Beifahrertür. Ich riß mich von dem Artikel los, hob den Kopf und sah meine Mutter. Neben ihr stand ein stämmiger Junge mit einer tintenbekleckten Schürze, schwer bepackt mit Einkaufstüten. »Mach den Kofferraum auf«, rief meine Mutter. Ich faltete die Zeitung zusammen und zog den Knopf heraus.

»Jetzt holen wir uns ein Eis«, sagte sie, nachdem ich den Wagen angelassen hatte. Als ich nicht antwortete, sah sie mich fragend an. Ich zeigte auf die Zeitung, die ich aufs Armaturenbrett gelegt hatte, und sie nahm sie sich herunter.

»Ach, die schon wieder«, sagte sie und fing an zu lesen. Während sie mit dem Zeigefinger von Wort zu Wort glitt, fuhr ich durch den Drive-in-Schalter des Snow Palace und bestellte uns das übliche Samstagseis.

Mit der Eiswaffel in der Hand, brachte ich uns nach Hause. Meine Mutter hatte den Artikel durch. »So«, sagte sie. »Dann kann ich mir schon denken, was wir nächsten Freitag machen. Wir sitzen vor dem Fernseher.« Sie hatte einen zur Hälfte braunen, zur Hälfte weißen Eiscremestrich auf der Oberlippe.

In der folgenden Woche suchte ich in der Zeitung nach weiteren Informationen über Avalyn. Ich wartete gespannt auf die Programmhinweise im Fernsehen über das angekündigte Ufo-Special. Vor dem Einschlafen las ich die Bücher vom obersten Brett meines Regals. Zum Teil waren es vergilbte Leselernbücher in Großdruck, die meine Mutter mir, als ich noch klein war, auf dem Flohmarkt gekauft oder beim Jugendbuchklub bestellt hatte. Auf den Deckeln waren lampionartige Raumschiffe abgebildet, die alles andere als realistisch wirkten. Manche Bücher enthielten verschwommene Schwarzweißaufnahmen von Objekten, die wie Frisbeescheiben, Radkappen, Hüte oder sogar wie ein neumodisches Telefon aussahen. Es ging darin ausschließlich um Augenzeugenberichte über Ufo-Erscheinungen, Begegnungen mit Außerirdischen wurden nicht behandelt. Es schien fast, als wären die Entführungen etwas Intimes und Geheimnisvolles, was nur in Büchern für Erwachsene vorkommen durfte.

Am Freitag, es war ein heißer Tag, schlug meine Mutter vor, fischen zu gehen, was wir nicht mehr gemacht hatten, seit mein Vater ausgezogen war. »Wir veranstalten eine Angelexpedition«, sagte sie. Ich hatte nichts dagegen. Bevor wir losfuhren, steckte ich ein dünnes Taschenbuch mit dem Titel *Der kleine Himmelsforscher* ein. Der letzte Satz war ein kläglicher Versuch, den jungen Lesern Angst einzuflößen: »Vielleicht bist du der nächste, dem eine Begegnung mit einem Raumschiff aus einer anderen Welt bevorsteht.« Ich schleuderte das Buch auf den Rücksitz. »Schwachsinn«, sagte ich.

Meine Mutter fuhr auf eine sandige, von Bäumen gesäumte Straße, die zu einer Wiese mit grasenden Kühen führte. Das Land gehörte einer Familie Erwin. Vor Jahren hatte Mr. Erwin meinem Vater erlaubt, jederzeit in seinem Teich zu angeln. Meine Mutter war sich nicht ganz sicher, ob diese freundliche Einladung auch für sie galt, gut drei Jahre nach der Scheidung. »Aber was kann uns schon Schlimmes passieren?« fragte sie. »Höchstens, daß wir wegen unbefugten Betretens des Grundstücks ins Gefängnis geworfen werden.«

Wir pirschten uns mit den Angelruten durchs Unterholz zum Teich vor, der genau die gleiche Form wie Oklahoma hatte. Das Ufer war mit Fischgräten und Plastikringen von Sechserpacks Bier übersät. Der Wind wehte durch die Ahornbäume und Eichen, die am Wasser standen, und es klang wie leiser Applaus. In der Ferne muhten Kühe. Ich muhte zurück. Meine Mutter seufzte und kramte einen Barschköder aus dem Angelkasten. Es war derselbe Kasten, den Deborah und ich meinem Vater vor ein paar Jahren zu Weihnachten geschenkt hatten. Er hatte ihn nicht mitgenommen. Sie hielt den Köder in die Sonne. Er sah wie ein Käfer mit lila Federn aus, und sie musterte ihn so mißtrauisch, als ob er jeden Augenblick lebendig werden könnte. »Es geht doch nichts über gegrillten Flußbarsch«, sagte sie. Auf ihrer Bluse zeichneten sich halbrunde Schweißflecken ab.

»Ich prophezeie dir, daß es in diesem Teich keine Flußbarsche gibt«, sagte ich. »Zander, Welse, Karpfen vielleicht« – ich steckte einen zappelnden Wurm an meinen Haken –, »aber keine Flußbarsche.«

Ich warf die Leine aus. Dann atmete ich die zuckersüße Luft ein. Kansas riecht immer gut, wenn der Sommer so richtig in Gang gekommen ist – feucht, fast blumig, als ob in jeder Wolke ein exotischer Tee aufgebrüht würde. Meine Mutter und ich setzten uns auf zwei weiße Plastikeimer, in denen wir am Ende des Tages gewaltige Fischmengen nach Hause zu schaffen hofften. Sie kaute Kaugummi, das nach Äpfeln roch. Als ich ein Stück abhaben wollte, lutschte sie sich die Finger ab und wischte sie an ihrer Jeans trocken. Dann biß sie ihren Kaugummi durch, rollte die eine Hälfte zu einer grünen Kugel zusammen und steckte sie mir in den Mund.

Mein Schwimmer tanzte in der Mitte von Erwins Teich auf dem Wasser. Ich behielt ihn genau im Auge, um mir nicht die kleinste Bewegung, das leiseste Kräuseln des Wassers entgehen zu lassen. Aber es tat sich nichts. Neben mir holte meine Mutter langsam ihre Leine ein, krampfhaft bemüht, sich an die richtige Methode zu erinnern, einen Flußbarsch zu fangen. Sie summte eine Melodie, die mir aus einer längst vergangenen Zeit bekannt vorkam. Hinter ihr erhoben sich Inseln von Rohrkolben. Die Eichen über ihr waren dicht mit Wachteln bevölkert. Ein einzelner Wiesenstärling äugte von einem Ast herunter, das schwarze V wie ein Banner über der gelben Brust.

Vom angestrengten Starren auf die Wasseroberfläche wurde mir schwummrig. Man konnte sich nur zu gut vorstellen, daß ein namenloses, vernachlässigtes Kind in diesem Teich ertrank und erst Jahre später wieder herausgefischt wurde. Als nach weiteren zehn Minuten immer noch kein Fisch nach meinem Wurm geschnappt hatte, verlor ich die Geduld. Ich holte die Leine ein und griff nach der mit Würmern und Lehmklumpen gefüllten Kaffeedose. Am Vormittag hatte meine Mutter im Schatten der Veranda die Schaufel in den Boden gerammt und Dreiecke aus der schwarzen Erde gestochen. »Voilà«, hatte sie gesagt, die Würmer aus dem Lehm geklaubt und in die Dose geworfen.

Ich spießte einen anderen cashewnußförmigen Wurm als Köder auf den Haken. Er riß entzwei, fiel auf die Erde und suchte blind nach einem sicheren Plätzchen, wo er in Frieden sterben konnte. Ich starrte summend vor mich hin, mit den Gedanken ganz woanders. *Avalyn*, dachte ich. Heute abend um neun Uhr sollte ihre Sendung kommen. Ich konnte mir nicht vorstellen, wie die Fernsehleute ihre Ufo-Entführung in Spielszenen nachstellen wollten. Ich wollte die Sendung mit dem Videorecorder aufnehmen, den meine Mutter sich zu Weihnachten geschenkt hatte, damit ich sie mir immer wieder ansehen konnte. Ob Avalyn wohl auch schon einmal in dieser Gegend geangelt hatte? Vielleicht hatte sie ihre eigenen Fischteiche inmitten der Felder, die ihr Farmhaus umgaben und von den fremden Wesen mit ihren Scheinwerfern angeleuchtet worden waren, bevor sie Avalyn an Bord ihres Schiffs verschleppt hatten.

Meine Mutter stand von ihrem Eimer auf. Ihre Rute bog sich leicht nach unten, sie hatte einen Fisch an der Angel. Sie sagte »Pst«, und ich hielt den Atem an. Die Sonnenstrahlen prallten immer noch auf uns nieder, und der Wind gönnte sich eine Pause. Meine Mutter holte vorsichtig die Leine ein, sie spielte mit dem Fisch, und in diesem Augenblick der Stille wurde mir bewußt, wie allein wir waren. Durchaus möglich, daß wir im Umkreis von einer Meile die einzigen Menschen waren. Ich dachte an Ufos, die jederzeit über den abgeernteten Feldern auftauchen konnten. Selbst am hellichten Tag wäre es ein Kinderspiel, uns zu entführen – die Außerirdischen bräuchten uns bloß an Bord zu beamen, genau wie sie es mit Avalyn gemacht hatten. Niemand würde es sehen, niemand würde Verdacht schöpfen.

Der Fisch schlüpfte vom Haken. Meine Mutter zog nachdenklich die Leine aus dem Wasser. »War wahrscheinlich kein Flußbarsch.« Sie setzte sich wieder hin, machte den Angelkasten auf und fing an, in dem Chaos aus Ködern, Gewichten und Haken zu kramen.

Ich mußte an einen anderen Entführungsfall denken, von dem ich gelesen hatte. Zwei Männer, Charlie Hickson und Calvin Parker, angelten im Oktober 1973 in der Nähe der Stadt Pascagoula in

Mississippi, als nicht weit vom See entfernt ein Ufo landete. Diese Geschichte habe ich nie vergessen – erstens, weil sie fast auf den Tag genau ein Jahr nach meiner Geburt passierte, und zweitens, weil das darin beschriebene Raumschiff – tellerförmig, mit blinkenden blauen Lichtern – meinem eigenen Ufo ähnelte. Während ich auf den reglosen Schwimmer starrte, hielt ich meiner Mutter einen ausführlichen Vortrag über diesen Fall, als ob sie meine Studentin wäre. »Die Außerirdischen waren so klein wie Zwerge«, sagte ich. »Als sie näher kamen, fiel einer der beiden Männer in Ohnmacht. Aber sein Freund blieb bei Bewußtsein und konnte sich, im Gegensatz zu den meisten anderen Opfern, hinterher an alles erinnern. Die Wesen haben ihn auf einem silbernen Tisch untersucht. Sie hatten einen sonderbaren Apparat, eine Art bewegliches Auge auf einer Stange. Damit haben sie seinen Körper ein paarmal durchleuchtet.«

Meine Mutter tat mir den Gefallen, eine Zwischenfrage zu stellen. »Und wie ging es weiter?«

»Niemand hat ihnen geglaubt«, sagte ich. »Auch nicht, nachdem sie einen Lügendetektortest gemacht hatten.« Ob Avalyn sich so einem Test wohl auch hatte unterziehen müssen? Ich hätte sie gern so unendlich viel gefragt.

»Was würdest du machen«, fragte ich, »wenn im nächsten Augenblick ein Ufo über die Bäume geflogen käme und uns mitnähme?«

Meine Mutter lächelte skeptisch, wie ein nur halb überzeugter Richter. »Ich weiß nicht genau. Als wir damals das andere Ding gesehen haben, wollte ich es bloß anstarren. Es war so merkwürdig, wie ein schwebendes Riesenrad am Himmel. Es muß bestimmt eine Erklärung dafür gegeben haben.« Nun lächelte sie richtig, und ich wußte, daß sie mitspielte. »Aber wenn sie jetzt kämen und dich mitnehmen wollten, würde ich wahrscheinlich sofort meinen Revolver holen. Ich würde ihnen eine Kugel verpassen, bevor sie dir etwas antun könnten.«

»Falls du überhaupt dazu kommen würdest. Die sind bestimmt verdammt schnell.« Ich hielt inne. Die Sonnenstrahlen, die durch die Blätter stachen, brannten mir in den Augen. »Außerdem würden sie dich garantiert betäuben. Du würdest nicht merken, was mit dir passiert, und hinterher könntest du dich an nichts mehr erinnern.«

Meine Mutter kramte eine grüne Dose Moskitospray aus dem Angelkasten, sprühte sich die Unterarme ein und warf mir das Spray zu.

Ich sprühte mir Hals, Arme, Brust und Beine ein, dann fragte ich: »Was hältst du eigentlich davon, daß ich mich mein Leben lang für nichts anderes als für Ufos und solche Sachen interessiert habe? Findest du das nicht eigenartig?«

Als sie nicht antwortete, fuhr ich fort: »Dieser Artikel über Avalyn Friesen, der hat mich auf einen Gedanken gebracht. Es gibt da einen Spezialisten für Ufo-Entführungen. Unter Hypnose versetzt er die Opfer in die Vergangenheit zurück. Dieser Mann sagt, das übertriebene Interesse für Ufos könnte ein Indiz dafür sein, daß man irgendwann eine Begegnung mit Außerirdischen hatte.«

»Wenn du auf einem anderen Planeten gewesen wärst, müßtest du das doch wissen …« Meine Mutter unterbrach sich und stand auf. Der Eimer kippte um und rollte zum Wasser. »Du hast einen am Haken, Brian«, sagte sie. »Du hast einen am Haken.« Mein Schwimmer wurde so heftig hin und her geschüttelt, daß seine rote und weiße Farbe zu Rosa verschwammen. Ich packte den Griff der Angelrute fester. Was immer unter der Oberfläche war, hörte auf zu rütteln, schluckte den Köder und wollte sich mit dem Wurm davonmachen. Der Schwimmer verschwand im wirbelnden Wasser, ich hielt die Leine straff und holte sie langsam ein.

Um acht Uhr tauchte die Sonne hinter die Eichen. Der Schatten legte sich wie ein großer Schleier über unsere Gesichter. »Haben wir genug?« fragte meine Mutter. Sie wartete meine Antwort nicht ab. »Dann laß uns fahren.« Sie hatte drei Zander gefangen, die sie wieder in Wasser geworfen hatte, und einen Wels, den sie mit nach Hause nahm. Ich hatte zwei anständige Welse erwischt. Der zweite hatte einen platten, lehmiggrauen Kopf, der so groß war wie mein Fußballen.

Wir gingen zum Wagen. Ich setzte mich hinein und klemmte mir unseren Fang zwischen die Füße. Auf der Fahrt durch Erwins Felder schwappte das faulige Wasser bei jeder Unebenheit aus dem Eimer und spritzte auf den burgunderroten Sitz. Ich dachte an früher, als noch die ganze Familie im Pick-up meines Vaters von einem Angelausflug nach Hause gefahren war. Deborah und ich hockten immer hinter der Sitzbank und suchten uns von den Fischen, die sich in dem trüben Wasser im Eimer aneinanderschmiegten, die schönsten aus. Mein Vater, der erfahrene Angler, hatte sie alle gefangen. Er würde sie auch ausnehmen und zerlegen. Meine Mutter würde sie kochen, und die ganze Familie würde sie essen.

Ich sprang aus dem Wagen und öffnete das Gatter. Der Toyota rollte hindurch, auf die sandige Straße hinaus. Hinter uns, unter den Bäumen, muhte eine Kuh, wie zum Abschied. Ich machte das Tor zu und stieg ein. Nun waren wir keine unbefugten Eindringlinge mehr. »Das war ein schöner Tag«, sagte ich, während ich den Eimer wieder zwischen die Füße nahm. Es war meine ehrliche Meinung. Meine Mutter lächelte, und da wußte ich, wie die nächsten beiden Monate bis zum Ende des Sommers aussehen würden. Nur wir zwei, meine Mutter und ich, und wir würden nur das unternehmen, was uns gerade in den Kopf kam. Im Seitenspiegel verschmolz die Sonne mit Kansas, und der Himmel änderte spektakulär seine Farbe, von Rosa zu Blau.

Ich stellte den Eimer unter der hinteren Veranda ab. Ein Welsschwanz schnitt durch das trübe Wasser, Tröpfchen perlten auf mein Hemd. Im Dämmerlicht glänzten die drei Fische wie Därme, und ich deckte den Eimer mit dem Handtuch ab, auf dem ich mich gesonnt hatte.

In der Küche machte uns meine Mutter Sandwiches mit Tomaten, Gurken und Salat. Der Fernsehapparat lief bereits. »In der heutigen Folge von *Geheimnisvolle Welt*«, sagte eine Stimme, »dringen wir in die Welt der Ufo-Entführungen ein. Beruht dieses Phänomen auf einer Massenhysterie, oder ist es beängstigende Realität?

Im Anschluß daran beschäftigen wir uns in den Zehn-Uhr-Nachrichten mit ...« Ich drückte die Aufnahme- und Pausetaste des Videorecorders und wartete.

Meine Mutter brachte mir einen Teller und setzte sich neben mich. Mittlerweile trug sie Frotteeshorts. Sie hatte fein verästelte blaue Äderchen am Bein. Mitten im Netz der Adern saß der rote Punkt eines Moskitostichs.

»Jetzt geht's los«, sagte sie. Die Sendung fing an. Offensichtlich ging es den Machern eher um Effekte als um den Inhalt. Der Soundtrack, eine unheimliche Synthesizermusik, gefiel mir, aber die Bilder waren der reinste Kitsch. Der erste Betroffene, der zu dem Thema interviewt wurde, ein älterer Mann aus Michigan, behauptete, als Junge von einem Raumschiff entführt worden zu sein. Während er mit zittriger Stimme erzählte, erschien auf dem Bildschirm das weichgezeichnete »Innere« eines Ufos: ein silberner Tisch, eine ganze Batterie von Lampen und ein Tablett, auf dem seltsam geformte chirurgische Instrumente lagen. »Sie haben mir die verdammte Sonde in den Bauch gesteckt«, hörte man den Mann sagen. Eine verschwommene Hand, sicher die eines Kindes in einem zerknitterten grauen Handschuh, griff nach einem kleinen Gegenstand, der wie ein silbernes Katapult aussah, und richtete ihn auf einen Bauchnabel.

Es wurden noch vier weitere Opfer interviewt, ein junges Ehepaar, ein Bildhauer, der sein Haus mit lebensgroßen Skulpturen seiner Entführer dekoriert hatte, und eine Polin, die kurz nach ihrer Einwanderung von Wesen aus dem Weltraum verschleppt worden war. Die Frau hatte Tränen in den Augen, als sie von den »grauenhaften, unaussprechlichen Untersuchungen« erzählte, die die Außerirdischen an ihr vorgenommen hatten. »Jetzt zeigt uns endlich Avalyn«, sagte ich. »Ihr habt nur noch eine Viertelstunde Zeit.«

Nach einer längeren Werbeeinblendung ging es weiter. Die Kamera schwenkte über ein flaches, sonniges Feld, wo eine Frau mit einem scheckigen Hund spielte. Das mußte Kansas sein. »Da ist sie«, sagte ich. Avalyn warf einen Ball, der Hund brachte ihn zurück. »Sie sieht genauso aus wie auf dem Foto.«

»Ein bißchen hausbacken«, sagte meine Mutter. »Und traurig, als ob sie noch nie von jemandem geliebt worden wäre.«

Laut Einleitung lebte Avalyn Friesen am Rand des Städtchens Inman in Kansas. Sie war nie verheiratet gewesen, ihr Bruder und ihre Mutter waren tot. Sie wohnte mit ihrem Vater in einem kleinen Blockhaus, und sie arbeitete bei einem Getreidehändler als Sekretärin. Sie war zweiunddreißig. Mehr gab es über ihren Alltag nicht zu berichten. »Trotzdem hat Avalyn in ihrem Leben eine ganz besondere Erfahrung gemacht, eine Erfahrung, die unser normales Vorstellungsvermögen übersteigt«, sagte der Sprecher. »Solange sie zurückdenken kann, sind ihr seltsame Dinge zugestoßen, Dinge, für die sie keine Erklärung hat.«

Nun rückte Avalyn, die in einem Schaukelstuhl saß, in die Mitte des Bilds. Sonnenstrahlen fielen durch ein Fenster herein und erhellten ein Viertel ihres Gesichts. Ich konnte in ihr Haus sehen. Das Regal hinter ihr war mit Büchern vollgestopft, und auf einem Tischchen stand eine Sammlung Stofftiere. Sie trank einen Schluck aus ihrem Kaffeebecher und begann zu sprechen.

»Ich hatte immer Angst, wenn ich einen Film über Ufos gesehen habe«, sagte Avalyn. »Sogar bei *E.T.* habe ich mich gegruselt. Ich wußte selbst nicht warum. Und dann habe ich eines Tages im Supermarkt dieses Buch von Ren Bloomfield entdeckt. Darin beschreibt er Menschen, die unerklärliche Lücken in ihrem Leben haben, denen Stunden und Tage fehlen, an die sie sich nicht mehr erinnern können. Das war mir mehr als einmal passiert. Ich habe mich mit Ren in Verbindung gesetzt, und damit fing dann eigentlich alles an.«

Während Avalyn weitererzählte, wurden die Nahaufnahmen von ihrem Gesicht immer wieder von nachgestellten Spielszenen abgelöst. Die Musik schwoll an, ein Keyboard klimperte.

»Ren kam nach Wichita, um sich mit mir zu treffen. Zum Schluß hat er mich dann in Hypnose versetzt und eine Rückführung probiert. Ich war selbst überrascht, was da alles aus mir herausgesprudelt ist. Im Laufe der nächsten Monate erinnerte ich mich nach und nach an mehr als zwanzig Entführungen.«

Meine Mutter ließ mich nicht aus den Augen. Im Fenster hinter dem Fernsehapparat zog sternenlos schwarz die Nacht herauf.

»Als es das erste Mal passierte, war ich sechs Jahre alt. Es muß ungefähr 1964 gewesen sein. Ich war mit meinem Zwillingsbruder und meinen Großeltern in Coffeyville, wo wir ein Picknick gemacht hatten. Es wurde langsam dunkel. Ich erinnere mich noch, daß Großvater auf einem Feldweg gefahren ist. Dann war hinter uns auf einmal ein strahlendes Licht, das immer heller wurde.« Bläulich weiße Blitze zuckten über den Bildschirm, und ich dachte an unser Ufo zurück. Das Gesicht meiner Mutter wurde vom vertrauten blauen Fernsehlicht eingerahmt.

»Teddy und ich haben uns umgedreht, weil wir wissen wollten, wo das Licht herkam. Plötzlich fuhren wir an den Straßenrand, und Großvater gab einen komischen Ton von sich, ›häh‹ oder so ähnlich, als ob er die Kontrolle über den Wagen verloren hätte. Rings um uns herum war Licht, ein Meer von Licht. Es war wie das Leuchten von Edelsteinen, nicht wie ein normales Licht in einem normalen Haus. Das nächste, nun, zumindest das nächste, woran ich mich in den darauffolgenden dreiundzwanzig Jahren *erinnern* konnte, war, daß wir bei uns zu Hause ankamen. Meine Eltern hatten auf uns gewartet, sie wollten wissen, wo wir geblieben waren und warum wir uns drei Stunden verspätet hatten. Sie meinten, wir hätten wenigstens anrufen können.

Bei der Hypnose kam Folgendes heraus. Die Außerirdischen hatten nur mich für ihre Untersuchungen ausgewählt. Meine Großeltern und mein Bruder Teddy blieben im Wagen sitzen, vollkommen unbeweglich und mit geschlossenen Augen, als ob sie schliefen oder scheintot wären, wie Ren das nennt. Aber ich schwebte direkt vom Rücksitz hinauf in das scheibenförmige Raumschiff.«

Begleitet von wabernder Synthesizermusik, erschien ein Mädchen in einem rosa Kleid auf dem Bildschirm, eine Schauspielerin, die die Rolle der jungen Avalyn spielte. Das Mädchen biß sich auf die Lippe. Ihr Blick irrte unstet umher, und die Zöpfe standen ihr wie zwei blonde Hörner vom Kopf ab. Sie kreischte. »Unheimlich«, sagte meine Mutter.

»Unter Hypnose«, fuhr Avalyn fort, »habe ich mich daran erinnert, daß ich auf einem silbrig weißen, glatten Tisch lag. Eine Gruppe Außerirdischer stand um mich herum. Sie hatten kleine silberne Kästchen, aus denen sie dünne Schläuche und Instrumente nahmen, fast so, wie man sie beim Zahnarzt sieht. Sie waren kahlköpfig, und sie hatten große, marshmallowähnliche Köpfe und winzige Ärmchen, an denen kein Gramm Muskeln zu sein schien. Ihre Finger waren kalt und fühlten sich überhaupt nicht menschlich an. Aber das Schlimmste an ihnen waren die Augen: schwarze Diamanten, besser kann ich sie nicht beschreiben. Aber nicht fest, sondern geleeartig und flüssig.«

»Ja«, sagte ich, als ob sie nur mit mir redete.

Damit war Avalyns Interview zu Ende, und der Moderator trat noch einmal auf. Er berichtete, daß die Außerirdischen vielen ihrer Entführungsopfer – auch Avalyn – Sender einpflanzten, in das Gehirn, die Nase, den Bauch, einen Fuß oder sonstwohin, um sie später leichter wieder aufspüren zu können. »Menschen werden zu Versuchskaninchen«, sagte der Moderator. »Irgendwann kehren die Außerirdischen zurück, um weitere Experimente durchzuführen. Man sollte meinen, daß der Betroffene nach der ersten Verschleppung wieder ein freier Mensch wäre. Aber das ist nicht immer der Fall in unserer *Geheimnisvollen Welt*.« Nun folgte noch eine kurze Zusammenfassung. Die Kamera fuhr auf ein Raumschiff zu, immer näher heran an die weißen Strahlen, bis zuletzt der ganze Bildschirm von blendend hellem Licht überflutet war.

Bevor ich einschlief, dachte ich darüber nach, welche Auswirkungen ein einziges Erlebnis auf Avalyn Friesens Leben gehabt hatte. Und je mehr ich mich mit Avalyn beschäftigte, desto mehr Gedanken machte ich mir auch über mich selbst. Die Vorstellung, entführt worden zu sein, erschien mir als durchaus plausibel. Zum ersten Mal war es damals, vor mehr als zehn Jahren passiert, als ich in der hintersten Ecke unter der Veranda aufgewacht war und mir fünf Stunden fehlten. Und wenn es stimmte, daß die Besucher aus dem Weltall ihre Opfer mit Sendern versahen, traf das auf mich wohl ebenfalls zu. An jenem Abend hatte ich Nasenbluten gehabt, weil mir die Außerirdischen eine Sonde ins Gehirn gebohrt hatten. Zwei Jahre später waren sie zurückgekommen und hatten mich aufgespürt, an jenem Halloweenabend, als ich im Wald hinter dem Spukhaus ohnmächtig geworden war. Mittlerweile war ich fast neunzehn. Hatte ich den Sender immer noch im Kopf, wie einen winzigen silbernen Tumor? Wie oft war ich überhaupt entführt worden? Gab es vielleicht noch andere Begegnungen, die ich so tief in mir vergraben hatte, daß mir keine Erinnerung daran geblieben war? Würden mich die Außerirdischen noch einmal holen?

Meiner Mutter erzählte ich erst am folgenden Samstag von meiner Theorie. Wir kamen gerade von unserem wöchentlichen Großeinkauf in Hutchinson zurück und hatten uns wie üblich ein Eis gegönnt. Da der Vierte Juli vor der Tür stand, hatten die Händler am Straßenrand Stände mit Feuerwerkskörpern aufgebaut, deren bunte Fähnchen und Schilder im Wind flatterten.

In möglichst sachlichem Ton legte ich meiner Mutter zunächst dar, was ich über die Opfer von Ufo-Entführungen gelesen hatte. Dann brachte ich die Sprache auf mich. »Die Sache ist die«, sagte ich. »Wir wissen bis heute nicht, was damals mit mir passiert ist, als ich noch klein war. Aber es war kurz bevor wir das Ufo gesehen haben. Inzwischen glaube ich fast ... nein, ich bin mir sicher, daß diese beiden Ereignisse etwas miteinander zu tun haben. Vielleicht haben sie auch etwas mit meiner Ohnmacht zwei Jahre später an Halloween zu tun.« Ich hielt inne. »Und als ich die Sendung mit Avalyn gesehen habe, ist mir klargeworden, wieviel Ähnlichkeit meine Geschichte mit ihrer hat.«

Meine Mutter nickte zögernd. Ich wischte mir das Eis vom Mund und fuhr fort. »Meinst du nicht, daß etwas daran sein könnte? An dieser Sache mit den Außerirdischen?«

Wir kamen am nächsten Verkaufsstand für Feuerwerkskörper vorbei. Zwei Familien beugten sich über die bunten Schachteln. »Vielleicht«, sagte meine Mutter. Sie sprach so langsam, als ob Vielleicht ein Fremdwort wäre, von dem sie nicht genau wußte, wie man es aussprach. »Vielleicht.« Sie umklammerte das Lenkrad, bis die Adern auf ihrer Hand dick hervortraten.

Ich wollte weiterreden, aber sie ließ mich nicht zu Wort kommen. »Bei manchen Erinnerungen«, sagte sie, »dauert es seine Zeit, bis sie Gestalt annehmen.«

Wenigstens wollte meine Mutter nicht völlig ausschließen, daß ich mit meiner Theorie möglicherweise recht hatte. Sie würde mich unterstützen, wie auch immer mein nächster Schritt aussehen würde. Sie würde zu mir halten, bis ich das Rätsel gelöst hatte. Selbst wenn ich bis dahin noch mehr Zeit verlieren würde, indem ich tief in die unbekannte Welt eintauchte, in die man mich, davon war ich inzwischen fest überzeugt, schon einmal verschleppt hatte.

Im Wohnzimmerschrank fand ich das Briefpapier, das mein Vater meiner Mutter vor Jahren geschenkt hatte. Jeder Bogen war mit Girlanden aus Flieder und Gänseblümchen verziert. Ich hatte das Gefühl, daß Avalyn das Briefpapier gefallen würde. Ich achtete darauf, die Tinte nicht zu verschmieren, und schrieb mit möglichst ruhiger Hand »Avalyn Friesen, Rural Route 2, Inman KS« auf einen Umschlag. Die Postleitzahl fand ich im Telefonbuch.

Dann suchte ich mir einen Bogen Papier aus. Ich wollte Avalyn nichts verschweigen. Sie sollte von den verlorenen Stunden unter der Veranda, unserem Ufo-Erlebnis und der merkwürdigen Ohnmacht Jahre später an Halloween erfahren. Ich wollte ihr alles beichten.

»Liebe Avalyn«, schrieb ich. »Wir kennen uns nicht, aber ...« Eine fremde innere Stimme beendete den Satz für mich: *... wir werden uns kennenlernen.*

8
Eric Preston

Neil McCormick machte einen Kriminellen aus mir, und ich konnte mir nichts Schöneres vorstellen. Unser neuestes Hobby: Ladendiebstahl in Second-hand-Geschäften. Seit wir vor einem Monat den High-School-Abschluß gemacht hatten, hatten wir solche Unmengen an gebrauchten Büchern, Haushaltswaren und Klamotten angehäuft, daß wir eine ganze Armee hätten ausstaffieren können. Wir mußten nie mehr in die Schule, und wir hatten nichts Besseres zu tun, als kriminell zu werden.

Unser Lieblingsladen, der von der Methodistenkirche betrieben wurde, lag in der Third Street. Als wir ihm an einem Freitag im Juni einen Besuch abstatteten, verguckte ich mich in ein Paar Armystiefel, die zwar noch so gut wie neu waren, für die ich aber keine zwanzig Dollar hinblättern wollte. Neil lenkte die Verkäuferin ab, indem er ihr Komplimente über ihre blonden Haare machte, die jeder Zweijährige sofort als Perücke identifiziert hätte. Außerdem ließ er sich über die letzten Unwetter mit Hagel und Regen aus. »Ich hatte schon Angst, es kommt eine Überschwemmung«, hörte ich die Frau sagen. Er hatte sie bezirzt. Ich ging weiter in den Laden hinein, nahm die Stiefel aus dem Regal und schlüpfte aus meinen abgewetzten Boots.

Eine wichtige Ladendiebstahlregel, die ich von Neil gelernt hatte, lautete, daß man immer auch etwas kaufte, um sich nicht verdächtig zu machen. Er legte eine Gummischlange auf die Theke. »Neunundneunzig Cents«, sagte die Verkäuferin. Als er in seinen Taschen nach Kleingeld kramte, war meine Chance gekommen. Ich konzentrierte mich auf das Gesicht der Frau und übermittelte ihr telepathisch den Befehl: *Nur noch auf die Kasse achten.* Es funktionierte, und ich spazierte zur Tür hinaus. »Kommt zurück, ihr zwei«, rief die Verkäuferin.

Wir sprangen in Neils Impala, einen alten Benzinschlucker, und rasten vom Parkplatz. Wie jeden Tag drehten wir unsere Runde durch die Stadt. Ich wohnte erst seit vier Monaten in Hutchinson, aber ich kannte das Kaff schon gut genug, um es zu hassen. Was hätte ich auch sonst für eine Stadt empfinden sollen, die von den folgenden »Attraktionen« eingerahmt wurde? Im Westen eine Fleischfabrik, im Norden ein langweiliges Weltraummuseum, im Osten ein Hochsicherheitsgefängnis und im Süden das »längste Getreideförderband der Welt«. In Modesto hatte ich eine Handvoll Freunde gehabt, die sich für die gleiche Musik interessierten wie ich und ebenfalls schwul waren. Hier hatte ich nur Neil.

Ich machte mir mit Spucke den Finger naß und polierte die neuen Stiefel. Dann zog ich das T-Shirt aus der Hose, um Neil die zusammengerollten Handschuhe und den Gürtel zu zeigen, die ich ebenfalls hatte mitgehen lassen. »Dafür könnte ich verhaftet werden«, sagte ich.

»Diebstahl ist noch das geringste meiner Laster.« In seiner Stimme lag Stolz. Ich war mit ihm zum Dieb geworden, aber zum Stricher würde ich es nie bringen. Es wäre nichts für mich gewesen, mich von fremden Männern für Sex bezahlen zu lassen; außerdem konnte ich auch vom Aussehen her nicht mit Neil mithalten, mir fehlte sein unwiderstehlicher Charme.

»Wenn du heute abend nichts vorhast«, sagte Neil, »kannst du mit ins Baseballstadion kommen.« Freitag abends und am Wochenende arbeitete Neil als Stadionsprecher und Punktnehmer im Sun Center, einer weiteren schwachsinnigen Hutchinsoner Sehenswürdigkeit. DAS GRÖSSTE BASEBALLPARADIES IN KANSAS, wie die grelle Werbung verkündete. Ich haßte das Stadion. Am letzten Wochenende hatte ich Neil auf der Pressetribüne besucht. Nachdem wir uns bekifft hatten, stach ich ihm mit Hilfe einer Sicherheitsnadel und ein paar Eiswürfeln ein Loch ins Ohrläppchen. Wir hätten uns fast totgelacht über die Vollidioten im Stadion.

»Mal sehen«, sagte ich, und das hieß ja.

Neil hängte den Ellbogen aus dem Fenster und bekam die volle Wucht der Sonnenstrahlen zu spüren. Obwohl es erst Juni war, war er schon fast so braun wie Milchschokolade. Ein passender Vergleich, weil er sich kaum von etwas anderem zu ernähren schien. Auch jetzt wieder riß Neil im Fahren die Folienverpackung einer halb geschmolzenen Tafel Hershey auf. Er biß eine Ecke ab und hielt sie mir vors Gesicht. Die angebissene Tafel glich meinem neuen Heimatstaat aufs Haar.

Ich zeigte auf die Mitte des Schokoladenkansas. »Da sind wir, am Arsch der Welt.«

»Aber nicht mehr lange«, sagte er. »Jedenfalls ich nicht.« Schon im August würde Neil wegziehen, vom Mittleren Westen nach New York. Bis dahin gammelte er bloß rum und schlug irgendwie die Zeit tot. Mich würde er im Staub von Hutchinson zurücklassen.

Neil bog in die schattige Allee ein, die zu der Wohnwagenanlage führte, wo meine Großeltern wohnten. Ich erspähte die alten Herrschaften im Hof. Sie stutzten einen Busch, dessen Blüten wie gerötete Fäuste aussahen. »Die Gruftis sind zu Hause«, sagte ich. »Wir fahren lieber zu dir.«

Neil wendete. Lächelnd steckte er das letzte Stück Schokolade in den Mund. Er machte ein Gesicht, als ob er noch nie in seinem Leben etwas so Köstliches gegessen hätte.

Ich war nach dem Unfall meiner Eltern von Modesto nach Hutchinson zu meinen Großeltern gezogen. An meinem ersten Tag in Kansas mußte ich an meiner neuen Schule im Büro des stellvertretenden Direktors erst einmal Formulare ausfüllen. Ich meldete mich für die gleichen Kurse an, die ich in Kalifornien belegt hatte. Staatsbürgerkunde, Englisch, Kunst – alles kam mir überflüssig vor. Ich mußte unzählige Papiere unterschreiben. Rücksichtsvoll hatte jemand auf allen Blättern die Kästchen durchgestrichen, wo eigentlich meine Eltern hätten unterschreiben müssen. »Fertig.« Ich gab der Sekretärin die ausgefüllten Formulare. Ihr Blick wanderte hilflos von meinen Klamotten über den fachmännisch aufgetragenen Eyliner bis zu meiner schwarz gefärbten Stachelfrisur. Sie wußte nicht, wie sie mit einem Freak wie mir Mitleid haben sollte. Als ich das Büro verließ, war mir beklommen zumute.

Doch da stand Neil vor mir im Flur und stopfte seine Bücher in den Spind. Er sah umwerfend aus. Sein Mund war so sinnlich, daß man fast meinen konnte, er hätte geschwollene Lippen. Seine braunen Augenbrauen waren in der Stirnmitte zusammengewachsen. Die markante Nase, das Kinn und die Backenknochen sahen aus, wie von einem ekstatischen, meskalinbenebelten Gott gemeißelt. Er hatte onyxschwarze Haare. Die anderen Schüler schienen ihn zu meiden. Als er merkte, daß ich ihn beobachtete, grinste er. Dieses Grinsen erlöste mich aus der Hoffnungslosigkeit.

Im Laufe der Woche erfuhr ich, wie er hieß, und hörte, wie er im gleichen Atemzug als »Schwuler« tituliert wurde. Wir hatten zwei Kurse gemeinsam belegt. Während einer Diskussion in Staatsbürgerkunde hatte ich nur Augen für ihn statt für die Notizen, die Mr. Stein über die *Bill of Rights* an die Tafel schrieb. Nach dem Unterricht hatte Neil es so eilig, in seinen Impala zu springen, als ob die Schule in Flammen stünde. Manchmal nahm er einen Jungen mit, der Christopher hieß und einen Schlafzimmerblick hatte. Sie fuhren weg, ohne mich zu beachten, und ich ging allein nach Hause. In den ersten Nächten stellte ich mir vor, wie Neil nackt aussah.

Mir wurde schon bald klar, daß es einen großen Unterschied machte, ob man in Kansas ein schwuler High-School-Schüler war oder in Kalifornien. Hier mußte man ständig auf der Hut sein. Nach zwei Wochen beobachtete ich Neil mit diesem Christopher in einem Park, der anscheinend ein stadtbekannter Schwulentreff war. Er trug eine Sonnenbrille und eine honigmelonenfarbene Windjacke. Wie ich später in mein Tagebuch schrieb, war Neil der Typ, »in dessen Nähe ich alles vergessen hätte, selbst eine scharf gemachte Handgranate«. Ein Junge in seinem Alter mußte im Carey Park auffallen, denn bis dahin hatte ich dort nur über Vierzigjährige gesehen.

Ich werde nie Neils selbstgefälligen Gesichtsausdruck vergessen, als ich eines Tages im taubenblauen Gremlin meiner Großeltern an ihm vorbeifuhr. Es war, als ob er wüßte, daß er früher oder später mit mir schlafen würde.

Neil winkte, und ich wurde rot. Schnell fuhr ich nach Hause.

Am nächsten Tag drehte er sich während der Staatsbürgerkunde zu mir um. Im ersten Augenblick sah es so aus, als ob er fluchen oder spucken würde. Doch er grinste. Er zeigte auf meine Klassenarbeit und hielt seine hoch. Wir hatten beide eine Vier plus bekommen.

»Du hast vergessen, die Frage ›Brown contra Schulbehörde‹ zu beantworten«, sagte ich so herausfordernd wie möglich. »Ich habe mir wenigstens was aus den Fingern gesogen.«

»Du beobachtest mich die ganze Zeit«, sagte er. »Ich bin Neil.«

»Ich weiß.«

Er legte den Kopf auf die Seite und schüttelte sich die Locken aus dem Gesicht. »Weiß eigentlich deine Mutter, wo du dich gestern rumgetrieben hast?«

»Meine Mutter ist tot«, sagte ich.

Er verzog keine Miene. Das gefiel mir.

»Darum bin ich jetzt in Kansas«, sagte ich. »Aber irgendwann wäre ich sowieso umgezogen. Früher oder später hätten sie mich von der Schule geschmissen. Meine Freunde und ich, wir haben Scheiße gebaut, ein bißchen gekokelt und so.«

Das war leicht übertrieben, aber Neil schien beeindruckt. Er sagte, er fände es ganz schön mutig von mir, an unserer rückständigen High-School solche ausgeflippten Klamotten zu tragen. Ich hatte eine knallenge Jeans an und, wie immer, ein Kreuz um den Hals. Auf meinem zerschlitzten T-Shirt war die Hand Jesu zu sehen, die aus einer Gewitterwolke auf eine erstaunte Menschenmenge hinabzeigte. Neil tippte auf das blutige Wundmal und zwinkerte mir zu. Eine Tussi, die eine Cheerleaderkluft trug, verdrehte die Augen, als ob sie diese Anmache nicht ertragen könnte.

Neil und ich ließen die letzte Stunde ausfallen. Christopher wartete auf dem Parkplatz. »Wir sehen uns später«, rief Neil ihm zu, ohne uns miteinander bekannt zu machen. Er zeigte mir seinen Impala, und ich kletterte hinein. Obwohl es ein frostiger Märztag war, kauften wir uns im 7-Eleven ein Tuttifrutti-Eis. Dann düsten wir zum Wohnwagen meiner Großeltern, der mittlerweile auch mein Zuhause war.

Außer uns war niemand da. In meinem Zimmer machte ich die Tür hinter uns zu. Neil stellte sich hin und blickte himmelwärts. Was mochte an der wasserfleckigen Decke eines Wohnwagens wohl so faszinierend sein? Neugierig geworden, sah ich ebenfalls hoch. Darauf hatte er nur gewartet. Er drückte mich gegen die Wand und küßte mich. Sein Mund war extrem kalt und naß, als ob seine Zunge ein rosa Eisstück wäre. Wir brauchten geschlagene zehn Minuten, um uns auszuziehen.

Eigentlich war es nicht der Sex, der sich mir besonders einprägte, sondern das, was er zu mir sagte, als wir fertig waren. Neil trocknete sich ab, zog seine Unterwäsche wieder an und hockte sich auf die Bettkante. Er wollte wissen, wann ich neunzehn werden würde. Als ich sagte, ich hätte im Dezember Geburtstag, wandte er lächelnd den Blick ab. »Dann bist du also jünger als ich«, sagte er. »Das ist ja mal ganz was Neues.«

Im Grunde lebte unsere Beziehung nur vom Reiz des Neuen. Wir trieben es zwar noch ein paarmal miteinander, aber ich merkte bald, daß Neil hauptsächlich auf ältere Männer stand – vor allem auf Männer mit Kohle. Trotzdem ließ er mich nicht einfach fallen; seit seine Freundin Wendy nach New York gezogen war, hatte er nur noch Christopher und seine Mutter. »Aber Chris hat echte Probleme«, sagte er. »Und meine Mom kriege ich kaum zu sehen.«

Mir sollte es recht sein. Schließlich hatte auch ich keine Freunde.

Wo Neil wohnte, roch die Luft nach Hamburgern und geplatzten Hot dogs, Feuerzeugbenzin und Barbecuesauce. Es miefte nach Beständigkeit und Familienglück. Nachdem er den Impala geparkt hatte, flüchteten wir ins Haus, um aus diesem Geruch herauszukommen, in eine vertrautere, kühlere Atmosphäre.

Neils Mom war arbeiten gegangen. Sie hatte die Fenster offengelassen und auch die Tür nicht abgeschlossen. »Weißt du, was das heißt?« fragte Neil. »Wir können uns einen Porno reinziehen.« Wir gingen auf sein Zimmer. An der Wand hing ein Foto von Wendy, seiner besten Freundin, die ich noch nicht kannte. Rechts und links hatte sie sich den Kopf kahl rasiert, die restlichen Haare, ein dichtes

Gestrüpp aus würmchenartigen Dreadlocks, trug sie zum Pferdeschwanz gebunden. Am unteren Rand hatte sie das Foto signiert, wie ein Filmstar. Unter dem Bild stand Neils Nachttisch mit ein paar Stapeln Münzen darauf, einem toten Schmetterling mit violetten Flügeln und zwei Baseballpokalen, die er vor Jahren mit der Jugendmannschaft gewonnen hatte. Der eine hatte eine goldene Plakette, in die RBI-REKORD, SOMMER 1981 eingraviert war. Ein zusammengeknülltes Handtuch lag auf dem Boden. Es stank nach Sex, und ich fragte mich, ob das getrocknete Sperma darauf wohl von Neil stammte oder von einem Freier, den er mit auf seine Bude genommen hatte. Ich traute mich nicht zu fragen.

Neil holte einen Schlüssel unter seiner Matratze hervor. Nachdem er die unterste Kommodenschublade aufgeschlossen hatte, baute er sich so davor auf, daß ich nicht hineinsehen konnte. Er machte die Schublade wieder zu und drehte sich um, eine Videocassette in der einen und einen Beutel Gras in der anderen Hand. Wir gingen ins Wohnzimmer.

In dem Film, einem alten Westernporno, wimmelte es nur so von stark behaarten Männern mit Schnurrbärten. Es wurde gerammelt, was das Zeug hielt, aber Kondome waren keine zu sehen. Neil und ich saßen steif auf dem Sofa, ohne uns zu berühren. »Jetzt kommt meine Lieblingsszene«, sagte er. Ein bulliger Rancher kam in eine Scheune, wo ein junger Cowboy gefesselt und geknebelt am Boden lag und um Gnade winselte. Der Rancher band ihn los und verführte ihn. Sie trieben es erst zärtlich, dann immer wilder miteinander, bis die helle Haut des jungen Mannes mit roten Striemen übersät war. Der Film endete damit, daß der Rancher den Cowboy in seinen schweißglänzenden, braungebrannten Armen hielt.

Nach dem Abspann ging ich zum Kühlschrank und goß uns aus einem Krug zwei Gläser Limonade ein. Neils Mutter hatte einen kirschroten Lippenstiftabdruck auf dem Rand des Krugs hinterlassen. Weil uns die Luft aus der Klimaanlage nicht kühl genug war, stöpselte Neil einen Ventilator ein. Meine Haare wurden nach hinten geblasen, und ich roch das schwarze Zeug, mit dem ich sie mir am Tag zuvor gefärbt hatte. Es war der gleiche antiseptische Geruch wie in dem Bestattungsunternehmen in Modesto. Ich mußte mir unbedingt noch einmal die Haare waschen, bevor ich Neil im Sun Center besuchte.

Neil nahm die Kassette heraus und legte einen Horrorfilm ein, der *Suspiria* hieß. »Den habe ich schon x-mal gesehen, er ist echt spitze. Weck mich, wenn ich trotzdem einschlafe. Ich muß um sechs Uhr anfangen.«

Ich setzte mich so hin, daß ich sein Gesicht sehen konnte. In den ersten Einstellungen stach eine behaarte Hand immer wieder auf eine Frauenbrust ein; die Kamera fuhr ganz nah an ihr Herz heran, als das Messer es durchbohrte. Die Hand legte der Frau eine Schlinge um den Hals, dann stieß sie sie durch ein Bleiglasfenster. Neil starrte auf den Bildschirm. Er hatte den gleichen Ausdruck im Gesicht wie während des Cowboy-Pornos.

»Das war ein Fenstersturz«, sagte ich. »So heißt das, wenn man jemanden durchs Fenster schmeißt.« Ich kannte viele ausgefallene Worte.

Neil streckte sich aus, sein Fuß streifte meine Hand. Ich fragte mich, wie er wohl reagieren würde, wenn ich sagte: »Ich möchte mit nach New York kommen.« Wenn ich sagte: »Ich habe mich heillos in dich verliebt.« Aber es war wohl besser, wenn ich mir das für mein Tagebuch aufsparte.

Wir rauchten einen Joint. Eine halbe Stunde verging, das Morden und Metzeln nahm seinen Lauf. Irgendwann merkte ich, daß Neil eingeschlafen war. Rötliche Äderchen verzweigten sich auf seinen Lidern. Seine Augen rollten hin und her, als ob er die Bilder eines Traums verfolgte, in dem ich wahrscheinlich nicht vorkam. Ich konzentrierte mich und versuchte, Neil eine Botschaft ins Gehirn zu hämmern: *Na, du. Obwohl ich dich nun seit fast vier Monaten kenne, ist mir vieles an dir noch heute unbegreiflich und rätselhaft, so geheimnisvoll wie die Toten kürzlich, nach dem Brand im Zirkuszelt, deren Gesichter bis zur Unkenntlichkeit verkohlt waren. Doch wegen des Geheimnisses, das dich umgibt, liebe ich dich nur noch mehr. O Mann, was soll ich bloß machen?* Ich beugte mich über Neil, um ihn zu küssen, flüsterte ihm dann aber doch nur »Träum' süß« ins Ohr.

In dem Film kroch eine hysterische Frau durch ein offenes Fenster und landete mit dem Kopf voraus in einem Raum, der voll von Stacheldrahtschlingen war. Genauso fühlte ich mich auch. Als ihre Schreie zu laut wurden, drehte ich den Ton herunter und sah Neil beim Schlafen zu.

Als ich im Sun Center ankam, saß Neil schon auf der Pressetribüne. Er war ganz in Weiß gekleidet, und auf seinem Hemd zeichneten sich graue Schweißflecken ab. Vor ihm auf dem Tisch lagen Bleistifte, ein Spielberichtsbogen und ein obszön aussehendes Mikrofon mit einem roten Schaumstoffball auf dem Mundstück. Er hörte sich eine Kassette an, die ich ihm aufgenommen und der ich den Titel »Depresso-Einheiten« gegeben hatte. In der Stimme des Sängers lag echter Schmerz: »*Ooh, you're still standing in my shadow.*«

»Hallo, hallo«, sagte Neil. Er holte eine Flasche unter seinem Stuhl hervor. Wodka. Ich fragte mich, ob seine Mom die Flasche wohl vermissen würde, und wenn ja, ob es ihr etwas ausmachen würde. »Mach die Tür zu, bevor uns noch jemand mit dem Schnaps sieht.«

Ich setzte mich neben ihn. Von der Pressetribüne aus hatte man einen erstklassigen Blick auf die Anlage, die strahlend weißen, akkurat gekalkten Linien zur ersten und zur dritten Base, die rechteckigen Schlagmale und Kreise, die Mannschaftsbänke, vor denen riesige Kühltaschen mit Wasser standen, die Home-Plate und den Werferhügel, die von den Spikes der Spieler aufgerissenen Wege von Base zu Base, das Outfield, das so sattgrün leuchtete, daß ich es gern mal auf einem Acid-Trip gesehen hätte.

Das Eröffnungsspiel des Abends begann. Die Spieler nahmen ihre Plätze ein. Ihre Frauen und Freunde saßen auf der Tribüne, tranken Dosenbier und stopften sich mit Hamburgern oder Hot dogs voll.

Neil trank einen Schluck aus der Wodkaflasche, dann schaltete er das Mikrofon ein. Er schlug einen möglichst »amtlichen« oder »professionellen« Ton an, wie man ihn von einem Stadionsprecher erwartete. Mir konnte er allerdings nichts vormachen: Für ihn war der Job bloß ein Riesenspaß. »Willkommen im Sun Center«, sagte er. Ein paar Baseballfans sahen zu uns hoch, und ich rutschte mit meinem Stuhl nach hinten, um nicht entdeckt zu werden. Neil fuhr fort: »Im ersten Spiel des Abends beim C-Klassen-Turnier der Herren stehen sich die First National Bank aus McPherson und die Firma Auto-Electric aus Hutchinson gegenüber.«

Der Schiedsrichter, der ein hellblaues Hemd über seinem Bierbauch trug, drehte sich um und gab ihm das Okayzeichen. »Das Spiel kann beginnen«, sagte Neil.

Das erste Inning schleppte sich dahin. Mir wurde es bald langweilig. Neil und ich ließen die Flasche herumgehen und warteten darauf, daß etwas Komisches passierte. »Jetzt paß auf«, sagte Neil. Er knipste das Mikrofon an. »Ward schlägt, danach Knackstedt«, sagte er, wobei er das K im Namen des letzten Spielers besonders betonte.

Ein Mann in der obersten Tribünenreihe sprang von seinem Sitz hoch. Er sah aus wie der typische Baseballhirni: Strohhut, gelbe Sonnenbrille, schwarze Socken und Joggingschuhe. Er funkelte Neil wütend an. »Das spricht man Nock-Schtitt aus«, sagte er und drohte uns mit einer Rassel, die er für den Fall mitgebracht hatte, daß seine Mannschaft gewann. Neil machte das Okayzeichen, und der Mann setzte sich wieder hin.

Nock-Schtitt schlug einen Fly-Ball ins linke Feld und war aus. Ende des Innings. Als ich gerade »Was für ein Schtitt« sagen wollte, machte Neil das Mikrofon wieder an. »Keine Runs, keine Hits, keine Fehler«, sagte er. »Im Spiel First National Bank gegen Auto-Electric steht es nach dem ersten Inning null zu null.« Er tippte auf einen Knopf der elektronischen Anzeigetafel, und an der linken Spielfeldbegrenzung sprang die Zahl der Innings von Eins auf Zwei um.

Während ich mich aus der Wodkaflasche bediente, zeigte Neil mir die Männer, die er attraktiv fand. Im zweiten Spiel sagte er: »Guck dir mal den an.« Er meinte den dritten Baseman. »Einsame Klasse.« Zuerst dachte ich, es sollte ein Witz sein. Der Typ hatte buschige Koteletten, einen toastfarbenen Schnurrbart und eine radkappengroße kahle Stelle auf dem Kopf. »Dem würde ich es umsonst machen«, sagte Neil.

Ein Spieler schlug einen Ball über die Foullinie. Er flog über den Zaun, landete auf dem Parkplatz und rollte unter einen Jeep. »Bitte liefern Sie alle Bälle, die über die Foullinie gegangen sind, auf der Pressetribüne ab«, sagte Neil.

Kurze Zeit später klopfte es. »Herein.« Die Tür ging auf und ein Junge kam herein. Er hatte kurzgeschorene Haare und Schweißbänder an den Handgelenken. Er hielt Neil den grasfleckigen Ball in den offenen Händen hin, als ob er etwas Heiliges wäre. »Den hat mein Daddy geschlagen«, sagte er.

Neil griff in eine Kiste neben der Tastatur für die Anzeigentafel, in der Kaugummipäckchen und glänzende Zehncentstücke lagen. »Was möchtest du haben, kleiner Mann?« Ich hatte Neil noch nie mit einem Kind zusammen gesehen. Wenn ich dachte, er wäre einer von der Sorte, die kleine Kinder ignorierten oder quälten, hatte ich ihn falsch eingeschätzt. Er nahm den Blick vom Spielfeld und rubbelte dem Jungen über den Kopf. »Möchtest du lieber Geld oder Kaugummi?« Als der Junge ein paar Schritte näher kam, um sich seine Belohnung genauer anzusehen, tätschelte Neil ihm die Schulter. »Ich suche dir etwas aus«, sagte er. Er hielt ihm fünf Päckchen Kaugummi und drei Zehncentstücke hin. Mit einem Lächeln, das praktisch von einem Ohr zum anderen reichte, griff der Junge zu und lief zur Tür hinaus.

»Wenn ein Kind etwas gut gemacht hat, muß man es belohnen.« Neil konzentrierte sich wieder auf das Spiel. »Wahnsinn, was für einen Knackarsch der Fänger hat.«

Als das zweite Spiel zu Ende ging, waren Neil und ich betrunken. Seine Finger trommelten im Takt der Musik auf die Wodkaflasche. Ich hätte ihn so gern geküßt, aber das ließ unsere Beziehung nicht mehr zu. Am Himmel zog ein tief fliegendes Flugzeug ein Banner mit einem Werbespruch hinter sich her, der in der hereinbrechenden Dämmerung nicht zu entziffern war.

Auf der Heimfahrt konnte ich nur an Neil denken. Wenn das, was ich für ihn empfand, Liebe war, dann war sie so unerwartet über mich gekommen wie eine Ohrfeige von einem Fremden oder ein

Hagelsturm von Kirschen aus einem wolkenlosen Himmel. Wir sind nur Freunde, sagte ich mir. Er steht auf ältere Männer. Ich trat das Gaspedal des Gremlin durch. Ich wollte schnell nach Hause und erst einmal ein paar richtig abgefuckte, versoffene Verse in mein Tagebuch schreiben. Ich ließ mir gerade mögliche Gedichttitel durch den Kopf gehen – Kitsch wie »Es regnet blutige Tränen« oder »Meine Seele – ein Abgrund« –, als ich über eine rote Ampel fuhr. Ich hatte den Pick-up überhaupt nicht gesehen. Ich knallte ihm voll hinten drauf.

Ich blieb benommen sitzen. Ich atmete tief ein, hielt die Luft an, atmete wieder aus. Allmählich kam wieder Ordnung in meine Gedanken. Ein Bild von meiner Mom und meinem Dad stieg vor mir auf, aber ich verdrängte es schnell in den hintersten Winkel meines Gedächtnisses. *Ich lebe noch*, dachte ich. *So viel Glück haben sie nicht gehabt.*

Der Pick-up stand in der Fourth Street vor einer Wohnanlage im Halteverbot. Auf dem Parkplatz des Hauses wurde gefeiert, ein altes Led-Zeppelin-Stück dröhnte aus den Boxen. Es war so laut, daß ich die Worte »*Woman*«, »*Baby*« und »*Shake that thing*« verstand. Ich wartete, aber die Musik ging nicht aus. Keiner kam fluchend oder schimpfend auf die Straße gestürmt. Langsam wurde mir klar, daß ich mit dem Kopf gegen die Windschutzscheibe geprallt war. Das Glas war von feinen Rissen durchzogen.

Mir tat die Stirn weh. Es fühlte sich an, als zöge mir jemand ein heißes Skalpell über die rechte Augenbraue. Anscheinend hatte niemand den Unfall beobachtet, denn ich saß minutenlang da, ohne daß jemand kam. Aus einer neuen Delle im Kühler des Wagens stieg Dampf auf. Ich dachte an Neil, der nicht einmal eine Meile entfernt auf der Pressetribüne saß, genauso betrunken wie ich, aber unverletzt.

Ich wischte mir über die Stirn. Als ich das Blut an meiner Hand sah, überkam mich ein merkwürdiges Glücksgefühl. Ich legte den Rückwärtsgang ein. Als ich zurücksetzen wollte, blieb der kaputte Gremlin am Hinterteil des Pick-up hängen. »Ich bin total platt«, verkündete ein Partygast mit so lauter Stimme, daß er sogar die

Led-Zeppelin-Musik übertönte. Als das Gitarrensolo anschwoll, gab ich Gas. Der Gremlin riß sich von dem Pick-up los. Ich fädelte wieder in den fließenden Verkehr ein und fuhr nach Hause.

Als ich am nächsten Tag aufwachte, wußte ich, daß es stimmte: Ohne Vorwarnung hatte ich mich in Neil McCormick verliebt. Es war eine zum Scheitern verdammte, impulsive und verbotene Liebe. Ich spürte die Nachwirkungen der Wodkaorgie und des Unfalls, und als ich in den Spiegel sah, hatte ich einen lilaschwarzen Halbmond unter dem einen Auge. Er würde garantiert noch dunkler werden. Es brannte höllisch, als ich das Lid mit einem in Superoxyd getränkten Wattebausch betupfte. »Ich bin der häßlichste Vogel der Welt«, knarzte ich wie Clint Eastwood.

Draußen regnete es. Matschige Blätter, die von der Sonne gelb verbrannt waren, fielen von den Bäumen und blieben an meiner Fensterscheibe kleben. Ich rief bei Neil an, weil ich hoffte, daß das Turnier im Sun Center durch den Regen vielleicht unterbrochen worden war. Er klang verschlafen, als er sich meldete. »Ja?«

»Dann haben sie die Spiele also tatsächlich abgesagt«, sagte ich.

»Gott sei Dank.« Im Hintergrund sang seine Mutter die Melodie eines Werbespots mit.

Ich fragte ihn, ob er Lust hätte, etwas zu unternehmen. Er hustete und sagte: »Ich bin ein bißchen angeschlagen. Ich glaube, ich bleibe den ganzen Tag im Bett. Du kannst mich ja später noch mal anrufen.« Schon hatte er aufgelegt.

Grandma watschelte in der Küche herum. Sie war dabei, überbackene Käsebrote zu machen. Zwischendurch knabberte sie an entsteinten schwarzen Oliven, die sie sich wie kleine Hüte auf die Fingerspitzen gesteckt hatte. Sie löffelte einen nierenförmigen Klumpen Butter auf einen Teller und stippte eine Brotscheibe hinein. »Lecker«, sagte ich. Ich hatte das Gefühl, als ob mein Kopf jeden Augenblick implodieren würde.

»Du bist ja verletzt«, sagte sie.

»Ach so, ja.« Da meine Großeltern den Gremlin kaum benutzten, hoffte ich, daß sie den Schaden nicht bemerken würden. Ich tischte Grandma eine Lüge auf. »Gestern abend, als ich Neil besucht habe, war ich so müde, daß ich im Sun Center vor der Pressetribüne die Treppe runtergefallen bin. Sonst habe ich mir nichts getan, außer daß ich mit dem Gesicht auf einer Stufe aufgeschlagen bin.« Grandma wickelte drei Eiswürfel in ein Küchentuch und hielt mir das Päckchen aufs Auge. Das hatte meine Mutter früher auch immer gemacht, wenn ich mal Kopfschmerzen hatte.

Nach dem Essen legte ich mich wieder hin. Ich wachte erst am frühen Abend auf und kroch aus dem Bett in eine öde, aus den Fugen geratene Welt hinaus. Als sie sich allmählich wieder zusammengefügt hatte, griff ich nach meinem Tagebuch.

Es war Samstag abend, und ich hatte den ganzen Tag zu Hause verbracht. Ganz oben auf die Seite kam das Wort LANGEWEILE. Darunter schrieb ich mit verschnörkelten Buchstaben EINSAM. »Am besten gewöhnst du dich schon mal daran«, sagte ich laut zu mir. »Er bleibt nicht für immer hier.«

Sieben Uhr, acht Uhr. Es hörte auf zu regnen, aber der Himmel war immer noch bewölkt. Ich sah auf die klaustrophobisch beengte Wohnwagenanlage hinaus. Eine Nachbarsfamilie, komplett mit Mom und Dad, konnte den Unabhängigkeitstag offensichtlich nicht mehr erwarten. Sie zündeten mit ihren Zigaretten Feuerwerkskörper an und warfen sie in Richtung Straße. Die beiden Kinder klatschten Beifall, als Leuchtfontänen rote und blaue Kugeln über ihren Wohnwagen spuckten. Ich stocherte in meinem Abendessen herum, das Grandma mir aufs Zimmer gebracht hatte, und zermanschte das Maisbrot, den Maisbrei und den Kürbis mit der Gabel zu einer farblosen Masse.

Als es sich meine Großeltern vor dem Fernseher gemütlich gemacht hatten, fuhr ich mir mit dem nassen Kamm durch die Haare und warf noch einen letzten Blick auf mein Auge. »Was soll's?« sagte ich zu mir. Dann knallte auch schon die Tür des Wohnwagens hinter mir ins Schloß. Die Nachbarsfamilie drehte sich nach mir um, als ich zum Wagen marschierte.

Während ich die altbekannte Strecke fuhr, stellte ich mir vor, wie Hutchinson wohl aussehen würde, wenn es brannte. Neils Impala stand nicht in der Einfahrt, aber ich probierte trotzdem mein Glück und klingelte ein-, zwei-, dreimal an der Tür der McCormicks. Niemand öffnete. Ich wollte gerade zum viertenmal schellen, als ich den Zettel entdeckte, eine kurze Einkaufsliste auf einem Zettel aus dem Supermarkt, wo Neils Mutter arbeitete. Er klebte mit einem Streifen Isolierband am Rahmen der Fliegendrahttür. Die Ränder waren mit Fingerabdrücken von Milchschokolade verschmiert. Die Nachricht galt weder mir noch seiner Mutter. Sie lautete: »G. – *Bin im Sun Center. Bleibe den ganzen Abend, wegen der Regenunterbrechungen. Sei um ca. 10 Uhr da. Du wirst es nicht bereuen.* – N.«

Wer war G.? Wer würde was nicht bereuen? Die Antwort war nicht schwer. »Er geht wieder anschaffen«, flüsterte ich.

Der Himmel war fast dunkel, von der Sonne war nur noch ein umbrabrauner Rest an einer westlichen Wolkenbank zu sehen. Darunter leuchteten mit einem silbernen Schein die Lichter des Sun Center. Wenn ich das Stadion nicht so gehaßt hätte, hätte ich den Anblick sicher schön gefunden. Ich setzte mich in den verbeulten Gremlin und fuhr los.

Unterwegs fing es wieder an zu regnen. Im Licht des Stadions sahen die Tropfen wie Millionen von Nadeln aus. Es wurde nicht mehr gespielt. Bis auf ein paar vereinzelte Idioten mit Regenschirmen waren die Tribünen leer. Die Spieler hockten fröstelnd auf den überdachten Bänken. Die Helfer, die die Spielfelder mit schimmernden Planen abdeckten, schlitterten von Base zu Base und befestigten die blauen Zipfel.

Ich wurde naß. Der Regen klatschte mir die Haare an den Kopf, und wieder konnte ich das schwarze Färbemittel riechen. Als ich die Treppe zur Pressetribüne hochlief, nahm ich drei Stufen auf einmal. Ich konnte mir denken, was ich dort oben vorfinden würde. Ich stellte mich auf die Zehenspitzen und spähte durchs Fenster. Ich sah Neils glänzend schwarze Haare, den oberen Rand seines Ohrs, seine geschlossenen Augen. Er saß auf dem Punktnehmerstuhl. »Mmmm«, machte er. Es klang genauso lasziv und täuschend echt wie bei den Schauspielern in seinen Pornofilmen. Dann schob sich ein anderer Kopf in das Fensterviereck, vermutlich der von G. Er war fast völlig kahl und hatte einen dermaßen sonnenverbrannten Nacken, daß es aussah, als wäre er mit knallroter Farbe bepinselt. Sein Gesicht konnte ich nicht sehen. Er gab Neil einen Kuß, dann glitt der Kopf wieder nach unten, aus meinem Blickfeld. Ich hörte lautes Schlürfen. Neil machte die Augen auf und blickte auf den Kopf hinunter.

Unten im Stadion, zwischen zwei Spielfeldern, kauerte ein Baseballspieler unter einem Regenschirm. »Fallen die Spiele nun aus oder was?« fragte er durch den strömenden Regen hindurch. Ich zuckte mit den Schultern und ging die Treppe wieder hinunter. Vage nahm ich wahr, wie Autotüren ins Schloß fielen, wie Leute sich laut voneinander verabschiedeten. Keiner von ihnen hatte auch nur die leiseste Ahnung, daß sich ganz in ihrer Nähe ein achtzehnjähriger Junge von einem seiner vielen, vielen Freier einen blasen ließ. Ich überlegte, wie alt wohl der Mann mit dem Sonnenbrand sein mochte, wieviel er für die Nummer hatte springen lassen müssen. Schlammige Blasen zerplatzten, Wasser spritzte mir auf die Stiefel, die ich mit Neils Hilfe geklaut hatte, und ich stapfte absichtlich durch die Pfützen zum Auto zurück.

Bevor ich losfuhr, starrte ich noch ein letztes Mal auf die dunkle Pressetribüne. *Ich gebe zu, daß ich dich liebe, aber deshalb bist du trotzdem ein Arschloch.* Ich bezweifelte, daß meine Botschaft zu ihm durchdringen würde.

Weil ich noch nicht nach Hause wollte, machte ich einen Umweg über die Monroe Street. Irgendwie mußte ich es ihm heimzahlen, ich wollte ihm weh tun, ihn schwächen oder, wie ich es plötzlich als Gedichtzeile niederschreiben wollte, »mit der Schere durch die harten Fasern seines Herzens schneiden«. Im Nachhinein sehe ich ein, wie sinnlos meine Wut war – ich hatte von Anfang an gewußt, daß Neil ein Stricher war und daß ich ihn nicht an mich binden konnte. Aber es war etwas anderes, ob man es nur wußte, oder ob man es mit eigenen Augen sah.

Ich lief durch den Regen zu Neils Haustür und riß den Zettel ab. Ich las mir die Nachricht noch einmal durch, knüllte das Papier zusammen und warf es gezielt in eine Pfütze. Ich drückte die Klinke herunter, es war nicht abgeschlossen.

Im Haus roch es nach Essen, nach einem Gericht, in das Neils Mom offensichtlich zuviel Kreuzkümmel gestreut hatte. Im Abfalleimer in der Küche lagen verkohlte Zwiebeln und Bohnen neben einem Rezept für Currysuppe. Ich lief durch die Diele und riß die Tür zu Neils Zimmer auf.

Alles sah noch so aus wie am Tag zuvor; nur Neils Laken war noch verwurstelter, und auf dem Nachttisch lagen ein paar Krümel Gras verstreut. Und doch kam mir alles anders vor. Ich tobte durch das Zimmer, kippte Kassettenstapel um, trat gegen Kissen, Schuhe und Briefe von Wendy. Ich riß die Lampe vom Tisch. Sie landete mit einem hohlen *Klonk* auf dem Boden. So ähnlich hörte es sich bestimmt an, wenn ein abgeschlagener Kopf aufs Pflaster fiel. Ich stieß Neils penibel aufgeschichtete Münzstapel um. Ich packte den Baseballpokal mit solcher Kraft, daß ich mir die Ecken und Kanten vom Gesicht der kleinen Goldfigur in die Hand stach. »RBI-Rekord, Sommer 1981«, schrie ich, von Silbe zu Silbe immer lauter werdend, und bei »ein-und-acht-ZIG« schleuderte ich den Pokal an die Wand. Er ging nicht kaputt. Ich lief sofort hinüber, als ob er jeden Moment abhauen könnte, und warf ihn noch einmal gegen die Wand. Er blieb heil.

Dann fiel mir der Schlüssel ein.

Er lag noch unter der Matratze. Als ich ihn anfaßte, hatte ich das Gefühl, als brenne er sich in meine Hand. Die Laterne vor dem Fenster spiegelte sich darin. Er ließ sich leicht im Schloß drehen.

Die Schublade bestand aus zwei Abteilungen. Links lagen Bündel von Geldscheinen – zwischen den Ein- und Fünfdollarscheinen auch Zwanziger und Fünfziger – sowie Pillen, LSD-Tabletten und ein Beutel Gras. Auf der rechten Seite lag ein Stapel Krimskrams. Ganz oben thronte der Cowboy-Porno. Ich wischte ein paar Zettel zur Seite, überflog einen unleserlichen Brief von Christopher Ortega und eine zerfledderte Mannschaftsaufstellung, mit dem Namen »McCormick« an vierter Stelle. Zum Schluß grub ich eine beachtliche Sammlung Pornohefte aus.

Als ich mir die Magazine näher ansah, traute ich meinen Augen nicht. Ich konnte mir nicht vorstellen, wo Neil so etwas herhatte. Die meisten enthielten heraustrennbare Poster von harten Typen. Auf einem erkannte ich den Cowboy aus dem Video wieder. Auch diesmal wurde er von einem schnauzbärtigen Muskelmann in die Mache genommen. Aber diese Bildergeschichten von fickenden, blasenden Männern waren noch zahm im Vergleich zu den untersten Magazinen in Neils Stapel. In einem Heft waren die Aufnahmen so verwackelt, daß man hätte meinen können, sie wären während eines Tornados aufgenommen worden. Ein kleiner Junge war mit Handschellen und ledernen Bauchriemen an eine Wand gefesselt. Im nächsten Heft trieb es ein grinsender, fetter Kerl mit einem anderen Jungen, der kurze Haare und Sommersprossen hatte. Auf dem Umschlag, unter dem Titel »Junger Dachs«, kniete das noch nicht einmal halbwüchsige Bürschchen, dem die Jeans bis auf die Füße hing, in Handschellen vor dem Fettwanst. Ich blätterte weiter. Ein Arm mit einem tatöwierten Anker schlang sich um den Körper des Jungen; ein erigierter Männerschwanz preßte sich in das ängstliche Kindergesicht; zwei stummelige Daumen in Nahaufnahme drückten den Hintern des Jungen auseinander wie die Backen eines überreifen Pfirsichs.

Nachdem ich alles wieder so zurückgelegt hatte, wie ich es gefunden hatte, hob ich den Pokal noch einmal auf und warf ihn an die Wand. Er schlug heil auf dem Boden auf. Mir war zum Schreien zumute. Ich brauchte einen Soundtrack für meine Wut. In Neils Stereoanlage steckte eine Kassette, ich drehte die Lautstärke voll auf und drückte auf Play.

Ich schmiß mit den Münzen um mich und verpaßte dem Kissen noch ein paar Fußtritte, doch allmählich erstarrte ich. Seltsam deutlich drang mir ins Bewußtsein, was ich da auf der Kassette eigentlich hörte. Ich hatte ohrenbetäubende, wummernde Rhythmen und selbstbeherrschte, traurige Texte erwartet, die meiner Stimmung entsprachen. Aber es war überhaupt keine Musik auf dem Band. Es waren die Stimmen von zwei Menschen, die ich nicht kannte, die eines Mannes und die eines kleinen Jungen. Der Junge kicherte, und im Hintergrund brummte und piepste es wie in einem Zeichentrickfilm. *Jetzt kommt ein richtig Guter,* sagte der Junge. Pause. Dann hörte ich einen Rülpser, einen verlängerten Schluckauf, obszön und drollig zugleich. Für mich klang es wie das Rülpsen eines Prinzen in Krötengestalt, eines abgehalfterten Engels im Himmel.

Das war ein schö-ö-ö-ö-ner, schweinischer Rülpser, sagte die Männerstimme. *Und jetzt du, ins Mikrofon. Sag es.*

Das Kind holte tief Luft. *Das war ein schöner, schweinischer Rülpser.* Der Junge kicherte wieder, und der Erwachsene fiel ein. In ihr Lachen mischte sich erneut ein hohes Piepsen, in dem ich nun den Soundeffekt eines Videospiels erkannte, das ich vor Jahren selbst gespielt hatte. Pac-Man hieß es. Nein, Frogger. Es raschelte und rumpelte, als ob ein Arm über das Mikrofon streifte, und in dem Augenblick mußte ich an Neil denken, wie er sich gestern im Sun Center über das Mikrofon mit dem roten Schaumstoffball gebeugt hatte.

Pötzlich wußte ich, wer der Junge auf dem Band war. Er verriet sich durch die Art, wie er »schweinisch« sagte, wie er kicherte. Ich liebte diese Stimme. Ich würde sie immer wiedererkennen, und ich würde sie immer lieben.

Wieder gab es eine Pause auf dem Band, und in der Stille hörte ich Schritte im Haus. Mein erster Gedanke war »Einbrecher«, mein zweiter, realistischerer »Neil«. Ich sprang auf, schaltete die Anlage aus und nahm die Kassette heraus. Auf dem Aufkleber stand NEIL M. – JULI 1981. Es war nicht Neils Schrift. Ich lief zur Kommode, knallte die Schublade zu und versteckte den Schlüssel unter der Matratze.

»Neil?« fragte eine Stimme, und ein Schatten trat ins Zimmer. Es war seine Mom. »Ich weiß nicht, was du hier treibst, aber ich muß dich bitten, nicht soviel Krach zu machen, weil …« Sie brach ab, als sie sah, daß ich es war und nicht ihr Sohn.

»Ach«, sagte sie. »Ach.«

Ich steckte die Hände in die Taschen und zog sie wieder heraus. Mrs. McCormick biß sich auf die Unterlippe. Ihr Gesicht glänzte, und sie schien verlegen zu sein. »Ich dachte, es wäre Neil«, sagte sie. »Aber es ist schon gut.« Sie sah sich den Schaden im Zimmer an, dann warf sie einen Blick auf meine Hände, vielleicht, weil sie wissen wollte, ob ich bewaffnet war.

»Es hat einen kleinen Kampf gegeben«, sagte ich. Ich hob den Pokal auf und stellte ihn auf den Tisch. »Ich bin ein bißchen ausgerastet. Ich wollte gerade aufräumen.« Ich sammelte die Kleingeldlawine auf. »Im Stadion wird noch gespielt. Neil ist echt gut in dem Job, wissen Sie.« Ich setzte mich aufs Bett und fing an, die Münzen zu stapeln, Cent um Cent baute ich den glänzenden Turm auf dem Nachttisch wieder auf.

Mrs. McCormick hob ein paar Briefe auf, die ich durchs Zimmer geschmissen hatte, und legte sie auf Neils Kommode. Dabei fiel ein Foto aus einem Umschlag. Wendy, die zwei Finger zum Peacezeichen erhoben hatte, lachte uns entgegen. Neils Mutter betrachtete das Bild mit hochgezogenen Augenbrauen. Ihre Bewegungen waren schwerfällig und übertrieben vorsichtig, als wäre sie gerade aus einem Whiskeymeer gekrochen.

»Ich muß unbedingt schlafen«, sagte ich. »Ich bin fix und fertig.« Eigentlich war ich gar nicht müde. Draußen zirpte eine Grille. »Kansas ist schrecklich. Die ganze Zeit nur Regen. Wenigstens haben wir jetzt die Schule hinter uns. Finden Sie meine Haarfarbe zu kraß? Neil gibt mir keine ehrliche Antwort.« Was ich sagte, war für uns beide bedeutungslos. Hauptsache, ich gab irgendwelche Wörter von mir. »Ach ja, ich liebe ihn.«

Neils Mom sah auf den Fußboden. Dann setzte sie sich zu mir aufs Bett. Sie holte dreimal scharf Luft, und ich dachte fast, sie würde anfangen zu weinen. Was wußte sie über die Stimmen auf den Bändern? Was wußte sie über Neils Treiben?

»Warum erzählst du mir das?« fragte sie. »Ich bin seine Mom.«

»Meine Eltern haben immer gesagt, das Wort Liebe wäre sinnlos, weil es viel zu oft gebraucht wird.«

Mrs. McCormick hatte mich nicht gehört. »Du glaubst, ich bin betrunken.« Etwas Saures, Öliges lag in ihrer Stimme. »Du glaubst, ich bin betrunken, aber das stimmt nicht. Ich bin stocknüchtern.«

In dem dunklen Zimmer hatte sie große Ähnlichkeit mit ihrem Sohn: die gleichen vollen Lippen, die gleichen ausgefransten Locken.

Draußen fuhr ein Wagen vorbei, in dessen Radio ein Stück lief, das älter war als ich. Ich beobachtete die Kommodenschublade, als ob sie jeden Moment aufspringen könnte. »Meine Eltern sind tot«, sagte ich. Neils Mom streckte sich auf dem Bett aus und klopfte neben sich auf die Matratze, als Einladung, mich zu ihr zu legen. Ich geriet in Panik. »Ich muß gehen«, sagte ich, aber vielleicht dachte ich auch nur, daß ich es sagte. Ich starrte die Figur auf Neils Pokal an, das widerwärtige Grinsen unter der goldenen Mütze. Dann ging ich. Neils Mom brachte mich nicht zur Tür.

Als ich zu Hause war, ging ich mit meinem Tagebuch nach draußen und setzte mich ins feuchte Gras. Über der Wohnwagenanlage lag ein gespenstisches Leuchten, als wäre sie als Kulisse für ein bevorstehendes Wunder ausgewählt worden. Moskitos schwirrten durch die Luft. Tote Regenwürmer lagen wie Adern auf dem Gehsteig. *Ich liebe Neil mehr denn je*, schrieb ich. *Mein Herz ist wie eine Valentinskarte, die ein freches Kind in der Faust zerknüllt hat, bis nichts mehr davon übrig ist als ein zerfetztes Papierknäuel, das zwischen die rotierenden Messer eines Abfallhäckslers geraten ist. Warum kann er nicht auf Jungen in seinem Alter stehen? Warum muß er sich diese mittelalterlichen Typen aussuchen, die mehr Haare auf der Brust als auf dem Kopf haben? Wo ist die Rasierklinge, wenn ich sie brauche?*

Ich las mir durch, was ich geschrieben hatte. Es klang so pathetisch, daß mir nichts anderes übrig blieb, als es dick durchzustreichen und unleserlich zu machen. Die ganze Zeit sah ich nur Neils Gesicht vor mir, sein zufriedenes Lächeln, als sich der Kopf des Freiers in seinen Schoß gesenkt hatte.

Der Wind schlug um und rüttelte an den dünnen Wänden des Wohnwagens. Vielleicht sollte ich ein Gedicht schreiben, etwas Profundes, worüber noch Generationen später anerkennend gemurmelt würde. *Ich weiß genau, wie er sich fühlte.* »Das ist lächerlich«, sagte ich. »Das ist Scheiße.« Die Worte blieben mir im Hals stecken.

Ich schlug das Tagebuch noch einmal auf, sah auf das Tintengeschmiere und versuchte mich zu erinnern, was ich geschrieben hatte.

9
Brian Lackey

Die Träume begannen zwei Tage nach Avalyns Auftritt in *Geheimnisvolle Welt*. Zunächst kamen darin Außerirdische mit Gummiarmen, blaugrauer Haut und stechenden Augen vor, wie ich sie aus Hollywoodfilmen kannte. Trotzdem jagten mir diese Wesen schreckliche Angst ein.

Nach dem zweiten Traum rief ich meine Mutter auf der Arbeit an, um ihr zu erzählen, auf welche Weise die Erinnerungen zurückkamen. Am Abend schenkte sie mir einen Spiralhefter mit einer großen Schleife. »Damit du deine Träume aufschreiben kannst«, sagte sie. »Laß alles raus, was dir einfällt.« Ich malte eine Mondsichel und Sterne auf den Deckel und dazu ein Raumschiff, das an einer dicken Wolke vorbeizischte.

Ich legte das Tagebuch neben mein Bett und hielt während der nächsten Wochen alles darin fest, was mir von meinen Weltraumträumen in Erinnerung blieb. Manchmal zeichnete ich auch noch ein Gesicht, eine Hand oder einen Lichtstrahl dazu. Im Halbschlaf kam es öfter vor, daß ich Wörter falsch schrieb oder mitten im Satz abbrach. Hier ein typischer Eintrag:

29.6.91
Ich steige aus einem Kombiwagen, habe meine Baseballkluft an – ich stehe mitten auf dem Hof – Krähen fliegen (unleserlich) immer dunkler. Meine Hand steckt in dem Fanghandschuh, den mir mein Vater gekauft hat, als (unleserlich) – ein blaues Licht in den Bäumen, die gleiche Farbe wie auf dem Grund eines Swimmingpools, ich gehe näher heran, aber es ist eher, als ob ich darauf zulaufe, dann sehe ich das

Raumschiff und ein Licht schießt heraus, das Licht zieht mich zu sich – wie eine riesige Hand – das blaue Licht (unleserlich) – furchtbare Angst, und die Hand will m... (Wort geht in Gekritzel über und rutscht von der Seite).

Das Traumtagebuch half meinem Gedächtnis auf die Sprünge. Aber ich machte auch noch aus einem anderen Grund Fortschritte, der mit den Träumen nichts zu tun hatte und den ich meiner Mutter nicht erklären konnte. Ich fing an, mich bruchstückhaft an Einzelheiten meiner ersten Entführung zu erinnern, die über das hinausgingen, was sich mir im Schlaf mitteilte. Während ich vor dem Fernseher saß, zu Mittag aß oder in der Sonne lag, konnte es plötzlich passieren, daß ein Bild vor mir aufstieg. Zum Beispiel erinnerte ich mich an Folgendes: Es hatte während der zweiten Hälfte meines letzten Baseballspiels zu regnen begonnen. Aus dem Regen war ein Wolkenbruch geworden, und der Schiedsrichter hatte das Spiel abgebrochen. Meine Mannschaftskameraden hatten mich allein auf der Bank sitzenlassen und waren mit ihren Eltern zu den Autos gelaufen.

War das die Gelegenheit gewesen, auf die die Außerirdischen gewartet hatten? Hatten sie durch das Wolkennetz beobachtet, daß ich allein auf dem Baseballfeld zurückblieb? Ich war mir noch nicht ganz sicher. Ich verstand auch nicht, warum ich mich jetzt daran erinnerte. Je mehr mir wieder einfiel, desto einsamer fühlte ich mich, als ob sich allmählich ein böses Geheimnis aufklärte und man mich zehn Jahre lang zum Narren gehalten hätte. Trotzdem wußte ich, daß die Informationen, die sich wie Drähte in meinem Kopf verhedderten, ungeheuer wichtig waren, wie Spuren, die mich irgendwann zum Ziel führen würden.

Der Juli begann mit einem Anruf von Avalyn Friesen. Ihre Stimme klang wie die eines Engels, genau wie bei der Fernsehsendung, die ich mir seit der Ausstrahlung bestimmt schon zwanzigmal angesehen hatte. Sie hatte meinen Brief bekommen – »meine erste und einzige Fanpost«, wie sie sagte, und sie wollte sich mit mir treffen. »Du schreibst, daß du glaubst, etwas Ähnliches erlebt zu haben«, sagte Avalyn. »Nun, Mr. Brian Lackey, dein Interesse ist bereits der erste Schritt auf dem Weg zur Wahrheit.« Sie hielt inne, und im Hintergrund kläffte ein Hund. »Ich hoffe nur, du bist schon bereit dafür.«

Unser Gespräch dauerte fast eine ganze Stunde. Ich vertraute Avalyn einige Details an, die ich in meinem Brief noch nicht erwähnt hatte, und erzählte ihr von den Träumen, die mich seit kurzem plagten. Sie sagte, bei ihr sei es ähnlich abgelaufen. »Deine Erinnerungen sind bereit, sich dir mitzuteilen.«

Wir verabredeten uns für den 3. Juli, weil Avalyn an dem Tag frei hatte. Ich telefonierte mit ein paar Kunden, um meine Rasenmähertermine abzusagen. Dann rief ich in Hutchinson im Gefängnis an. Die Telefonistin verband mich mit Wachturm Nummer fünf, wo meine Mutter saß und auf den Gefängnishof hinunterstarrte, den 38er im Hüftholster. Als sie sich meldete, fragte ich sie, ob ich mir den Wagen leihen könnte.

»Irgendwie komme ich schon zur Arbeit«, sagte sie. »Fahr du nur dahin. Das muß einfach sein.«

Am 3. Juli zog ich meine beste Khakihose, ein kurzärmeliges blaues Hemd mit Oxfordkragen und die eine Nummer zu großen Halbschuhe an, die ich aus der Kleiderkiste gerettet hatte, die mein Vater nie mehr abgeholt hatte. Ich kämmte mir die Haare zurück und betupfte zwei Pickel mit hautfarbenem Make-up von meiner Mutter. Ich sah gar nicht übel aus.

Das Stück Highway hinter Little River war ich sicher schon Hunderte von Malen gefahren, aber an diesem Nachmittag kam es mir vollkommen neu vor. An der Abzweigung nach Inman bremste ich, klappte mein Traumtagebuch auf und sah mir die Wegbeschreibung an, die Avalyn mir gegeben hatte und die ich auf den Innendeckel gekritzelt hatte: »Sechs Meilen nach Osten. Nach der Plakatwand mit der Rindfleischreklame an einem blauen Briefkasten rechts abbiegen.«

Die Farm der Friesens lag eine Viertelmeile vom Highway entfernt. Holsteinrinder grasten auf schmalen, verwilderten Weiden. Ein von uralten Bäumen gesäumter, fleischfarbener Sandweg führte zum Haus. In den Zweigen, die sich über der Fahrspur wie gefaltete Hände ineinander verschränkten, huschten Eichhörnchen und Vögel herum. Ich fuhr unter dem Laubdach hindurch, stellte den Wagen neben dem kleinen Holzhaus ab und überprüfte rasch noch einmal mein Aussehen im Seitenspiegel.

Ich war noch nie besonders gut im Umgang mit fremden Menschen gewesen, aber vor der Begegnung mit Avalyn konnte ich mich nicht drücken. Meine Nervosität war bei weitem nicht so übermächtig, wie ich befürchtet hatte. Ich ging zwischen den Zinnien hindurch, die den Kiesweg säumten, und noch bevor ich das Haus erreichte, machte Avalyn die Tür auf. Als ich sie sah, wurde mir kribbelig, fast so, als stünde ich einem Prominenten gegenüber. Avalyn trug silberne Tropfenohrringe und ein weißes Hauskleid, aber keine Schuhe. Ihre glänzenden Haare waren zu einem fettigen Knoten geschlungen, der wie ein Zimtbrötchen auf ihrem Kopf saß. »Brian«, sagte sie, und es klang eher wie »Brine«. Sie streckte mir die Hand hin, und ich schlug ein. Ihre Hand fühlte sich weich und fiebrig an, wie ein Kolibri. Als ich losließ, legte sie sich die Finger auf die Brust. »Ich freue mich, dich kennenzulernen«, sagte sie.

Avalyn stellte mich ihrem Vater vor, einem greisenhaften Mann, der schlürfend eine Tasse Kaffee trank. Sein Gesicht unter der roten Mütze war von Falten durchzogen. Aus seinen kurzen Hemdsärmeln quollen dicke, sonnengebräunte Muskeln hervor. Auf dem einem Arm war eine Tätowierung zu sehen, ein Adler mit einer Schriftrolle in den Klauen, auf der FREIHEIT stand. Er zog lächelnd den Träger seiner Latzhose stramm, hustete und räusperte sich. »Avalyn und ich sind die letzten unserer Familie«, sagte er. Er sprach so langsam, daß sich zwischen den Wörtern Spinnweben hätten bilden können.

Avalyns Vater holte ein grünes Eis aus dem obersten Kühlschrankfach, wickelte es aus und zeigte damit auf die Hintertür. »Ich muß aufs Feld, arbeiten«, sagte er. Er nahm die Mütze ab. Seine Haare flatterten, wie aufgescheucht, in die Höhe.

Nachdem Mr. Friesen hinausgegangen war, bot Avalyn mir einen Platz im Schaukelstuhl an. Ich setzte mich und blickte mich in der schlichten Behausung um. Ein Fernsehapparat, ein staubiger Holzofen, ein Rollschreibtisch, die Stofftiersammlung. An der Wand hingen mehrere Fotos von einer älteren Frau, vermutlich der verstorbenen Mrs. Friesen, und von einem pausbäckigen jungen Mann mit Bürstenschnitt, der an ein Schnabeltier in Militäruniform erinnerte. Avalyn merkte, daß ich mir die Aufnahmen ansah. Sie zuckte mit den Schultern, ging nach nebenan in die Küche und kam mit einem Teller Saltines und einer knallroten Sardinendose zurück. »Ich habe heute mittag noch nichts gegessen«, sagte sie. Mit drei geschickten Drehungen des kleinen Schlüssels hatte sie die Dose geöffnet. Dann legte sie sich Sardinenbrocken auf die Kräkker. Weil die Fische in Senfsoße eingelegt waren, landeten gelbe Kleckse auf dem Teller. »Bedien' dich ruhig. Allein schaff' ich das sowieso nicht«, sagte Avalyn. Ich griff zu, biß in einen Kräcker und hielt die Hand unter den Mund, um die Krümel aufzufangen.

Ich begann. »Ich habe deinen Auftritt auf Video aufgenommen und ihn mir schon x-mal angesehen.«

»Nicht übel, fand ich«, sagte sie. »Ein bißchen zu sensationell aufgemacht für meinen Geschmack, und sie haben auch einiges ausgelassen, was ich ihnen erzählt habe, aber im großen und ganzen haben sie meine Geschichte trotzdem ziemlich gut rübergebracht.«

»Du hast mit einem Hund gespielt.«

»Das war Patches«, sagte Avalyn. Sie wischte sich mit dem Handrücken die Senfsoße von der Lippe. »Er darf nicht ins Haus. Er geht mit Daddy auf die Weide und paßt auf die Kühe auf.« Sie ging noch einmal in die Küche, steckte die Hand in einen angeschlagenen Krug und holte zwei Räucherstäbchen heraus. »Was möchtest du lieber? Jasminöl oder Sandelholz?«

Bevor ich antworten konnte, hatte Avalyn bereits beide Räucherstäbchen angezündet. Sie rammte die Stiele in einen Blumentopf am Küchenfenster. Rauchkringel kräuselten sich um ihren Kopf. »Komm mit, ich führe dich durch mein kleines Reich«, sagte sie. »Wenn du Lust hast, zeige ich dir hinterher die Farm. Dabei können wir uns dann unterhalten.«

Das Schlafzimmer ihres Vaters war bis auf eine kleine Kommode und ein Doppelbett leer. Das Bett war in zwei deutlich voneinander getrennte Hälften aufgeteilt. Links lag ein zerwühltes Kopfkissen, die Decke war zurückgeschlagen und das Laken zu sehen. Die rechte Hälfte war tadellos in Ordnung, vollkommen unberührt. Es roch wie nach dem Parfüm einer alten Jungfer. Avalyn knipste das Licht aus. »Jetzt gehen wir zu mir«, sagte sie.

Sie öffnete die Tür. Ihr Zimmer sah aus, als ob ein Teenager darin wohnte: Poster und dreieckige Collegewimpel an den Wänden, Kleidungsstücke, Bücher, Schallplatten und Kassetten auf dem Fußboden. Es sah noch chaotischer aus als bei mir. »Ich habe extra geputzt«, sagte sie. »Dir zu Ehren.« Sie lachte.

Avalyn warf sich aufs Bett. Dabei rutschte ihr das Hauskleid hoch, und ich konnte ihren Oberschenkel sehen, der so weiß war wie Porzellan. Ich wandte mich ab und konzentrierte mich auf das größte Poster an der Wand, auf dem vier grell geschminkte Männer mit wuscheligen Haaren auf silbernen Podesten standen. »Das ist meine Lieblingsband«, sagte Avalyn. »Sie hieß Kiss. Kennst du sie noch, oder bist du zu jung dafür?«

»Ich habe schon mal von ihnen gehört«, sagte ich. »Aber ich weiß nicht, ob ich ihre Musik kenne.« Ich hockte mich auf den Boden, neben eine Kiss-LP. »Ich höre meistens elektronische Musik, die sonst keiner kennt.«

»Als ich auf der High-School war, hatte ich auch so eine rebellische Phase«, sagte Avalyn. »Aber ich habe immer auf Glitterrock gestanden, Heavy Metal. Die Jugendlichen hier hören fast alle nur dieses Country-und-Western-Gequäke. Manche Dinge ändern sich nie.« Sie zeigte auf das Kiss-Poster. »Was war das für eine Band. So dramatisch. Bei ihnen konnte man alles vergessen. Jedes Bandmitglied verkörperte eine andere Rolle, deshalb auch das unterschiedliche Make-up. Jeden Tag war Halloween. Sie spielten den Liebhaber, den Vampir, die Katze und den Astronauten. Dreimal darfst du raten, in wen ich am meisten verknallt war.« Ich sah mir die Aufmachung des Weltraumfahrers genauer an: glänzende Stiefel mit hohen Absätzen, Metallplatten auf der Brust und vor dem Unterleib, geschminkte Silbersterne um die Augen.

Avalyn beugte sich herüber und hob das Kiss-Album auf. Sie ließ die Scheibe aus dem Cover gleiten, legte sie auf den Plattenspieler und schaltete ein. Ein Gitarrenriff erfüllte den Raum. »Ja.« Sie drehte sich wieder auf den Rücken und redete zur Decke. Ich sah ebenfalls nach oben. Der rauhe Putz war mit glitzernden Flecken übersät.

»Wie du dir inzwischen bestimmt selbst schon zusammengereimt hast«, sagte Avalyn, »gibt es für alles einen Grund. Es kann etwas so Simples sein wie bei mir, daß ich als Teenager für einen Typen aus einer Band geschwärmt habe, der als Raumfahrer verkleidet war. Oder daß ich mein Leben lang immer nur solche Bücher gelesen habe ...« Sie zeigte auf ihr Regal, und ich erkannte mehrere Titel aus meiner eigenen Sammlung wieder. »Das sind wichtige Anhaltspunkte. In meinem Fall waren Erinnerungen darin verborgen. Die Außerirdischen wollen nicht, daß wir uns erinnern, aber wir sind stärker als sie. Bei dir und mir beruht fast alles, was wir tun, auf unserem Entführungserlebnis. Du weißt, was ich meine, nicht wahr?«

Ich nickte. »Ich glaube schon.«

»Wir sind sehr viele. Nicht alle von uns wissen, daß sie dazugehören. Doch uns alle treibt der Wunsch an, wissen zu wollen, was passiert ist. Was sie mit uns gemacht haben.«

Auf der Platte fing ein Gitarrensolo an, der Sänger heulte ekstatisch auf. Avalyn setzte sich hin und fächelte sich mit ihrem Kleid Luft zu. »Nach allem, was du mir am Telefon erzählt hast, weiß ich, daß du in einer schwierigen Lage bist. Vor Jahren ging es mir genauso. Es fallen einem manche Dinge wieder ein, und man wird neugierig. Man will wissen, was los ist.«

»Das stimmt genau«, sagte ich. Ihre Hand hing reglos über die Bettkante. Am liebsten hätte ich sie festgehalten. »In jenem Sommer, an dem Abend, von dem ich dir erzählt habe, ist etwas mit mir passiert. Und vielleicht später noch einmal, an jenem Halloween-Abend. Das weiß ich genau.«

Die Musik verklang. Während die Nadel vor dem nächsten Stück von Avalyns Lieblingsband in der leeren Vinylrille kratzte, hörte ich

Geräusche von draußen: zwitschernde Schwalben, zirpende Zikaden. Irgendwo krachten Feuerwerkskörper.

»Vielleicht steckt noch mehr dahinter«, sagte Avalyn. »Kräfte, von denen du noch nichts weißt. Es ist merkwürdig, Brian. Menschen wie du und ich, wir werden diese Sache unser Leben lang nicht mehr los. Wenn sie uns das erste Mal mitnehmen, markieren sie uns. Sie können uns auf Schritt und Tritt verfolgen, und sie kommen immer wieder. Wir sind Teil ihrer Experimente.«

Sie hielt inne, dann sagte sie: »Ich will dir etwas zeigen. Etwas, was sie in dieser blöden *Geheimnisvollen Welt* nicht gebracht haben.« Sie hob den Rüschensaum ihres Kleides so weit an, daß sich der weiße Oberschenkel kalt und hart von der dunklen Tagesdecke abhob. »Komm näher«, sagte sie in perfektem Einklang mit dem hämmernden Beat von Kiss.

Avalyn tippte mit dem Daumen auf eine V-förmige Narbe auf der oberen Hälfte ihres Schenkels. Ich bekam einen feuerroten Kopf, als sie mit dem Daumen darüber fuhr. »Du kannst sie ruhig anfassen«, sagte sie, und mir wurde noch heißer. In dem trüben Licht hatten ihre Augen die Farbe der altmodischen Kupfermünzen, die ich früher in der Hoffnung gesammelt hatte, damit ein Vermögen zu machen. Sie griff nach meiner Hand und führte sie zu der Narbe. Ich berührte sie, dann riß ich die Hand schnell zurück.

Sie seufzte, ihr Atem roch nach Sardinen. »Nachdem mich die Außerirdischen nach meiner ersten Entführung wieder in den Wagen meines Großvaters gesetzt hatten, blutete mein Bein. Wir fuhren nach Hause, und ich weiß noch, wie meine Eltern sich aufgeregt haben, wegen ›Avvies Bein‹ und so. Aber keiner von uns konnte sich erklären, wie es passiert war, ich auch nicht. Der Schnitt hat noch nicht einmal weh getan. Durch Ren Bloomfields Hypnose habe ich erkannt, daß sie mir an der Stelle die Sonde eingesetzt haben. Sie wußten immer, wo sie mich finden konnten, all die Jahre, weil sie mir etwas in die Haut gepflanzt hatten. Es ist in mir drin, es ist genauso ein Teil meines Blutes wie das, was ich esse, und das, was ich trinke. Dadurch wissen sie immer, was ich gerade tue. Es sollte mich nicht wundern, wenn sie uns auch jetzt beobachten würden, in diesem Augenblick.« Sie musterte mich forschend, als ob sie genau wüßte, wie ich reagieren würde. Sie legte den Finger noch einmal auf die Narbe und streichelte sie, wie einen zahmen Salamander.

»Ich glaube, mich haben sie auch markiert«, sagte ich. »Vielleicht habe ich dir das schon in meinem Brief geschrieben, aber als meine Schwester mich unter der Veranda fand, hatte ich Nasenbluten. Sie müssen mir etwas in die Nase gepflanzt haben.«

»Aha«, nickte Avalyn. »Der alte Nasentrick. Manche von uns haben Narben an Armen oder Beinen. Anderen, so wie dir, stecken sie es in die Nase, wo man die Narbe nicht sehen kann.« Sie schob ihren Kopf ganz nah an mein Gesicht heran und starrte in meine Nasenlöcher, als ob sie den Miniatursender entdecken könnte. »Jetzt müssen wir uns nur noch überlegen, wozu sie dich benutzt haben. Sie würden dir wohl kaum eine Sonde ins Gehirn geschoben haben, wenn sie nicht vorgehabt hätten, weiter mit dir zu experimentieren.«

»Ich glaube, sie haben in dem Sommer noch einmal versucht, mich zu entführen«, sagte ich. »Als meine Mutter, meine Schwester und ich das Raumschiff über unserem Haus gesehen haben. Ich habe schon immer vermutet, daß dieses Ereignis etwas mit der Verandageschichte zu tun hatte. Jetzt verstehe ich langsam, wieso ich darauf kam.«

Avalyn hob die Nadel von der Platte. Sie sah mir in die Augen und ließ mich erzählen. Es war das erste Mal, daß mir – außer meiner Mutter und meiner Schwester – jemand so zuhörte. Am liebsten hätte ich meine Lebensgeschichte laut herausgebrüllt.

»Ich möchte meiner Mutter erklären, was ich allmählich erkenne«, sagte ich. »Es ist wichtig für mich, daß sie mir glaubt.«

»Es ist nicht einfach für die, die nicht so sind wie wir. Das darfst du nie vergessen. Aber wenn du mal einen Menschen brauchst, ich bin immer für dich da. Und ich weiß selber, was du durchmachst.« Avalyn hievte sich aus dem Bett und ging zur Tür. Ich folgte ihr.

»Was mich angeht«, sagte sie, »mein Vater glaubt mir kein Wort. Er weigert sich, mich zu unterstützen. Die Flüge nach New York muß ich selbst bezahlen, und meine Firma ist nicht gerade der Welt spendabelster Arbeitgeber. Hypnosesitzungen kosten Geld, aber das ist mir mein Seelenfrieden wert, und sei es auch bloß bis zur nächsten Entführung.«

Avalyn ging ins Wohnzimmer. Sie griff über die Fliegendrahttür, nahm einen Sonnenbrillenaufsatz vom Nagel und klipste ihn auf ihr Straßgestell. Als sie die Tür aufmachte, brandete uns die Julihitze wie eine Flutwelle entgegen. Wir gingen nach draußen. Avalyns Vater hatte sein Eis auf den Grasstreifen vor der Veranda geworfen. Es sah wie ein Zitronen-Limonenmesser aus, das in der Sonne schmolz. Das Echo knatternder Knallfrösche hallte über die trockenen Felder.

»Diese Sonne ist tödlich für mich«, sagte Avalyn. »Du dagegen, mit deinem Blondschopf, du wirst bestimmt sofort braun. Aber fühl das mal.« Wieder legte sie sich meine Hand auf die Haut. Diesmal rieb sie mit meinen Fingern über ihre Schulter, als ob sie einen unauslöschlichen Fleck ausradieren wollte. »Ich habe die weichste, kälteste, weißeste Haut, die es gibt.«

»Dann laß uns doch in den Schatten gehen«, sagte ich.

Avalyn führte mich zu einem Maulbeerbaum. Zwischen den Blättern hingen ohrläppchengroße Beeren, deren Farben von weiß (unreif) über rot (halbreif) bis zu schwarzlila (vollreif) reichten. Rings um den Baum war die Erde schwarz getupft, und Avalyn machte sich die nackten Füße schmutzig. »Die Roten mag ich am liebsten«, sagte sie. »Sie sind schön sauer.« Sie pflückte mir eine Handvoll.

Neben dem Maulbeerbaum standen zwei Birken, die eine davon in einer Insel aus Gras. Die Rinde des Baums war schuppig, fleckig und pilzfarben, die Farbe eines Außerirdischen. Zwischen zwei Rosensträuchern, die gelbe und rosa Blüten trugen, summten vereinzelte Bienen umher. Ein schwerer Duft hing in der Luft. Als Avalyn und ich uns gleichzeitig ins Gras setzten, stießen unsere Brillengestelle aneinander. Ich zuckte zurück, aber Avalyn lachte.

Avalyn ärgerte sich, daß sie kein Picknick vorbereitet hatte. »Ich habe immer Hunger.« Als sie sich an den Baum lehnte, lösten sich ein paar Haarsträhnen aus ihrem Knoten. Ihre tränenförmigen Ohrringe glitzerten. Sie spreizte die Beine ein wenig, so daß ich ihre Narbe sehen konnte, die sich wie ein Wurm auf dem weißen Schenkel krümmte. Ich mußte an früher denken, als ich noch zur Kirche gegangen war, an Heftchen mit Fotos von Wundmalen und anderen wundersamen Hieroglyphen auf menschlichen Körpern. Avalyns Narbe war genauso – beeindruckend, heilig, ein auf die Haut gedrucktes Rätsel, das nur sie und ich lösen konnten.

Langsam verging der Nachmittag. Avalyn redete gern. Sie erzählte mir vom Krebstod ihrer Mutter und von ihrem Bruder, der im selben Jahr bei einem Autounfall ums Leben gekommen war. »Das ist jetzt vier Jahre her«, sagte sie. »Und Daddy ist bis heute nicht darüber hinweg.«

Avalyn kürzte ihre Geschichte ab, weil sie noch mehr über mich erfahren wollte. Ich erzählte ihr, was ich über meinen Vater wußte, das Leben, an dem ich keinen Anteil mehr hatte. Ich erzählte ihr von Deborah, die inzwischen in San Francisco lebte und vorhatte, über Weihnachten nach Hause zu kommen. Ich erzählte ihr, daß meine Mutter vor kurzem im Gefängnis befördert worden war und daß ich mich schon sehr auf den Herbst und mein erstes Jahr am College freute.

Avalyn hörte aufmerksam zu. Trotzdem kam es mir so vor, als wäre das, was wir aussprachen, nur ein dürftiger Ersatz für das, was wir wirklich sagen wollten. Wir kamen immer wieder auf das eigentliche Thema zu sprechen, die Entführungen, die uns so eng miteinander verbanden und von den meisten Mitmenschen unterschieden.

Avalyn hielt Hypnose für den besten Weg, die Wahrheit zu ergründen. »Aber Spezialisten für Rückführungen von Ufo-Entführungsopfern sind sehr teuer. Und in Kansas gibt es kaum welche.«

»Am Geld soll es nicht scheitern.« Ich starrte auf die lila Flecken an ihren Fußsohlen. »Wir haben immer unser Auskommen gehabt, auch nachdem mein Vater uns verlassen hatte. Aber ich glaube nicht, daß meine Mutter jetzt schon bereit wäre, mich zu einem Hypnotiseur zu schicken.«

»Ich will nicht behaupten, daß du dich nur durch Hypnose erinnern kannst«, sagte Avalyn. »Ich habe fast den Eindruck, daß du auch so schon auf dem richtigen Weg bist. Schreib weiter deine Träume auf. Sie sind so etwas wie Spuren. Sei Detektiv in eigener Sache. Wenn in deinen Träumen ein bestimmter Ort vorkommt oder vielleicht auch ein Name, geh der Sache auf den Grund. Dann hast du bald alle Antworten, die du suchst.«

Gegen fünf Uhr kam ein Wind auf. Eine frische Brise brachte den Geruch von Feuerwerkskörpern mit, den gefährlichen Pulverdampf, der so oft an den Händen meiner Mutter klebte. »Es riecht, als ob die Welt brennt«, sagte Avalyn. Über uns, über dem dichten Astgewirr, glitt ein Flugzeug durch das Blau, glitzernd wie Lametta. Mit seinen Abgasen zog es eine Narbe über den Himmel. Die Menschen an Bord ahnten nicht, daß Avalyn und ich Tausende von Metern unter ihnen im Gras saßen. Sie ahnten nicht, was wir erlebt hatten.

Ich wollte noch nicht aufbrechen, aber weil ich seit einiger Zeit meiner Mutter beim Kochen half und jeden zweiten Abend für das Essen zuständig war, mußte ich vor ihr zu Hause sein. Ich erzählte Avalyn, daß ich vorhatte, ein gefülltes Hähnchen auf den Tisch zu bringen. Sie sagte »Mmmm« und rieb sich den Bauch.

Wir gingen zum Haus zurück. »Es wäre gut, deine Mutter kennenzulernen«, sagte Avalyn. Der Ansicht war ich auch. Sie strich sich die Knitterfalten aus dem Kleid. »Wir könnten alle zusammen in die Cosmosphere gehen.« Ich hatte Avalyn gegenüber nichts von meiner Weltraumbegeisterung erwähnt. Sie wußte es einfach.

Im Haus lösten die Jasmin- und Sandelholzdüfte die Feuerwerksgerüche ab. Während ich mir ein Glas Wasser eingoß, ging Avalyn auf ihr Zimmer, um ein paar »Geschenke« zu holen, wie sie sagte. Sie kam mit einem Stapel Broschüren zurück. »Das sind Untergrundpublikationen«, sagte sie. »Schwer zu kriegen, im Buchhandel gibt es sie gar nicht.« Ich überflog die Titel: *Was die Regierung uns verheimlicht*, *Wurden Sie entführt?* Am besten gefiel mir *Die wilde Welt der Ufos*.

Ich bedankte mich. Avalyn lächelte, und ich konnte ihr krabbenfarbenes Zahnfleisch sehen. Dann gab sie mir noch ein Buch mit, ein Exemplar von Ren Bloomfields *Gestohlene Zeit*. Ich hatte es bereits gelesen, aber das behielt ich für mich. »Eine der Fallstudien im fünften Kapitel beruht auf mir«, sagte sie. »Sie haben meinen Namen geändert, ich heiße ›Georgia Frye‹. So ein Quatsch. Du kannst es behalten. Ich habe dir eine Widmung hineingeschrieben.«

Auf dem Deckblatt stand unter dem Titel und dem Namen des Autors in Avalyns Handschrift: *Für Brian. Damit Du weißt, daß Du nicht allein bist. Wir müssen zusammenhalten. In Liebe, »Georgia Frye« alias Avalyn.* Darunter hatte sie eine Reihe Herzchen gemalt.

Die Träume hörten nicht auf. Nach und nach brach die Schale auf, und Erinnerungen schimmerten hindurch. Ich schrieb Seite um Seite meines Tagebuchs mit immer neuen Entdeckungen voll. Ich träumte sogar von dem Halloween-Abend vor vielen Jahren. Der Traum war allerdings nicht besonders aufschlußreich. Ich sah mich in meinem albernen Teufelskostüm, wie ich zu einem blauen Lichtkegel am Himmel aufsah. Doch so einfach der Traum auch war, ich verstand ihn als notwendige Information.

Ich telefonierte fast täglich mit Avalyn. Eines Nachmittags, es war zwei Wochen nach meinem Besuch, fiel mir beim erneuten Lesen einer ihrer Broschüren plötzlich die Baseball-Liga ein. Ich erinnerte mich an mein erstes Training – wie nervös ich gewesen war, wie ungeschickt ich mich mit Fanghandschuh und Schläger angestellt hatte, wie mich meine Mitspieler angeglotzt hatten, als ob ich ein Krüppel wäre.

Ich schloß die Augen und sah mich selbst als Achtjährigen. Ein Junge führte mich an der Hand. Wir trugen beide die Panther-Kluft. Es war verrückt – ich konnte die feuchte Hand des Jungen fühlen, das frisch gemähte Gras riechen, den krachenden Donner hören. Der Junge brachte mich zu einer offenen Tür, und wir kamen in einen Raum, der von einem blauen Licht erhellt wurde. War es das Innere des Ufos? Ich konnte es nicht genau sagen, aber als wir in das Licht traten, sah ich, daß dort noch jemand stand, jemand, der größer war als wir. Die Gegenwart dieser Person schüchterte uns ein wie die eines Königs. Ich blickte zu der großen Gestalt hoch – und damit endete der Tagtraum. Ich konnte mich anstrengen, wie ich wollte, es wurden keine weiteren Erinnerungen mehr in mir wach.

Da meine Mutter ein Nickerchen machte, rief ich bei Avalyn an. Anscheinend arbeitete sie noch, denn es meldete sich niemand. Trotzdem konnte ich es bei dieser neuen Erinnerung nicht einfach bewenden lassen. Etwas, was Avalyn zu mir gesagt hatte, ging mir nicht mehr aus dem Sinn. Sie war überzeugt gewesen, daß meine Träume wichtige Spuren waren, denen ich nachgehen sollte. »Sei Detektiv in eigener Sache«, hatte sie gesagt. Und jetzt wußte ich, daß die Wesen aus dem Weltraum außer mir noch einen anderen Jungen entführt hatten, einen Mitspieler aus meinem Baseballteam. Ob der Junge wohl noch in der Umgebung von Hutchinson wohnte? Ob er sich noch erinnerte, und wenn ja, an was?

Ich mußte unbedingt die Namen der Jungen herausbekommen, die in jenem Juni mit mir in einer Mannschaft gespielt hatten. Die meisten mußten aus Hutchinson gewesen sein, denn sie waren nicht mit mir in dieselbe Klasse gegangen. Vielleicht gab es irgendwo noch Aufzeichnungen über das Team. Mir fiel die Handelskammer in Hutchinson ein, das Gebäude im Westen der Stadt, wo mein Vater mich zu Beginn jenes Sommers für die Ferienliga angemeldet hatte. Sicher gab es dort noch Unterlagen, die mich zu dem Jungen führen konnten, von dem ich geträumt hatte.

Ich beschloß, etwas zu tun, was sonst gar nicht meine Art war. Ohne meine Mutter um Erlaubnis zu fragen, wollte ich mit ihrem Wagen nach Hutchinson fahren. Ich griff mir ein T-Shirt von meinem Wäscheberg, schlüpfte hinein und lief nach unten. Rasch kritzelte ich MUSSTE DRINGEND WEG – BIN BALD ZURÜCK auf einen Zettel und klebte ihn mit einem Selleriemagneten an die Kühlschranktür. Dann durchwühlte ich die Handtasche meiner Mutter, Autoschlüssel, Lippenstift, Kleingeld und ein paar Patronen fielen auf den Boden. Ohne die Sachen aufzuheben, schnappte ich mir die Autoschlüssel, rannte nach draußen und sprang in den Toyota. Während ich den Wagen anließ, betete ich, daß meine Mutter von dem Lärm nicht aufwachte.

Obwohl die Straßen nach Hutchinson in schlechtem Zustand waren, bretterte ich mit siebzig Meilen in der Stunde den Highway entlang. Ich raste an Mais- und Weizenfeldern vorbei, an üppigen Wiesen, die von Nebenflüssen des Cow Creek und des Little Arkansas River durchschnitten wurden, an Weiden, auf denen das Vieh unter Bäumen Schutz vor der Hitze suchte. Hafer- und Sorghumsilos blitzten in der Sonne, und Farmer, die ich nicht kannte, winkten mir im Vorbeifahren zu. Die Straßenränder waren mit Resten von Knallern und Raketen übersät. An der Abzweigung nach Inman dachte ich an Avalyn.

Glänzend erhob sich das Gebäude der Handelskammer in der Mitte einer Häuserreihe, wie eine Schnalle am Gürtel der Straße. Es herrschte nicht viel Betrieb. Ich ging hinein und betrat das erstbeste Büro. Eine dunkelhaarige Sekretärin saß an ihrem Schreibtisch und knabberte an einem Streifen Trockenfleisch, während sie mit einer Hand hektisch ihre Schreibmaschine bearbeitete. Sie blickte hoch und sagte: »Ja, bitte?« Ich tischte ihr ein Ammenmärchen auf. Angeblich sammelte ich Material über einen College-Baseballspieler, der im Sommer vor zehn Jahren in der Hutchinsoner Ferienliga gespielt hatte. »Aus dem Jungen wird eines Tages noch ein ganz Großer«, sagte ich. »Ich schreibe für die Studentenzeitung einen Artikel über ihn.«

Ich hatte Glück, die Frau kaufte mir die Geschichte ab. Sie erklärte mir, daß keine Unterlagen über die Teilnehmer der Ferienligen aufbewahrt würden. »Allerdings haben wir die alten Fotos noch.« Sie zeigte auf den Boden. »Unten im Keller, im Flur, hängen Fotos von allen Mannschaften der letzten zwanzig Jahre, seit wir angefangen haben, die Liga finanziell zu unterstützen. Ich finde allerdings, daß die Dinger nur die Wände verschandeln.« Sie biß in ihr Trockenfleisch und tippte weiter. »Sie würden Ihren Spieler leichter finden, wenn Sie den Namen seines Teams wüßten.«

»Pizza Panthers«, sagte ich.

Ich ging in den Keller. Der Flur war leer, die Neonröhren summten. Gerahmte Hochglanzfotos bedeckten die Wände. Ich erinnerte mich an unser erstes Training, eine Woche, nachdem mein Vater mich bei den Panthern angemeldet hatte. Ich hatte an meiner Kluft herumgezupft und mich dann zusammen mit den anderen zum Gruppenfoto aufgestellt. Es war ein komisches Gefühl, daß mein Foto all die Jahre in diesem Gebäude an der Wand gehangen hatte, ohne daß ich etwas davon wußte.

»Neunzehnhundertsiebenundachtzig, sechsundachtzig, fünfundachtzig...« Während ich den Flur entlangging, reiste ich in der Zeit zurück, bis ins Jahr 1981. Die Aufnahmen aller Mannschaften aus diesem Jahr hingen nah beieinander, insgesamt waren es zweiundzwanzig. Die Panther waren an den navyblauen und weißen Pizzas auf den Trikots leicht zu erkennen. Ich stellte mich vor das Bild und ließ den Blick über die Gesichter wandern, ohne sie richtig wahrzunehmen, bis ich zu meinem kam. Da war ich, ich kniete auf einem Bein in der Mitte der vorderen Reihe. Die Hand mit dem Fanghandschuh lag auf dem anderen Knie, und ich lächelte gekünstelt. Mein Haar war blonder, als ich es in Erinnerung hatte, mein Gesicht rot und schweißglänzend.

Ich riß mich von der Aufnahme los und vergewisserte mich, daß ich allein im Keller war. Dann beging ich das erste Verbrechen meines Lebens. Ich streckte die Hand aus, hob vorsichtig den Bilderrahmen vom Haken und nahm das Foto von der Wand.

Ich steckte mir das Bild in die Shorts und hängte mein T-Shirt darüber. Während ich eilig zum Ausgang der Handelskammer lief, wurden meine Schritte vom Klappern der Schreibmaschinentasten begleitet. Ich schaffte es. Als ich wieder im Wagen saß, mußte ich erst zu Atem kommen. Ich fühlte mich wie nach einem abscheulichen Verbrechen, als ob ich eine Bank überfallen oder jemandem eine Kugel zwischen die Augen geschossen hätte.

Als ich das Foto herausholte, starrten mir die lächelnden Gesichter entgegen. Wieder konzentrierte ich mich auf mein achtjähriges Ich. Während ich die vordere Reihe überflog, kristallisierten sich abermals neue Erinnerungen heraus. Ich sah, wie ein Junge, unser Werfer, weit ausholte, um mich während des Trainings auszuwerfen. Ein anderer Junge, der einen Zwillingsbruder hatte, war im ersten Spiel der Panther böse mit dem Fuß umgeknickt. Und es war der Junge mit dem Frettchengesicht am Ende der Reihe gewesen, der an jenem Halloween-Abend, als die Außerirdischen zurückgekommen waren, um mich zu holen, meine Brille kaputt gemacht und mich ausgelacht hatte.

Aber keiner der Spieler aus der vorderen Reihe war der Junge aus meinem Traum.

In der hinteren Reihe fand ich ihn schließlich. Er machte ein grimmiges Gesicht, und er hatte einen schwarzen Streifen Sonnencreme unter den Augen, wie Kriegsbemalung. Er trug das Trikot mit der Nummer neunundneunzig. Sein Gesicht war das eines Jungen, der im Dschungel von Affen oder Wölfen großgezogen worden war.

Ich brauchte nicht weiter zu suchen. Das waren die Augen, die mich angesehen hatten, das waren die Hände, die mich in den blauen Raum geführt hatten. Der Junge stand an vorletzter Stelle der hinteren Reihe, sein Arm berührte den unseres Trainers.

Irgend etwas an dem Trainer ließ mich innehalten. Merkwürdigerweise hatte ich keinerlei Erinnerung an ihn. Im Laufe der Jahre waren mir immer wieder Dinge eingefallen, die mit Baseball zu tun hatten, mit den quälenden Spielen, die ich hinter mich gebracht hatte, bevor ich den Sport endgültig an den Nagel hängte. Aber den Trainer hatte ich dabei völlig ausgeblendet. Trotzdem kam er mir irgendwie bekannt vor, wie ein Schauspieler aus einem alten Film, den ich vor langer Zeit im Halbschlaf gesehen hatte. Auf dem Foto überragte er alle, und er strahlte über das ganze Gesicht. Er trug den Kopf hoch, voller Stolz auf seine Mannschaft. Seine Zähne leuchteten unnatürlich weiß unter dem breiten Schnurrbart hervor. Er war der einzige Mensch auf dem Foto, der eine ebenso starke Wirkung auf mich hatte wie der Junge aus meinem Traum, und ich fragte mich, ob er bei der Entführung wohl auch eine Rolle gespielt hatte. Vielleicht war er dabeigewesen, so wie Avalyns Großeltern und ihr Bruder an jenem längst vergangenen Nachmittag, als sie verschleppt worden war.

Mir hämmerte das Herz bis zum Hals. Plötzlich war ich der Lösung des Rätsels einen gewaltigen Schritt näher gekommen. »Was nun?« fragte ich mich laut. Seltsamerweise hatte ich ein ungutes Gefühl, als ob ich von jemandem beobachtet würde, der mir Böses wollte. Ich sah rasch in den Seiten- und Rückspiegel, kurbelte das Fenster herunter und blickte zum Himmel.

21.7.91

Ein Traum über den Jungen aus der Baseballmannschaft – wir sind wieder zusammen in dem blauen Raum. Diesmal stehen wir uns in entgegengesetzten Ecken gegenüber, und ich sehe nur zu, wie der große Außerirdische auf ihn zugleitet und ihn langsam auf einen silbernen Tisch legt. Die Finger des Außerirdischen sind eklig grau, wie Fischschuppen, sie berühren meinen Mannschaftskameraden an den Armen, auf der Brust, im Gesicht – als die Finger den Mund des Jungen erreichen, verharren sie und streicheln seine Lippen, und dann bewegen sich die Lippen des Jungen – sie formen die Worte »Jetzt geht's los«, und ich weiß, daß dieser Junge mich meint, er sieht mich an, und dann lächelt er, und die Finger des Außerirdischen stechen mitten in sein Lächeln hinein, sie schieben sich zwischen seine Lippen und greifen ihm in den Mund – ich sehe zu, ich bin entsetzt, aber ich kann mich nicht bewegen. Und dann liegen die Sachen des Jungen auf dem Boden. Ich sehe zu dem blauen Licht hoch, das überall ist, ein blauer Wasserfall, und ich weiß, daß der Junge die Hand nach mir ausstreckt, daß der Außerirdische die Hand nach mir ausstreckt, aber ich sehe nicht hin, ich sehe nur in das Licht, weil mich das Licht blendet, und weil ich geblendet werden will.

29.7.91

Ich stehe unter Bäumen, ich trage das Teufelskostüm – das Spukhaus ist hinter mir, es ist wieder jener Halloween-Abend – und als diesmal der Ast knackt, drehe ich mich um und sehe den Außerirdischen – seine graue, gummiartige Haut, seine unglaublich langen Arme – seinen kahlen Kopf und die riesigen schwarzen Augen – wie ein Wesen aus Marshmallows oder Kaugummi. Es kommt schlurfend auf mich zu, fast gleitend, als ob es Räder statt Füße hätte – und dann fährt es seinen Arm aus, er wird länger und immer länger und kommt auf mich zu – es reißt mir die Maske ab und seine Finger berühren mein Gesicht – sie landen wie dicke Käfer auf meiner Haut, eins-zwei-drei-vier. Und dann nimmt es mich in die Arme, es hebt mich hoch und hält mich fest, als ob es in mich verliebt wäre, und dann passiert das Allererstaunlichste von allem, der winzige Schlitzmund des Außerirdischen geht auf, und er spricht. Er sagt, Brian, du erinnerst dich nicht mehr an mich, was, aber ich erinnere mich noch gut an dich – er sagt, ich hatte dich wirklich gern, Brian, ich habe immer gehofft, daß ich dich mal wiedersehe, ich habe mir gewünscht, daß du wieder in die Mannschaft kommst.

Ich schlief von Nacht zu Nacht schlechter, immer wieder quälten mich die schwarzen Augen der Außerirdischen und ihre körperlosen blaugrauen Finger. Manchmal fand ich fast gar keinen Schlaf. Nach dem Abendessen bekam ich stechende Bauchschmerzen, als ob ich Meerestiere im Körper hätte, die mich mit ihren scharfen Scheren zwickten. Weil mich die Schmerzen und die Schlaflosigkeit an eine ganz bestimmte Ufo-Entführung erinnerten, nahm ich mir noch einmal die Bücher vor, in denen die Erlebnisse des Ehepaares Barney und Betty Hill behandelt wurden. Als Barney, der seit Jahren unter Magengeschwüren und Schlafstörungen litt, schließlich mit einer Hypnosetherapie begann, fand er heraus, daß seine Frau und er 1961 während einer Fahrt durch die White Mountains in New Hampshire entführt worden waren. Die Hills wußten etwas, was auch ich bald wissen würde.

Eines Nachts gegen zwei Uhr früh, als ich gerade ins Bett gehen wollte, klingelte das Telefon. Meine Mutter schlief bereits, und im Haus war es seit Stunden still. Das Schrillen ließ mich sofort an eine traurige oder schlechte Nachricht denken. Es erinnerte mich an den Abend, als das Krankenhaus angerufen hatte und man uns sagte, daß mein Onkel an einem Schlaganfall gestorben war. Es erinnerte mich an die vielen Male, als mein Vater, nachdem er uns verlassen hatte, immer wieder betrunken anrief, um meine Mutter wütend zu beschimpfen.

Noch vor dem dritten Läuten war ich am Apparat und meldete

mich flüsternd. Es war Avalyn. Da ich sie ein paar Tage später zum Essen eingeladen hatte, dachte ich zuerst, sie wollte absagen, aber darum ging es nicht. Sie klang aufgeregt. »Es ist etwas passiert«, sagte sie. »Ich bin völlig durcheinander. Ich brauche dich hier.«

Ich stellte keine Fragen. Aber ich wußte, daß ich mir zum zweitenmal in vierzehn Tagen den Wagen meiner Mutter ausleihen würde, ohne sie um Erlaubnis zu bitten. Nachdem ich ihr von meinem Traum erzählt hatte, hatte es ihr nichts ausgemacht, daß ich heimlich zur Handelskammer gefahren war. Daß ich das Foto gesehen hatte, hatte ich ihr ebenfalls gesagt, aber sie wußte noch nicht, daß ich es gestohlen hatte. Andererseits glaubte ich kaum, daß meine Mutter sehr begeistert sein würde, wenn ich um zwei Uhr morgens einen Ausflug nach Inman machte. Aber es duldete keinen Aufschub. Nachdem Avalyn aufgelegt hatte, horchte ich auf die summende Stille am anderen Ende der Leitung, und ich wußte, daß ich fahren mußte.

Im Autoradio liefen an einem Stück Oldies, romantisches Geträller über Liebesglück, Liebesleid und neues Liebesglück. »Seht mal nach draußen«, sagte der DJ zwischen zwei Liedern. »Die ideale Nacht für die Liebe.«

Der Weg, der den Highway mit dem Holzhaus der Friesens verband, wirkte im Dunkeln gespenstisch. Das Mondlicht, das seine dünnen Tentakel durch das Blätterdach streckte, zeichnete die Schatten noch schärfer und schwärzer. Die Gegend war genauso unheimlich wie die kurvenreiche Straße durch die White Mountains oder der Fischteich in Pascagoula. Der Toyota schnurrte dahin, ich stellte ihn an der gleichen Stelle ab wie bei meinem letzten Besuch. Nur aus Avalyns Fenster fiel Licht.

Wieder erwartete Avalyn mich an der Tür. Sie trug ein ähnliches weißes Kleid wie beim letzten Mal, das allerdings noch mehr Rüschen hatte und dessen Perlenknöpfe wie blinde Augen schimmerten. »Danke, daß du gekommen bist«, sagte sie. Beim Klang ihrer Stimme tauchte Patches mit wedelndem Schwanz aus dem Dunkel auf. Ich bückte mich, und er leckte mir das Gesicht.

Avalyn trat auf die Veranda heraus und zog die Tür hinter sich zu. »Komm mit«, sagte sie.

Wir gingen in die Nacht hinaus, Patches zockelte hinter uns her. Im Norden zuckten die Blitze eines Wärmegewitters aus einer dunklen Wolkenbank und beleuchteten die fernen Weizenfelder. Blätter raschelten im Wind, aber ansonsten kam mir alles unangenehm still vor. Es war nichts zu hören, keine Zikaden, keine Grillen, kein lüsternes Quaken eines Ochsenfroschs. »Diese Stille«, sagte ich und merkte erst im nachhinein, daß ich geflüstert hatte. Avalyn und ich gingen auf Zehenspitzen, wie Spione, als wären wir auf den Weiden in geheimer Mission unterwegs. Plötzlich wollte ich Avalyn von den Träumen erzählen, die mich seit unserem letzten Telefongespräch quälten, und von den Bruchstücken, die mir über meine Mannschaftskameraden wieder eingefallen waren. Aber die Sorgenfalten auf Avalyns Stirn ließen mich schweigen. Ich sah ihr an, daß es um etwas Ernstes ging. Was immer sie mir zeigen wollte, es mußte etwas Wichtiges und Bedeutungsvolles sein, vielleicht sogar etwas Gefährliches.

Nach etwa hundert Metern erreichten wir den Stacheldrahtzaun am Rand der Weide. Ich drehte mich um. Das Holzhaus der Friesens stand hinter uns in der Dunkelheit. Das einsame Licht brannte immer noch, die anderen Fenster waren nur schwarze Flächen. In dem Haus schlief Avalyns Vater. Er war nicht wie wir, denn seine Träume waren ungefährlich und warm, es waren die Träume eines normalen Menschen, eines Unbefleckten.

Avalyn beugte sich vor und berührte den Zaun. An einigen Stacheln, wo die Rinder sich die Haut gekratzt hatten, hingen rote und schwarze Haarbüschel. Sie zupfte ein Fellknäuel ab und steckte es ein. »Das bringt Glück«, sagte sie lächelnd.

Dann wurde sie wieder ernst. »Du zuerst.« Sie zog den obersten Draht hoch, trat auf den zweiten und bildete so einen weit aufgerissenen Stacheldrahtmund. Ich kroch auf die andere Seite. Dann hielt ich ihr einen »Mund« auf, und sie krabbelte ächzend zu mir herüber. Patches machte sich flach und schob sich unter dem Zaun durch.

Wir standen auf dem Feld. Ich atmete den Geruch nach süßem Alfalfa, Dünger und taufeuchter, frisch umgewendeter Erde ein, der den schwachen Duft der rosa und gelben Rosen überlagerte, neben denen wir erst vor wenigen Tagen gesessen hatten. Avalyn stupste mich sachte an. »Komm weiter«, sagte sie. »Es sind noch einmal gut hundert Meter. Da hinten ist es, bei dem Baum.« Ich kniff die Augen zusammen und entdeckte, als ich ihrem ausgestreckten Zeigefinger folgte, die Umrisse des kleinen Nadelbaums, den sie meinte.

Wieder blitzte es in der Ferne. Wir gingen auf den Baum zu. Bald konnte ich eine Kuh ausmachen, die reglos neben den buschigen Zweigen stand. Ihr gewölbter Bauch hob und senkte sich mit jedem Atemzug. Dann muhte sie, ein langgezogener, gespenstischer Klagelaut, der an uns gerichtet war und mir ein wenig Angst machte. Als wir uns noch weiter näherten, fiel mir zu den Füßen der Kuh eine undeutliche Form auf. Sie lag neben dem Baumstamm im Gras. Im Dunkeln sah sie aus wie ein Haufen Altkleider. Patches preschte darauf zu. Als er die Form erreicht hatte, blieb er stehen, stupste sie mit der Nase an und schnupperte. »Patches, komm her«, rief Avalyn und lief hinterher, um ihn wegzuscheuchen.

Ich bückte mich gleichzeitig mit Avalyn. Über uns stand die Kuh, die so schwer atmete, daß mir die warme Luft die Haare zerzauste. Ich schwitzte. Avalyns Kleid klebte an meiner Haut wie eine Zunge an trockenem Eis. Ich spürte die Hitze, die von ihr ausging und sich mit meiner vermischte. »Das ist es«, sagte Avalyn.

Die Form auf der Erde war ein neugeborenes Kalb; die große Kuh war vermutlich seine Mutter, die es beschützen wollte. Im schwachen Schein des Mondlichts sah das Kalb seidenweich aus. Ich konnte das Muster auf seinem Fell erkennen, schwarze Flecken auf weißem Grund, und die kurzen, dicken Stoppeln in seinem Gesicht. Ich berührte seine Ohren, die gekrümmten Knorpel fühlten sich wie Gumminäpfe an. Ich berührte seine zarten Wimpern, die kissenweiche Nase. Aber sie war nicht feucht und samtig, sondern trocken und spröde. Das Kalb war tot. Ich sah es mir genauer an. In seinem Hals klaffte ein Schnitt, wie ein ins Fleisch getriebenes Lächeln. Ansonsten war der Körper des Tieres fast völlig unversehrt, nur unter dem Bauch war noch ein Schnitt, eine tiefe Wunde zwischen den Hinterbeinen. Man hatte dem Kalb die Genitalien abgeschnitten.

Die Kuh muhte leise, fast wie eine trauernde Menschenmutter. »Das ist nicht das erste Mal«, sagte Avalyn. »Die Farmer in dieser Gegend finden schon seit Jahren verstümmelte Rinder. Das kommt in ganz Kansas vor. Bei den Aufnahmen zu *Geheimnisvolle Welt* habe ich auch davon erzählt, aber sie haben es rausgeschnitten. Und mein Vater will bis heute nichts davon wissen, obwohl er im letzten Herbst an einem Abend zwei unserer Holsteiner tot aufgefunden hat. Er behauptet, es wären irgendwelche Verrückten oder Satanisten, die durch die Gegend fahren und Kühe abschlachten. Ha, ha.« Sie faßte den Hals des Kalbs an und betastete den Wundrand. »Was soll denn das für ein Verrückter sein, der so präzise Schnitte anbringt?«

Avalyn ließ das Kalb los und nahm meine Hand. »Fühl mal«, sagte sie. Zusammen berührten wir die Bauchwunde. Ich strich darüber und fühlte ein fleischiges Organ, eine Masse von Därmen, die sich um meine Finger schlangen wie gekochte Zwiebelringe. »Das haben sie übriggelassen«, sagte Avalyn. »Sie nehmen die Geschlechtsorgane mit, bei den Weibchen das Euter und den Schlitz, bei den Männchen den Du-weißt-schon-was und sogar den After. Die Außerirdischen experimentieren mit Kühen, weil Tiere sich nicht beschweren können, weil sie sich nicht, wie Menschen, verständlich machen können.«

Etwas stieg in mir hoch, immer höher, es konnte ein Brechreiz sein oder ein Schrei, aber es fühlte sich wie eine Faust an, die sich langsam öffnete. Avalyn fuhr fort, ihre Stimme klang gedämpft, wie aus weiter Entfernung, wie hinter einer Maske hervor: »Uns dagegen können sie nicht umbringen. Aber wir müssen mit der Erinnerung an ihre Taten leben. Eigentlich ist das, was sie uns antun, schlimmer.«

Sie hielt immer noch meine Hand fest und drückte sie in die Wunde. »Fällt dir sonst noch etwas auf? Ich sag es dir. Es gibt kein Blut. Das haben sie auch mitgenommen.«

Avalyn hatte recht. Man hatte dem Kalb die Kehle durchgeschnitten und es auf groteske Weise ausgeweidet, aber das Gras glitzerte nicht feucht von seinem Blut. Die Außerirdischen hatten es mitgenommen, weil sie es für eines ihrer rätselhaften Experimente brauchten. Ich rutschte auf den Knien näher an das Kalb heran, und dabei löste ich meine Hand aus Avalyns Griff. Ohne Grund, ohne den leisesten Grund, schob ich meine Finger unter eines der freiliegenden Organe und tastete mich tiefer und tiefer in die Wunde vor. Die Innereien waren blutleer, aber noch immer so weich und feucht wie Schwämme. Sie schlossen sich um mein Handgelenk und nahmen mich auf. Ich drang weiter in den Körper vor, um vielleicht doch noch ein paar verbliebene Blutstropfen zu finden.

Nach wenigen Minuten steckte ich bis zum Ellbogen in dem toten Kalb. Ich schloß die Augen, und in dem Moment rissen die Wolken in mir auf. Schlagartig wurde mir klar, daß ich etwas Ähnliches schon einmal erlebt hatte.

Ich sah ihn genauso vor mir wie in meinen Träumen, den Jungen, meinen Mannschaftskameraden. Er hockte neben mir. *Mach die Augen auf*, sagte er. *Jetzt geht's los.* Er flüsterte mir etwas ins Ohr. *Es ist okay, er hat das gern. Er gibt dir Geld dafür. Es fühlt sich gut an. Das macht Spaß, was? Sag ihm, daß es dir Spaß macht.* Ich hörte, daß er mit mir redete, aber ich begriff nicht, was er von sich gab, verworrene Satzfetzen, die mir unverständlich waren. Er sagte, ich solle die Augen aufmachen, damit ich sehen könne, was passiere, aber ich wollte nicht. Ich war wieder acht Jahre alt, und ich machte die Augen nicht auf.

Genau wie sonst war der Junge nicht mehr als eine Vision. Aber diesmal war ich mir nicht sicher, wie ich den Traum kontrollieren sollte, so weit entfernt schien er mir von der gewohnten Sicherheit des Schlafs und der tröstlichen Gewißheit, bald aufzuwachen.

Ich steckte bis zum Ellbogen drin. *Es fühlt sich gut an*, sagte die Stimme des Jungen.

Ich vergaß, daß ich nicht allein war, ich wußte nicht mehr, daß Avalyn, Patches und die Kuh neben mir waren, denn ich fing an zu weinen. Ich versuchte, es zu unterdrücken, aber etwas zerbrach wie Glas in meiner Kehle. Avalyn nahm mich in den Arm, und ihre Haut war so kalt wie Eiswasser. Weinend schmiegte ich mich an sie, ich weinte, weil ich mir in diesem Augenblick eingestand, daß möglicherweise alles, was ich bis vor kurzem als Tatsache angesehen hatte, falsch war – das Vertrauen in meine verschütteten Erinnerungen, die Außerirdischen und ihre Entführungen, diese perfekten Erklärungen für meine Probleme. Was, wenn jedes Teilchen dieser neuen Wahrheit falsch war? Was dann?

Die Mutter des Kalbs muhte, dann schloß uns die Stille wieder ein. Wir waren ganz allein auf der Welt, nur Avalyn und ich. Ich versuchte mir einzureden, daß sie uns aus irgendeinem Geheimversteck im Himmel beobachteten, daß sie jede unserer Bewegungen mit ihren abgrundtiefen schwarzen Augen analysierten und nur auf den Tag warteten, an dem sie uns erneut mit ihrer pilzigen Haut berühren konnten.

Avalyn zog mich an sich. Nach einer Weile löste sie ihre Haare aus dem Knoten, sie fielen ihr wie ein schwarzer Schleier über das Gesicht. Sie rochen üppig und geheimnisvoll, wie eine seltene Blume, die nur in der Nacht blühte. Avalyn legte mir den Kopf auf die Schulter, und ich atmete ihren Duft ein.

Die Minuten vergingen. Ich versuchte, das Bild des Jungen in mir auszulöschen, denn ich wußte, daß alles, was damals geschehen war – was auch immer ich getan hatte, was auch immer Unaussprechliches ich mir hatte ansehen sollen –, meine Kräfte übersteigen würde. Ich hörte auf zu weinen und preßte mich an Avalyn. »Es waren die Außerirdischen«, sagte ich. Allmählich wurde mein Arm, der noch in dem Kalb steckte, taub. »Bestimmt, bestimmt.«

»Ja«, sagte Avalyn. »Und es wird alles wieder gut. Glaub mir, auch wenn es nicht leicht ist. Es wird alles wieder gut.« Mit der rechten Hand drückte sie meine Schulter, mit der linken drang sie ganz langsam in die Wunde ein. Ich spürte ihre warme Haut, als sie ihre Finger immer weiter schob, immer weiter in den Kadaver des Kalbs hinein, bis sie sich mit meinen verflochten.

10
Neil McCormick

New York erwartete mich, es waren nur noch zwei Wochen bis dahin. Mom und Eric erwähnten das Thema nie, statt dessen redeten sie lieber über die Gehaltserhöhung von zwanzig Cent die Stunde im Supermarkt (Mom) oder über die neuesten Nachtischkompositionen der Großeltern (Eric). Sie wollten beide nicht, daß ich ging. Mom tat, was sie nur konnte, um mich zu Hause zu halten, und Eric kaufte mir von dem Taschengeld, das er von seinen alten Herrschaften bekam, sogar Drogen.

Bei jeder sich bietenden Gelegenheit ging ich anschaffen, meistens, wenn Mom Spätschicht hatte. So hatte ich mir genug zusammengespart, um mich in der großen Stadt eine Zeitlang über Wasser halten zu können. Außerdem hatte Wendy mir versprochen, daß ich mich an der Miete erst beteiligen mußte, wenn ich es mir leisten konnte. Aber Kansas ödete mich immer mehr an, in sexueller Hinsicht hatte es mir nichts mehr zu bieten. Je näher meine Abreise rückte, desto öfter verbrachte ich die Abende nur noch mit Eric vor dem Fernseher und sah mir Horrorvideos an. Als wir uns am Mittwoch *Nail Gun Massacre* reinzogen, schlief er mit dem Kopf auf meinem Schoß ein. Ich wünschte mich weit fort. »Schlaf schön«, sagte ich und küßte Erics Fingerknöchel, was ich nie gemacht hätte, wenn er wach gewesen wäre.

Der Motor des Impala starb an jeder Ampel ab. Die Kiste pfiff aus dem letzten Loch, aber wenigstens ging die Anlage noch. Bei wirbelnden Gitarrenfeedback drehte ich die Lautstärke voll auf, kurbelte das Fenster runter und gab voll Stoff. Ein Trüppchen Jugendlicher glotzte mich von ihrem Treffpunkt an der Ecke Eleventh und Maine an. Ich kannte sie aus der Schule: die zugedröhnten Gesichter, die Oben-kurz-hinten-lang-Frisuren, die Klamotten mit den Aufnähern von Heavy-Metal-Bands. Sie gehörten einer Vergangenheit an, die ich bald hinter mir haben würde. Ich schrie »Arschgeigen« aus dem Fenster und dankte Gott dafür, daß ich nicht mehr lange in Hutchinson leben mußte.

Mein Ziel lag am Ende der Seventeenth. Für einen Mittwochabend herrschte im Rudy's ziemlich viel Betrieb. Der Parkplatz und die Straße waren zugeparkt. Ich suchte mir eine Lücke, zog die Handbremse an und griff in meine Hosentasche. Ein zusammengefalteter Briefumschlag enthielt die Acidplättchen, die ich Christopher morgens abgekauft hatte. Er hatte LEAD MY THOUGHTS UNTO SENSATION darauf geschrieben. Ich suchte mir ein Tab mit einem kleinen Segelboot aus und legte es mir unter die Zunge. Es paßte wunderbar, wie das letzte Teilchen eines Puzzles. »Mmmm«, machte ich. Ich blieb noch so lange im Wagen sitzen, bis die Kassette zu Ende war, dann schaltete ich die Zündung aus.

Die Kneipe hatte kein Schild, nur an der Tür hing ein vergilbter Zettel, auf dem der Name in Blockbuchstaben aufgemalt war. Als ich eintrat, drehte sich alles nach mir um und starrte mich an. Mir fiel ein blöder Kinderspruch ein: »Wie wär's mit einem Foto? Da hat man länger was davon.« Dann sprach ich ihn laut aus. Im nächsten Augenblick packte mich ein dicklicher Glatzkopf mit unsteten Haifischaugen und dem Mund einer verletzten Forelle an der Schulter. Er trug ein mit Nieten besetztes Lederarmband und ein Rudy's-Shirt, das weiße Logo auf einem rosa Dreieck. »Kannst du dich ausweisen?«

Ich reichte ihm meine Papiere rüber. »Was soll der Scheiß? Du weißt doch genau, daß ich früher schon hier war.« Der Dicke hätte es gern gesehen, wenn die Altersangabe in den Papieren gefälscht gewesen wäre. Aber leider hatte er Pech.

Rudy's, Hutchinsons einzige Schwulenkneipe, kam mir immer so vor, als wäre sie in einer extrem verworrenen Zeitschleife gefangen. Irgendwo hatte ich gelesen, daß es normalerweise drei Jahre dauerte, bis sich neue Trends von der Ost- oder Westküste bis in den Mittleren Westen verbreitet hatten. Wenn das stimmte, hinkte

Rudy's ein ganzes Jahrzehnt hinter der Zeit her. An diesem Abend jaulte in der Musikbox zum Beispiel ein später Siebzigerjahresong: *I wanna disco with you all night long.*

Und noch etwas: Das Publikum war ideal. Hauptsächlich waren es Typen, auf die ich stand, Männer wie die, von denen ich abends vor dem Einschlafen träumte. Sie hatten keinerlei Ähnlichkeit mit den Kerlen aus den neueren Pornos, deren Poster Eric und ich aus der Videothek kannten, den Schwuchteln mit Fönfrisur, glattrasierter Brust und glänzenden Muskelpaketen. Die Typen im Rudy's hatten Bärte, Bierbäuche und keine zu Hause vor dem Spiegel einstudierten Gesichtsausdrücke. Sie waren zwar nicht alle attraktiv, aber dafür waren sie echt. Ich kannte bereits einige von ihnen, war mit dreien ins Bett gegangen und hatte von einem sogar fünfzig Dollar angenommen.

An diesem Mittwochabend standen die meisten Typen in karierten Flanellhemden und Jeans herum. An der Bar bildeten die Risse in den Knien ihrer Hosen eine gerade Linie, die an eine Reihe singender Münder erinnerte. Aus Spaß zählte ich die Schnauzer und teilte die Summe durch die Zahl der Gäste. Neunundsiebzig Prozent.

Es roch nach Rauch, verschüttetem Bier, den Sägespänen auf dem Fußboden und einem Herrenparfüm mit Moschusduft, das in New York wahrscheinlich vor zehn Jahren der letzte Schrei gewesen war. Wenn man durch den Raum ging, hatte man das Gefühl, als schwämme man durch einen schlammigen See. Ich bestellte mir ein Bud und zeigte dem Barmann noch einmal meinen Ausweis. Im Fernsehen über der Theke erzielte ein Schläger der St. Louis Cardinals mit einem scharf geschlagenen Ball über den Shortstop hinweg einen Run. Auf einem stockfleckigen Poster an der Wand hockte eine Runde von Collies und Bernhardinern bei einer ziemlich spannend aussehenden Partie Poker zusammen. Ich stellte mich in eine Ecke, die Bierflasche wie eine Laterna magica in der Hand.

Das Licht aus der Musikbox warf ein flüssiges Pink auf mein Gesicht. Ich beugte mich darüber und suchte nach Platten, die mir gefielen. Seit ich ein kleiner Junge gewesen war, hatte meine Mom sich eine Jukebox gewünscht. Jedesmal, wenn ein Quizmaster als Hauptgewinn eine Jukebox enthüllte, zeigte sie auf den Fernseher. »Wenn wir im Lotto gewinnen, kaufen wir uns auch so ein Ding und tanzen durchs ganze Haus.«

Das erste, woran ich mich überhaupt erinnern konnte, war ein Tanz mit Mom. Ich muß damals drei oder vier gewesen sein. Wir waren in der Küche, im Radio lief laute Musik. Sie nahm meine Hände, hob mich hoch und stellte meine nackten Füßchen auf ihre großen Füße, die in Sandalen steckten. Sie führte mich, während wir uns durch das Zimmer drehten, sie hielt mich die ganze Zeit fest und bewegte sich mit mir. An diesem Abend im Rudy's konnte ich immer noch ihren Rhythmus spüren und ihr Parfüm riechen. Mom, die immer tanzte, wenn sie getrunken hatte. Mom, die im Wohnzimmer eine Jukebox aufstellen wollte. Ich überlegte, ob es wohl schwierig wäre, einfach den Stecker rauszuziehen und die Musikbox zur Kneipentür hinauszuschleppen.

Ich sah mir noch einmal die Gäste an. Einige Gesichter kannte ich. Am Ende der Theke stand der Typ, mit dem ich in der vergangenen Woche geschlafen hatte. Robin. Er hatte sich inzwischen ein Ziegenbärtchen rasiert. Er trug das gleiche Flanellhemd mit dem zerrissenen Ärmel und die gleichen, viel zu engen Wranglers wie beim letzten Mal.

Robin unterhielt sich mit einem Mann, der sein Bruder hätte sein können. An der vertrauten Art, wie sie sich ansahen, und an der Stellung ihrer Barhocker erkannte ich, daß sie nur Freunde waren und keine Bettgenossen – jedenfalls heute abend nicht. Der zweite Typ sah nicht übel aus. Ich hatte das Gefühl, ihn aus dem Sun Center zu kennen. Nachdem er gemerkt hatte, daß ich ihn anstarrte, warf er Robin einen Blick zu. Seine Lippen formten die Frage: »Kennst du den?« Nun blickten beide zu mir herüber. Robin nickte. Als ich durch die Sägespäne auf sie zuglitt, bekam die ganze Meute Stielaugen.

»Robin«, sagte ich. Seinen Freund begrüßte ich mit einem Kopfnicken. »Und wen haben wir da? Bruder Tuck?« Es war ein blöder Witz, aber ich wußte, daß sie drauf abfahren würden.

Volltreffer. Sie lachten und warfen die Köpfe in den Nacken.
»Wie du meinst«, sagte der Fremde. »Du kannst mich ruhig so nennen.«

»Wir berauben die Reichen und bestehlen die Armen«, sagte Robin. Er schien sich darüber zu amüsieren, wie Bruder Tuck mich mit den Augen verschlang. »Was bist du, ein Reicher oder ein Armer?«

Ich erinnerte mich an die Geschichten von Robin Hood, die Mom mir vor Ewigkeiten vor dem Einschlafen vorgelesen hatte. »Ein ganz Armer.«

»Dann werden wir dir wohl etwas geben müssen«, sagte Bruder Tuck. Wieder lachten sie. Ich mußte mich beherrschen, um nicht die Augen zu verdrehen.

Robin nahm eine Brezel aus dem Körbchen auf der Theke und brach sie in der Mitte durch. »Neil ist neu in der Stadt«, erklärte er Bruder Tuck. »Sein Dad ist Schauspieler in Hollywood, und seine Mom ist Stewardeß auf Interkontinentalflügen. Sie sind nur selten in Hutchinson.« Ich konnte mich kaum noch daran erinnern, daß ich ihm diese Lügen im Suff aufgetischt hatte.

»Schauspieler«, sagte Bruder Tuck. Er wandte sich mir zu. »In was für Filmen hat er mitgespielt? Meinst du, ich habe ihn schon mal gesehen?«

Darauf war ich nicht gefaßt gewesen. Aber lügen kann man am besten spontan, also legte ich los. »Sein neuester Film heißt *Blood Mania*, er läuft demnächst an. Die Handlung: Familie von Spinnern in einem unheimlichen, abgelegenen Farmhaus vergiftet sich mit verdorbenem Fleisch. Sie drehen völlig durch und fressen jeden, der in ihre Nähe kommt. Ende. Mom und ich fliegen nächsten Monat zur Premiere nach Paris.« Ich trank meine Flasche aus.

»Wahnsinn.« Bruder Tuck zwinkerte mir zu. »Hast du auch vor, zum Film zu gehen? Du hättest das Zeug dazu. Du siehst ein bißchen aus wie ... Na, wie heißt doch noch dieser schnuckelige Schauspieler?« Er nippte an seinem dickflüssigen, schokoladenbraunen Drink, in dem zwei Halbmonde aus Eis wie Glöckchen klirrten. Mom trank manchmal etwas Ähnliches, allerdings dekorierte sie ihr Glas mit einem Schirmchen, das sie als Andenken an ein Rendezvous mit einem Typen aufbewahrte, dessen Namen ich vergessen hatte.

Aus der Musikbox quäkte ein uralter Country-und-Western-Song. Das gleiche Lied war einmal nach einem Spiel der Panther gelaufen, als die Moms und Dads auf dem Parkplatz mit Grillwürsten und gekühltem Bier unseren Sieg feierten. Der Bürgersteig unter den brummenden Flutlichtmasten wurde zur Tanzfläche. Meine Mannschaftskameraden und ich sahen verdutzt zu, wie die Eltern Squaredance tanzten und mitsangen. Ich weiß noch, daß ich zum Trainer lief. »Ich muß hier weg«, sagte ich. »Sofort.« Er brachte mich nach Hause, nicht zu mir, sondern zu sich.

Robin summte den Refrain falsch mit. »Seit wir uns das letzte Mal gesehen haben, geht es bei mir beruflich ganz schön hektisch zu«, sagte er. Ich wußte kaum noch, was er mir über sein Leben erzählt hatte. Nur an ein Studioappartement im Süden der Stadt mit holzvertäfelten braunen Wänden konnte ich mich dunkel erinnern. An dem Abend mußte ich ziemlich hinüber gewesen sein.

Ich stellte meine leere Flasche zwischen ihren Ellbogen auf die Theke. »Noch eins?« fragte Bruder Tuck und zückte auch schon die Brieftasche, wie ich es von Männern in seinem Alter gewöhnt war.

Nach dem dritten Bier hatte ich so vieles über Robin aufgeschnappt, daß mir einiges wieder einfiel. Er war Rechtsanwalt, besaß einen Pudel, der Ralph hieß, und hatte an dem Abend, als wir miteinander ins Bett gestiegen waren, seinen neununddreißigsten Geburtstag gefeiert. Bruder Tuck war sein »Geschäftsfreund«. Er kam aus Wichita und blieb über Nacht in der Stadt. »Ihr zwei solltet euch ein bißchen besser kennenlernen«, sagte Robin und ließ den Blick zwischen uns hin- und herwandern. Seine direkte Art gefiel mir.

Allmählich zeigte das LSD Wirkung. Ich machte eine Faust und krallte mir die Finger in die Hand. Das dumpfe, schwere Pochen in meinem Handteller trommelte gegen den schwächeren Puls in meinen Fingerspitzen an, das Blut strudelte in meinem Fleisch. Meine Haut fühlte sich elastisch an. Ich hatte nur noch den einen

Wunsch, einen anderen Menschen zu spüren, das Pulsieren von Haut an Haut, das Federn und die Reibung. Ich legte Bruder Tuck die offene Hand auf die Backe. Er lächelte. Seine Muskeln spannten sich, und ich fühlte die Linie seines Zahnfleischs, die Erhebungen der einzelnen Zähne.

»Ich muß mal eben pinkeln gehen«, sagte er. Aber es war eine verschlüsselte Botschaft, die etwas völlig anderes bedeutete.

Während Bruder Tuck zur Toilette stapfte, drehte er sich ein-, zweimal halb zu uns um. »Er will dich«, hörte ich Robin flüstern, aber seine Stimme klang wie aus großer Tiefe, wie aus einer geheimen Höhle unter dem Kneipenfußboden. »Nimm ihn dir«, sagte die Stimme. Bruder Tuck blieb kurz stehen, bevor er die Toilettentür öffnete. Ich folgte ihm.

In die Mitte der Tür war ein Bulle mit einem Nasenring gemalt. Kaum hatte ich hinter uns abgeschlossen, sickerten die letzten LSD-Reste in mich hinein. Mein Körper fühlte sich zerbrechlich und schimmernd an, wie eine Porzellanfigur auf einem Regal. »He«, sagte ich mit einem Lächeln. Tuck sagte ebenfalls »he« und lächelte. Dann wiederholte ich es noch einmal, weil es das Blödeste war, was ich von mir geben konnte, und weil ich genau wußte, daß es ihm gefallen würde. Diesmal strich ich ihm dabei über die Haare. »Heee.« Das Wort hing im Raum, aber eigentlich klang es gar nicht nach mir. Es klang, als hätte es der Wind hereingeweht.

Der Wasserhahn tropfte. Im saphirblau schimmernden Wasser der Toilettenschüssel schwebte ein Knäuel Klopapier, blütenweiß wie eine Lilie. An der Decke war ein grauer Fleck, der wie eine Krone aussah.

Mein Unterarm streifte seinen. Hunderte von Härchen kribbelten auf meiner Haut, wie Insektenbeine. »Mein kleiner Schauspieler«, sagte er. Das war's. Ich drückte ihn gegen die Wand und klatschte ihm eine Hand auf den Hintern. Dann stellte ich mich auf die Zehenspitzen und schob ihm mein Kinn in den Mund.

Er hob die Arme über den Kopf und legte die Handgelenke übereinander. Ich bestimmte, was gespielt wurde. Ich hielt seine Hände fest und rammte ihn gegen die kalten Fliesen, als ob die Wand eine

Barriere wäre, die ich mit seinem Körper eindrücken müßte. Er küßte mich aufs Ohr, das noch weh tat, wo Eric mir das Loch gestochen hatte. Ich zuckte zurück. Er wehrte sich ein wenig, und ich drückte fester zu, bis er sich nicht mehr bewegen konnte. »Du bist ein starker Junge«, sagte er. »Du bist bestimmt auch ein harter Junge.« Ich nickte, aber ich dachte *Scheiße*. Er sagte genau das Richtige, aber er sagte es falsch, seine Stimme war zu hoch, zu blechern. Ich mußte daran denken, wie Christopher Ortega mal einen Typen beschrieben hatte, den er gevögelt hatte: *Sieht aus wie Tarzan, klingt wie Jane*. Bruder Tuck wollte noch etwas sagen. Ich stieß ihm meine Zunge zwischen die Zähne, schob sie ihm so tief wie möglich in den Mund, um ihn zum Schweigen zu bringen.

Mit der freien Hand riß ich an seinem Hemd. Es war, als bewegte ich mich im Zeitraffer und er sich in Zeitlupe. Die elfenbeinfarbenen Knöpfe sprangen auf, und ich konnte seine Brust sehen. Er hatte eine Tätowierung, einen durch die Wellen gleitenden Wal, dem eine Wasserfontäne aus dem Kopf schoß. Ich bückte mich und biß hinein. Er gab einen Laut von sich, der wie »ja« klang. Er drehte sich, bis er mit der Brustwarze meinen Mund fand. Ich nahm sie zwischen die Zähne und nagte an dem zähen Knorpel.

Ich hatte keinen Ständer – typisch, wenn ich auf einem Trip bin –, und ich schüttelte sein Bein ab, als er es an meinem Oberschenkel hochschieben wollte. Eigentlich war es gar kein Sex, sondern nur eine Erfahrung. Doch genau das war es, was ich wollte, den harten Kontakt, zwei Körper, die mit Wucht aufeinanderprallten, die blauen Flecken am Tag danach als Beweis für das, was vorgefallen war. Außerdem reizte es mich, ihn glücklich zu machen. Er sollte seinen Freunden in Wichita davon erzählen können. »Stellt euch vor, ich habe es mit einem Achtzehnjährigen getrieben.«

Ich ließ von seiner Brustwarze ab und nahm mir wieder seinen Mund vor. Ich lutschte an seiner Unterlippe, als müßte ich Gift heraussaugen. Dieses Kunststück beherrschte ich besonders gut, ich hatte es schon vor langer Zeit gelernt. Bruder Tuck wollte etwas sagen, aber weil er seine Lippe nicht gebrauchen konnte, kam nur unverständliches Zeug heraus.

Innerhalb von zehn Minuten hatte ich ihn völlig in meiner Gewalt. Ich konnte ihn nehmen, als wäre ich ein Vampir. Immer wieder schossen mir die Worte »auf Gnade und Ungnade ausgeliefert« durch den Kopf, und ich wollte etwas tun, was keiner von uns je vergessen würde, ihm meine Initialen in die Schulter kratzen, ihm ohne Kondom den Schwanz in den Arsch rammen, ihm ein Ohrläppchen abbeißen. Er wußte nichts von mir, nur meinen Vornamen, mickrige vier Buchstaben, die genausogut erfunden sein konnten. Er wußte keine einzige Wahrheit über mich. Er kannte nicht einmal mein Gesicht, das morgen, im Licht des Alltags, nicht mehr dasselbe sein würde.

Ich zog die Zunge aus seinem Mund und legte den Kopf an seine Schulter. In dem Augenblick sah ich mich selbst, einen Schimmer brauner Haut im Toilettenspiegel. Er versperrte mir den Blick auf meinen Körper, aber mein Kopf hing wie eine große Trophäe über seinem Rücken. Plötzlich merkte ich, daß er nackt war, obwohl ich mich nicht erinnern konnte, ihn ausgezogen zu haben. Aus irgendeinem Grund fand ich das zum Schießen komisch. Ich lächelte mir zu. Mein Spiegelbild schien sich nicht im mindesten zu amüsieren. Es muß am LSD gelegen haben.

Als ich die Toilette verließ, zeigte die Digitaluhr hinter der Theke neun Uhr dreißig an. Mein Ohr war naß von Bruder Tucks Küssen, es fühlte sich wie eine gedünstete Muschel an. Ich hörte, wie er sich hinter mir räusperte und den Reißverschluß seiner Jeans hochzog. Ich knallte die Tür zu. Zwei Männer standen wartend davor. Einer von ihnen applaudierte, als ich vorbeiging. Ich blieb nicht mehr stehen, um Bruder Tuck, wie es üblich gewesen wäre, noch einmal die Hand zu schütteln oder mir seine Telefonnummer geben zu lassen. »Wow«, hörte ich Robin sagen. Die Perspektiven der Bar waren völlig verschoben. Ich stapfte durch die Sägespäne und marschierte zur Tür hinaus.

Das habe ich bloß aus Langeweile gemacht, dachte ich. *In New York wird alles besser.* Ich bretterte mit fünfzig Meilen in der Stunde die Main Street runter. Jenseits der Windschutzscheibe sah alles wie in einem Kaleidoskop aus, die Laternen rutschten zu weißen Bändern ineinander.

Unterwegs hielt ich bei Quik-Trip an, um fünf Gallonen zu tanken. Dann tat ich so, als ob ich noch etwas einkaufen wollte, und klaute dem Mann an der Kasse zwei Schachteln Hot Tamales unter der Nase weg. Selbst das war nicht mehr so aufregend wie früher.

Der Impala sprang stotternd an. Ich riß eine Schachtel auf, stopfte mir eine Handvoll Tamales in den Mund und schaltete den Kassettenrecorder aus, um das Knattern des Motors besser hören zu können. Normalerweise hingen immer irgendwelche Typen in der Main Street rum, zumindest ein paar besoffene Kids auf dem Parkplatz vor dem Burger Chef. Aber die Straße war wie ausgestorben.

Im Carey Park war ebenfalls nichts los. »Kein Glück heute nacht.« Es war mir egal. Seit ich Rudy's entdeckt hatte, gehörte die Anschaffe im Park der Vergangenheit an. Die Anlage kam mir wie eine Kirmes vor, an die ich nur noch schattenhafte Erinnerungen hatte. Der Wagen rollte an einem Schild vorbei, auf dem Hutchinson mit seiner Geschichte angab. Es war immer noch mit den Anarcho- und No-Future-Sprüchen beschmiert, die Wendy und ich vor Ewigkeiten darauf gesprüht hatten.

Der Mond sah wie ein abgeschnittener Fingernagel aus. Meine Scheinwerfer huschten über skelettartige Eichen und schnitten Bögen in die feuchte, honigsüße Nacht. Ich lenkte den Impala auf einen Kiesweg, der zum Spielplatz führte, und schaltete das Fernlicht an. Es fiel auf ein paar Schaukeln, zwei Rutschen, ein wackeliges Karussel. Einen Augenblick lang hatte ich Angst, das LSD würde mir die Phantome ermordeter Kinder vorgaukeln. Ich stieg aus, um auf andere Gedanken zu kommen. Das Licht fiel auf den Rand eines kleinen Klettergerüsts. Kaum zu glauben, daß ich irgendwann einmal zwischen den silbernen Quadraten hindurchgepaßt haben sollte.

Im Scheinwerferlicht des Impala wanderte ich zu den Toiletten. Die Tür war unversperrt, und zu meiner Überraschung waren die Glühbirnen nicht von Vandalen zerschlagen worden. Ich zog an der Lichtschalterschnur. *Klick-klick.* Die Wände waren erst kürzlich orange gestrichen worden, aber mit zusammengekniffenen Augen konnte ich immer noch erkennen, was ich vor vielen Monaten geschrieben hatte. Über meine Reklame hatte ich doch tatsächlich MIT LUST UND LAUNE gekrakelt.

Zurück zum Wagen. Ich steckte den Kopf in mein T-Shirt und roch eine säuerliche Mischung aus Atem, Schweiß und Sperma. Als ich aus dem Park kam, hatte ich es so eilig, nach Hause zu kommen und mich in das heißeste Bad der Welt zu legen, daß ich über eine rote Ampel fuhr.

Unterwegs fiel mir ein, daß Mom donnerstags Frühschicht hatte. Ich konnte sie direkt vor mir sehen. Wenn ich abends spät nach Hause kam, lag sie oft auf dem Sofa und schlief, die eine Hand hing bis auf den Teppich hinunter, der Mund stand halb offen, die Augen zuckten hinter den Lidern, während sie träumte.

Weil ich sie nicht aufwecken wollte, fuhr ich zu Eric. Mir tat der Mund weh, die weichen Stellen pochten, als ob mir jemand die Haut Schicht um Schicht mit einer Pinzette abgezogen hätte. »*Blood Mania* gewinnt die Goldene Palme in Cannes«, knurrte ich. »Den Preis für den besten männlichen Hauptdarsteller widmet Richard McCormick seinem einzigen Sohn Neil, der eines Tages in seine Fußstapfen treten und ihn vermutlich noch übertrumpfen wird.«

Irgendwo jaulte ein Hund. Ich hielt in der Wohnwagenanlage an. Eric war zu Hause, denn der Gremlin stand da. An dem eingedrückten Kotflügel sah man ihm seinen »kleinen Unfall« noch an. Ich schloß die Augen und versuchte mir vorzustellen, wie es wohl im Wohnwagen aussah. Oma und Opa lagen unter der Patchworkdecke in ihrem Messingbett, ihre Gebisse und Brillen neben sich auf den Nachttischen. Im Zimmer gegenüber schlief Eric auf der einen Seite seines Futons. Wie immer machte er ein trauriges Gesicht. Von den Postern an den Wänden starrten seine Helden auf ihn hinunter.

Ich fuhr weiter zu Wendy. Die Klimaanlage brummte, der Rasensprenger lief. In dem Haus waren nur Wendys kleiner Bruder Kurt, ihre Mom und ihr Dad. Seit sie vor einem Jahr weggezogen war, hatte ich keinen Fuß mehr hineingesetzt. Bestimmt war ihr Zimmer leer, auf dem Teppich noch die Brandflecken von den Kerzen, die wir umgestoßen hatten, wenn ich bei ihr übernachten durfte, an den Wänden die Spuren der vielen Heftzwecken, mit denen wir die Poster unserer Lieblingsbands aufgehängt hatten. Vor Jahren hatten wir auf der Tapete mit dem lila Irismuster unsere Initialen hinterlassen. In eine Ecke, ganz dicht über dem Boden, hatten wir mit der Spitze eines rostigen Messers WJP und NSM ins Papier gekratzt. Wir wechselten uns ab dabei, ich schrieb Wendys Buchstaben, und Wendy schrieb meine. Am liebsten wäre ich bei den Petersons eingebrochen, um mich in ihr Zimmer zu schleichen und nachzusehen, ob die Initialen noch da waren.

Ich dachte über die drei Häuser nach, die drei verschiedenen Welten, in denen ich gelebt hatte. Der Rasensprenger beschrieb einen Halbkreis und erreichte mit seinen Tropfen den Kühler des Impala. Dabei knirschte es leise, wie von Zwergenhänden, die von unten in den Wagen zu kommen versuchten. Das Geräusch wirkte seltsam tröstlich auf mich. Irgendwann vereinigten sich meine Gedanken an Eric, Wendy und Mom zu einem einzigen, der mich zu einem anderen Haus, zu einem anderen Menschen führte. Die Wirkung des LSD ließ nach. Ich konnte mich nicht daran erinnern, den Impala angelassen zu haben oder in Richtung der Main Street zurückgefahren zu sein. Aber als ich wieder klar denken konnte, stand ich mit laufendem Motor vor dem Haus, in dem der Trainer früher gewohnt hatte.

Ich saß da und starrte auf die Tür und die Fenster mit den geschlossenen Läden. Es hätte mich kaum überrascht, wenn der Trainer herausgelaufen wäre, die Arme weit ausgebreitet, als wären sie einzig und allein dazu gemacht, mich zu umschließen. *Mein Neil*, würde er sagen. Dabei war er schon vor Jahren aus Hutchinson weggezogen. Das Haus war in der Zwischenzeit frisch gestrichen worden. Außerdem hatte es eine neue Garage und ein neues Dach bekommen.

Trotzdem konnte ich ihn dort noch riechen und ihn atmen hören. *Hier hat alles angefangen*, dachte ich.

Plötzlich kam lautes Geschrei aus dem Haus, ein Baby weinte. In einem der Fenster wurde es hell. Dann ging das Licht wieder aus und in einem anderen Zimmer an.

Während ich zu dem Fenster hinaufsah, wurde mir klar, daß die Geräusche aus dem ehemaligen Schlafzimmer des Trainers kamen. Ich stellte mir vor, wie eine junge Mutter im Spitzennachthemd ihr kleines Kind in dem gleichen perfekten Weltquadrat tröstete, wo der Coach mit mir im Bett gelegen hatte. Stundenlang hatte er mich im Arm gehalten, meinen Kopf auf seiner breiten Brust, während ich auf seinen Herzschlag lauschte.

Nach einiger Zeit hörte das Geschrei auf. Vielleicht sprach die Mutter mit ihrem Baby. Vielleicht sang sie ihm etwas vor, ein geheimes, friedvolles Schlaflied. Ich schloß die Augen, umklammerte das Lenkrad, legte die Stirn darauf und lauschte.

11

Brian Lackey

An dem Abend, für den wir Avalyn eingeladen hatten, half ich meiner Mutter, mein Lieblingsessen zu kochen: Caesar-Salat, Spargel und Schweinekoteletts in einem Ring aus gratinierten Kartoffeln. Ich riskierte einen Blick in den Backofen. »Du ruinierst das Essen«, sagte meine Mutter. Auf ihrer Schürze wollte ein großer Fisch einen kleinen fressen, der wiederum einen noch kleineren verschlucken wollte. Sie hatte die Schürze nicht mehr getragen, seit mein Vater weg war.

Ich ging nach oben, um in meinem Zimmer auf Avalyn zu warten. Unter dem Bett hervor starrten mich die Augen des Achtjährigen, der ich einmal gewesen war, von dem Mannschaftsfoto aus der Handelskammer an. Nur Avalyn wußte, daß ich es gestohlen hatte. Meine Mutter lebte für mich inzwischen in einer völlig anderen Welt, die nichts mit Avalyn und mir zu tun hatte, jenseits der Grenzen unserer Erfahrungen als Ufo-Entführungsopfer.

Es war Anfang August, und mein Traumtagebuch war fast voll. Im Schlaf erschienen mir immer noch Außerirdische, und ich versuchte, nicht mehr an die Zweifel zu denken, die mir in der Nacht gekommen waren, als ich Avalyns verstümmeltes Kalb gesehen hatte. Ich hielt an meiner Überzeugung fest, daß die Träume Spuren waren, Hinweise auf eine verschüttete Vergangenheit, die sich mir allmählich enthüllte. Es war, als ob sich mein Gedächtnis aus kleinen Kammern zusammensetzte, als ob ich vor der Tür eines seit Jahren verschlossenen Raums stünde, den glitzernden Schlüssel in der Hand.

Nachdem es mir langweilig geworden war, in den geliehenen Broschüren zu blättern, beschäftigte ich mich mit dem Jungen auf dem Foto, der fast am Ende der oberen Reihe stand. Ich war überzeugt davon, daß ich die Lösung des Rätsels am leichtesten über ihn finden konnte. Er würde in meinen Träumen wieder auftauchen, mir seinen Namen und seine Adresse sagen und mir erzählen, welche Erinnerungen er an unsere gemeinsame Entführung hatte und ob ihm seitdem etwas Ähnliches noch einmal passiert war. Ich brauchte ihn.

Der Trainer machte mir immer noch zu schaffen: seine eckigen Schultern, der breite rotblonde Schnurrbart, der stechende Kojotenblick, mit dem er aus dem Bild starrte, als ob er schon damals gewußt hätte, daß er mir eines Tages in die Augen sehen würde, irgendwann in ferner Zukunft. Jedesmal, wenn ich mir das Bild ansah, verdeckte ich den Trainer mit der Hand. Warum ich so empfindlich auf ihn reagierte, war mir ein Rätsel. Aber vielleicht hatte ja mein Mannschaftskamerad auch dafür eine Erklärung, wenn ich ihn denn irgendwann ausfindig gemacht hatte.

»Komm wieder runter«, rief meine Mutter vom Fuß der Treppe. Sie wollte bestimmt nicht über Ufos reden, sondern über Themen wie »Studium« und »Karriere«. Aber damit konnte sie mir gestohlen bleiben. Ich vergewisserte mich, daß meine Tür abgeschlossen war, und tat so, als ob ich sie bei dem Gedröhn der Synthesizer und Drumcomputer nicht hören könnte. Nach einer Weile gab sie auf.

Avalyn kam zehn Minuten zu früh. Als ihr Wagen in die Einfahrt rollte, sprang ich mit großen Sätzen die Treppe hinunter. Sechs gelbe Nelken in der Hand, stand sie vor der Tür. Sie trug ein Kleid, silberne Armreifen klimperten an ihren Handgelenken, und sie hatte sich geschminkt. Ihre Haare waren nicht wie sonst zum Knoten geschlungen, sondern zu einem langen Pferdeschwanz gebunden. Ich bat sie herein und wollte ihr die Hand schütteln. Doch sie nahm mich einfach in den Arm.

»Avalyn«, sagte ich. »Darf ich dir meine Mutter vorstellen?« Im ersten Augenblick dachte ich, sie wollte meine Mutter ebenfalls umarmen. Aber sie gab ihr nur die Nelken. Meine Mutter nahm den Strauß mit einem Gesicht in Empfang, als ob man ihr ein zappelndes Kind in den Arm gedrückt hätte.

Avalyn war der erste Gast, den ich jemals zum Abendessen eingeladen hatte, und ich fand, es gehörte sich, sie erst einmal durchs Haus zu führen. Sie bewunderte die Topfpflanzen meiner Mutter, streichelte einzelne Blätter und ging so behutsam mit ihnen um wie eine Krankenschwester mit einem Verbrennungsopfer. »Dieses Schätzchen hier hat ein bißchen zuviel Wasser bekommen«, sagte sie. Sie zog eine gezupfte Augenbraue hoch, als sie den Stapel mit den Waffenmagazinen und den Mitgliederzeitschriften der Waffenbesitzervereinigung auf dem Sofa liegen sah.

Avalyn ging mit mir in die Küche und setzte sich an den Tisch. Nachdem ich die Nelken in ein Mayonnaiseglas mit Wasser gestellt hatte, nahm ich neben ihr Platz. Mein Knie berührte ihr Bein. Ich mußte an ihre Narbe denken und daran, wie sie mich in der Nacht auf dem Feld getröstet hatte.

»Brian hat mir erzählt, daß Sie auch ein Fan der Cosmosphere sind«, sagte meine Mutter zu Avalyn. »Ich glaube, er hat sich seit der Eröffnung noch keine einzige Vorführung entgehen lassen.«

»Ich auch nicht«, sagte Avalyn. »Wir haben erst vor ein paar Tagen am Telefon darüber gesprochen. Es ist ein Wunder, daß wir uns da noch nie über den Weg gelaufen sind.« Sie faltete die Serviette auseinander, die ich ihr ordentlich neben den Teller gelegt hatte. »Am besten hat mir der Film über ungewöhnliche Wetterphänomene gefallen. Die Filme über Vulkane und Achterbahnen waren auch gut. Aber der über die Geschichte der amerikanischen Eisenbahn war langweilig.« Während meine Mutter das Essen auftrug, erzählte Avalyn uns, daß an diesem Abend ein Film über die Geschichte der Luftfahrt gezeigt wurde. »Das wäre bestimmt etwas für Brian und mich.«

Wir fingen an zu essen. Die Unterhaltung kam nur schwer in Gang. Meine Mutter schien Avalyn auf die Probe stellen zu wollen. Es gefiel mir gar nicht, wie sie bohrte und bohrte, um ihr auf die Schliche zu kommen. »Ich würde gern mehr über Hypnose erfahren«, sagte sie, »da Brian sich doch so sehr dafür interessiert.«

Avalyn erzählte ihr die Geschichte, die ich schon kannte. Meine Mutter hatte nicht viel zu dem Beitrag in *Geheimnisvolle Welt* gesagt. Doch nun, an unserem Eßtisch, der realen Avalyn gegenüber, spielte sie plötzlich die harte Skeptikerin. Einmal schnalzte sie zwischendurch sogar mißbilligend mit der Zunge.

»Nun würde ich Sie gern etwas fragen«, sagte Avalyn. »Wie Brian mir erzählt hat, waren Sie dabei, als er sein erstes Ufo gesehen hat, jedenfalls das erste, an das er sich erinnern kann. Nun kommt es durchaus oft vor, daß jemand, der ein Ufo gesehen hat, irgendwann ein zweites sieht.« Mit einer flatternden Handbewegung deutete sie die Flüchtigkeit von Erinnerungen an. »Können Sie vor Ihrem geistigen Auge noch andere Ufo-Begegnungen sehen?«

»Nein«, sagte meine Mutter. »Ich kann mich kaum noch an das Ufo erinnern, von dem Brian Ihnen erzählt hat.« Sie drückte ihr Messer in das letzte Stück Kotelett auf ihrem Teller. »Aber ich würde zu gern wissen, was hinter den verlorenen Stunden steckt, über die er sich so den Kopf zerbricht.«

»Also, ich bin überzeugt, daß er mit seinen Vermutungen recht hat«, sagte Avalyn. »Für mich ist das gar keine Frage. Ihm muß etwas zugestoßen sein.« Meine Mutter musterte Avalyn mit dem gleichen Blick, mit dem sie sonst bei ihren Schießübungen die 7-Up-Flaschen anvisierte.

»Überhaupt keine Frage«, sagte Avalyn.

Meine Mutter umklammerte das Lenkrad, den Blick starr auf die Straße gerichtet. Avalyn räkelte sich auf dem Beifahrersitz, als wäre es der bequemste Sessel der Welt. Wenn ich mich von der Rückbank nach vorn beugte, konnte ich die aufgeladene Stimmung zwischen ihnen spüren. Als sich Hutchinson vor uns am Himmel abzeichnete, zeigte Avalyn auf eine weiß verputzte Konstruktion in der Ferne. »Das berühmte, eine Meile lange Getreideförderband«, sagte sie.

Bäume und Häuserreihen waren ins Licht der Abenddämmerung getaucht, als wir unser Ziel erreichten. Die Luft roch nach Geißblatt und Teer. Das Cosmosphere-Gebäude, ein riesiges, schokoladenbraunes Achteck, lag ganz in der Nähe des Community College. Ich sah mir die Umgebung an. In letzter Zeit rief der vertraute Anblick der Gebäude, Gehsteige und Rasenflächen, die zum

College gehörten, ein wachsendes Gefühl der Beklemmung in mir wach. Es stand so gut wie fest, daß ich dort die nächsten beiden Jahre meines Lebens verbringen würde, obwohl ich noch nicht einmal genau wußte, was ich überhaupt studieren wollte.

An allen Laternenmasten auf dem Parkplatz klebten gelbe Zettel. Während wir zur Cosmosphere hinübergingen, sah ich mir einen näher an. Ein kleines Mädchen mit Zöpfen war darauf abgebildet, das Abigail Hofmeier hieß. Sie wurde seit dem 21. Juli vermißt. BITTE HELFEN SIE UNS, UNSER KIND ZU FINDEN, hatten ihre Eltern unter das Foto geschrieben. Meine Mutter, die mir über die Schulter blickte, sagte: »Das zerreißt einem das Herz.«

Wir gingen zu dritt durch die Glastür. Leute, die wie Touristen aussahen, schlenderten durch die Eingangshalle und den angrenzenden Museumsshop. Da wir bis zur nächsten Vorführung noch fünfzehn Minuten Zeit hatten, stöberten Avalyn und ich noch ein bißchen zwischen den Artikeln herum, die wir bestimmt schon hundertmal gesehen hatten. Meine Mutter setzte sich so lange auf eine Bank.

An den Wänden des Ladens hingen Poster von Planeten, astrologische Tabellen und Informationen über US-Astronauten. Raketenmodelle und Drachen drehten sich an der Decke entgegen dem Uhrzeigersinn im Kreis. Kompasse, Schlüsselanhänger und Bleistifte, Miniroboter und Wasserpistolen, die wie Laserkanonen aussahen, stapelten sich in den Regalen. In einer Kiste lag dehydrierte Weltraumnahrung in praktischen Klötzen, die an Backsteine erinnerten. EIER MIT SPECK – IDENTISCH MIT DEM FRÜHSTÜCK, DAS ASTRONAUT ALAN SHEPARD IM ALL ZU SICH GENOMMEN HAT, stand in glitzernden Buchstaben auf einer Verpackung. Nachdem Avalyn sich einen dehydrierten Hackbraten angesehen hatte, kniete sie sich vor das Regal mit den Modellbaukästen. Darunter war auch ein Bausatz für ein unbekanntes Flugobjekt, der für Kinder von acht bis achtzehn gedacht war. »Die haben doch überhaupt keine Ahnung, was für eine ernste Sache das ist«, sagte sie.

Als wir in die Eingangshalle zurückkamen, wurden die Besucher bereits von einem Mann in einem braunen Kittel in den Saal gelassen. »Am besten suchen wir uns langsam auch einen Platz«, sagte meine Mutter. Wir kauften die Eintrittskarten und gingen nacheinander durch den langen Gang, der in den Kuppelsaal der Cosmosphere führte. Die Decke war nackt und weiß. Es roch nach Kunststoff und fast zuckersüß, wie in dem blauen Raum aus meinem Traum.

Nach wenigen Minuten hatte sich der Saal gefüllt. Links neben Avalyn saß ein etwas älteres Ehepaar mit identischen Zottelfrisuren. Die Frau blickte so benebelt vor sich hin, als hätte sie eben erst mit ansehen müssen, wie ihr Haus bis auf die Grundmauern abbrannte. Wie alle anderen Besucher, sah auch sie an die Decke und wartete darauf, daß die Vorführung begann.

Es wurde dunkel, und elektronische Musik erklang, ein ähnliches Stück wie das, was wir unterwegs im Auto gehört hatten. Die weiße Kuppel verwandelte sich in eine Abbildung des Nachthimmels. Aus dem Augenwinkel beobachtete ich, wie das Paar neben uns auf den Sitzen herumrutschte. Von ihren identischen Digitaluhren ging eine identische grüne Aura aus. Nach und nach leuchteten am »Himmel« über uns funkelnde Lichtpünktchen auf. Die Himmelssimulation am Anfang der Vorführung gefiel mir an den Besuchen in der Cosmosphere immer am besten – sie erinnerte mich an früher, an die Zeit, als ich noch aufs Dach geklettert war und darauf gewartet hatte, daß am Nachthimmel die Sterne aufgingen, mit denen ich so vertraut war, daß man fast von Besessenheit reden konnte. Anscheinend spürte Avalyn, wie aufgeregt ich war, denn sie flüsterte mir die verschiedenen Sternbilder ins Ohr. »Kassiopeia«, sagte sie. »Der Große Bär und daneben der Löwe.«

Die stimmungsvolle Musik verhallte, und die Vorführung fing an. Die geschlechtslose Sprecherstimme klang wie die eines begeisterten Quizmasters. »Herzlich willkommen zu unserem Film *Das grenzenlose Blau: Die Geschichte der amerikanischen Luftfahrt*«, sagte er oder sie.

Der Film war nichts Besonderes. Er zeichnete die Entwicklung der Luft- und Raumfahrt von den Erfindungen der Gebrüder Wright bis in die heutige Zeit nach. Außerirdische Lebensformen kamen überhaupt nicht vor. Irgendwann ergriff meine Mutter meine rechte Hand. Bald darauf tastete Avalyn nach meiner linken. Ob sie wohl ahnten, wer meine jeweils andere Hand hielt? Nach einer Weile tat ich so, als säße ich unbequem, zappelte ein bißchen herum und faltete die Hände im Schoß.

Auf der Rückfahrt sahen wir mehrere Feuer am Horizont. Die Farmer brannten die abgeernteten Maisfelder ab. Durch das orangefarbene Leuchten am Himmelsrand schien es so, als würde die Welt jeden Augenblick aufreißen, und ich sah so lange hin, bis das Feuer zu einem fernen Funken verglüht war. Als wir in Little River ankamen, war mir die Müdigkeit in die Glieder gekrochen. Avalyn half mir aus dem Toyota und warf einen Blick auf ihren Pick-up. »Fahr noch nicht«, sagte ich. »Die Hausführung ist noch nicht beendet. Ich muß dir unbedingt noch zwei wichtige Sachen zeigen.«

Meine Mutter schaltete den Fernseher an, räumte ihre Magazine weg und setzte sich aufs Sofa, um sich den Wetterbericht anzusehen. Ein Meteorologe zeichnete die gewundene Route eines tropischen Sturms über dem Atlantik nach. Meine Mutter kniff spitz die Lippen zusammen. Ich ging zur Kellertür, machte Licht und führte Avalyn die Treppe hinunter.

Unten stellte ich mich auf die Zehenspitzen und reckte mich, um die Tür zu dem Hohlraum unter der Veranda zu öffnen. Früher hatte ich dazu einen Stuhl gebraucht, jetzt war ich groß genug, um in die Öffnung hineingreifen zu können, genau wie Deborah damals, vor einem Jahrzehnt. »Da hat meine Schwester mich gefunden«, sagte ich zu Avalyn. Sie nickte, sie kannte die Geschichte bereits.

Ich sah in den Hohlraum hinein. Er schien sich in all den Jahren kaum verändert zu haben, nur der Staub lag ein bißchen höher. Dicht und schwer hingen die Spinnweben an den Betonwänden. *Hier habe ich mich damals verkrochen,* dachte ich. *In dieses Versteck habe ich mich vor ihnen geflüchtet.*

»Und jetzt nach oben«, sagte ich. »Du hast mein Zimmer noch nicht gesehen, in seiner ganzen Pracht.«

Meine Mutter würdigte uns keines Blickes. Wir stapften die Treppe hoch, und ich machte die Tür auf. Als Avalyn hineinging, mußte ich daran denken, was sie bei meinem ersten Besuch zu mir gesagt hatte: »Ich habe dir zu Ehren extra geputzt.« Das gleiche sagte ich nun auch zu ihr und zeigte dabei mit einer schwungvollen Geste auf die Bücher, Kassetten und Klamotten, die ich am Morgen provisorisch aufgeräumt hatte.

Avalyn stellte sich mitten ins Zimmer. Abgesehen von meiner Familie, war sie der erste Mensch, der mich jemals hier besucht hatte. Während sie sich mein Bücherregal vom ersten bis zum letzten Brett ansah, tippte sie mit einem »Hm« oder »Ah« auf den einen oder anderen Titel. Sie betastete die runden Verzierungen an meinem Bettpfosten und blickte zur Wand. »Den Film mochte ich nicht«, sagte sie und zeigte auf ein Poster von *Capricorn One*. »Und den habe ich noch nicht gesehen.« Damit meinte sie *Angry Red Planet*.

Wir setzten uns aufs Bett, ich an das eine, Avalyn an das andere Ende. »Deine Mutter hat nicht viel für mich übrig«, sagte sie. »Wir sind sehr verschieden. Sie denkt, ich will dich ihr wegnehmen, das sehe ich ihr an.«

»Das glaube ich nicht.« Ich lächelte gezwungen, als ob es keine große Rolle spielte.

»Als ich noch auf der High-School war, hatte ich einmal einen Freund«, fuhr Avalyn so unvermittelt fort, daß es mir ein wenig unheimlich war. »Damals war ich noch nicht so dick. Nach unserer zweiten Verabredung hat er mich zu spät zu Hause abgeliefert, und als ich aus dem Auto stieg, tauchte plötzlich mein Vater auf, packte den Jungen am Arm und sagte, wenn das noch einmal vorkäme, würde er ihm höchstpersönlich die Rübe wegpusten. Soviel zu meinem Liebesleben.«

Vom Bett aus konnte ich aus dem offenen Fenster schauen, an dem die Wespen aus dem Nest auf dem Dach gefährlich nah vorbeitrudelten. Am Fuß des Berges, in Little River, gingen in den Küchen, auf Veranden und in Hobbyräumen die Lichter an und aus. Das Flutlicht vom Baseballstadion warf einen hellen Schein über die ganze Stadt. Ich erinnerte mich an früher, als Deborah und ich zugesehen hatten, wie die Spieler von Base zu Base rannten, Flugbälle fingen oder auf die Homebase rutschten. Ob der Junge aus meiner Mannschaft wohl immer noch Baseball spielte? Ob er überhaupt noch in der Gegend wohnte, damit ich mich mit ihm in Verbindung setzen könnte?

Ich zog die gerahmte Fotografie unter dem Bett hervor. »Das wollte ich dir zeigen.« Avalyn sah sich die fünfzehn Spieler an und suchte nach mir. Als sie mich entdeckt hatte, tippte sie auf das Glas. »Ach, auf den brauchst du nicht zu achten«, sagte ich, nahm ihren Finger und führte ihn in die obere Reihe. »Das ist er, der Junge aus meinem Traum.«

Avalyn blickte von dem Jungen zu mir und wieder zurück. »Das ist er also. Doch, er könnte durchaus einer von uns sein.« Die Minuten vergingen ohne ein Wort, und ich war gespannt, was sie als nächstes sagen würde. Doch plötzlich hob Avalyn das Bild hoch und schlug es sich mit voller Wucht aufs Knie. Das Glas zersprang. Sie holte noch einmal aus, diesmal traf sie mit der Ecke des Rahmens genau die Stelle, wo sie die Narbe von der eingepflanzten Sonde hatte. Scherben regneten auf meine Matratze und rieselten zu Boden.

»Was ...?« begann ich. »Wieso?«

»Pst.« Ohne lange zu überlegen, wischte Avalyn das scharfe Glas mit der Hand weg. Sie nahm das Bild aus dem Rahmen, schüttelte die letzten Splitter und den Glasstaub herunter und hielt es sich vors Gesicht. »Ach, Brian«, sagte sie. »Es ist genau, wie ich dachte.«

Sie gab mir das Foto, mit der Rückseite nach oben. In blauer Tinte auf weißem Grund stand dort eine Namensliste:

(Oben, v. l. n. r.): C. Bailey, M. Wright, O. Schrag, M. Varney, D. Porter, J. Ensminger, G. Hodgson, N. McCormick, Trainer J. Heider.
(Unten, v. l. n. r.): V. Martin, J. Thieszen, B. Lackey, B. Connery, E. Ellison, T. Ellison, S. Berg.

Unsere Namen. Mein Name, »B. Lackey«. Und der Name des Jungen. »Ich glaub's nicht«, sagte ich. »Warum bin ich nicht selber darauf gekommen?« Die anderen Spieler waren mir egal; in Gedanken hatte ich dem Jungen am Ende der oberen Reihe blitzschnell den Namen »N. McCormick« zugeordnet. Ich sprach ihn ein-, zweimal laut aus. Das war der Name, den die Außerirdischen in ihren Geheimakten stehen hatten, gleich neben »B. Lackey«.

»Jetzt müssen wir ihn bloß noch finden«, sagte Avalyn, als könnte sie Gedanken lesen.

Sie griff in ihre Rocktasche. »Noch etwas, bevor ich es vergesse.« Sie legte mir etwas in die Hand. Es war das Fellknäuel aus der Nacht auf ihrer Farm, die roten, weißen und schwarzen Haare, die sie vom Stacheldraht gezupft hatte. »Das wollte ich dir schenken«, sagte sie. »Es ist ganz egal, ob das Fell von dem Kälbchen stammt oder nicht. Es beweist, daß es gelebt hat, daß es ein lebendes, atmendes Wesen war, bevor die Außerirdischen es erwischt haben.« Avalyn schloß meine Finger um das Fellknäuel und rückte näher an mich heran. »Wir brauchen immer Beweise. Als Erinnerung.«

Dann fing sie an, ihr Kleid aufzuknöpfen, einen Knopf nach dem anderen, bis zur Taille, bis das Oberteil aufsprang. Darunter trug sie ein dunkelgrau verwaschenes T-Shirt, das einmal schwarz gewesen war. Es hatte einen rissigen, halb abgeblätterten Bügelaufkleber von ihrer Lieblingsband auf der Brust, stark überzeichnete Gesichter mit Schmollmündern und gebleckten Zähnen.

»Kiss«, sagte ich. Ich hatte es noch nicht ganz ausgesprochen, da preßte sie sich an mich. Sie drückte mich nach hinten, bis mein Kopf verdreht auf dem Kissen lag. Sie murmelte etwas Ähnliches wie »Ich dachte schon, das würdest du nie sagen« und rammte mir ihren Mund ins Gesicht. Unsere Zähne stießen aneinander. Sie steckte mir die Zunge in den Mund, und irgendwie hatte ich das Gefühl, daß ich sie wiedererkannte, als ob sie schon einmal in meinem Mund gewesen wäre, vor langer Zeit. Aber ich wußte nicht, wie man zurückküßt. Ich hielt möglichst still und wartete darauf, daß sie wieder aufhörte.

Schließlich rückte sie von mir ab, aber sogleich zuckte sie zusammen. »Autsch.« Sie hatte in eine Glasscherbe gefaßt. Als ich mich zu ihr beugte, um die Wunde zu untersuchen, stieß sie mich zurück, zog mir das T-Shirt aus der Hose und steckte die Hand darunter. Sie berührte meine Brust, spielte mit den blonden Härchen am Bauchnabel und schob die Hand höher, um mich zwischen den spärlich behaarten Rippen zu kitzeln. Das Blut von ihrer Hand hinterließ ein dunkelrotes Grinsen unter meiner rechten Brustwarze. Sie rubbelte es weg und stupste die Brustwarze an. »Ich will dich doch nur glücklich machen, Brian.« Als sie meinen Namen aussprach, bekam ich einen heißen Kopf.

Avalyn streifte sich das T-Shirt von den Schultern. Mit ihrem entblößten Oberkörper legte sie sich auf mich, den Kopf auf meiner Brust, die Brüste auf meinem Bauch. Es hatte etwas Entsetzliches, wie Avalyn sich an mich schmiegte. Sie bot einen mitleiderregenden Anblick mit ihrem hervorquellenden Fleisch und der weißen Haut mit den vielen Falten, Wellen und Wülsten. Aber noch erbärmlicher war der Körper, auf dem sie lag, meine dürren Arme, die scheckig braune Haut vom Rasenmähen in der Sonne, die mit knallroten Pickeln übersäte Brust.

Ich versuchte, mich auf etwas anderes zu konzentrieren – auf den neuen Namen, den ich entdeckt hatte, auf die bevorstehende Suche nach N. McCormick –, aber so verzweifelt ich mich auch bemühte, ich konnte mich nicht von dem lösen, was mit mir geschah. Ich hatte einen Ständer. Avalyn schob mir die Hand in die Jeans, ohne sich erst lange mit dem Knopf oder Reißverschluß aufzuhalten.

Noch bevor sie mich berührt hatte, wußte ich, was passieren würde. Es war, als wüßte ich es schon lange, als wäre es der Schlüssel zu dem Geheimnis, warum ich mein Leben lang alles gemieden hatte, was auch nur im entferntesten mit Sex zu tun hatte. Weil es mich auf etwas stoßen würde, was ich nicht wissen wollte, eine verschüttete Erinnerung, die mir seit Jahren im Kopf herumgeisterte. Ihre Hand schloß sich um mein Glied, mit einem Finger zog sie behutsam eine Linie hinauf, bis zur Spitze. Ich hatte das Gefühl, als verschwände ein Teil von mir, als säße ich in einer Falle. Es war das gleiche Gefühl wie vor ein paar Tagen, in der Nacht auf ihrer Weide.

»Ich kann nicht«, sagte ich. »Laß mich.«

»Brian«, sagte Avalyn, aber obwohl sie die Lippen bewegte, hörte ich eine ganz andere Stimme.

Es fühlt sich gut an, sagte die Stimme. Die Stimme des Jungen. Ja, die Stimme von N. McCormick.

Mach die Augen auf, es fühlt sich gut an.

Mir wurde plötzlich schwindelig. Meine Gedanken drehten sich immer schneller, wie ein Riesenrad, das außer Kontrolle geraten war. Auf Avalyns Weide hatte ich geweint, aber das würde mir diesmal nicht passieren. Vor dem Fenster summten noch immer die Wespen hin und her und spähten zu uns herein. *B. Lackey,* murmelten sie. *N. McCormick.* Ich packte Avalyns Hand und zog sie aus meiner Hose.

Sie wurde schlaff. »Es tut mir leid.« Diesmal war es ihre Stimme, nicht die des Jungen. Ich wollte ihr sagen: Nein, es braucht dir nicht leid zu tun, es liegt nicht an dir, sondern an mir. Aber ich konnte nicht sprechen. Sie stand vom Bett auf und schlüpfte in die Ärmel ihres Kleides. Das Blut war ihr in einer roten Linie bis zum Handgelenk gelaufen. Eine Wespe, die sich ins Zimmer verirrt hatte, flog wie betrunken im Kreis und prallte immer wieder gegen die Decke. »Es tut mir so leid«, sagte Avalyn.

Nachdem Avalyn gegangen war, wartete ich vierzig Minuten. Dann rief ich sie vom Telefon im Erdgeschoß aus an. Als erstes dankte ich ihr dafür, daß sie die Namen auf der Rückseite des Fotos entdeckt hatte, dann entschuldigte ich mich für die unschöne Entwicklung, die der Abend genommen hatte. »Denk nicht mehr an das, was passiert ist. Mit mir stimmt etwas nicht. Das haben die Außerirdischen gemacht. Ich werde es einfach nicht mehr los.«

»Ich verstehe«, sagte Avalyn. Das Licht des Fernsehers flirrte wie ein Glühwürmchenschwarm über das Gesicht meiner Mutter, die im Wohnzimmer auf dem Sofa lag. Den Kopf hatte sie auf die Seite gelegt, als ob sie mich belauschte. »Und mach dir keine Sorgen. Du kommst bestimmt noch darüber hinweg. Es braucht nur seine Zeit.«

Nachdem ich aufgelegt hatte, setzte ich mich zu meiner Mutter. Obwohl wir seit Jahren nicht mehr richtig gestritten hatten, konnte ich mich noch gut an ihren Gesichtsausdruck erinnern, wenn sie mich früher manchmal ausgeschimpft und angebrüllt hatte. Genauso sah sie mich jetzt an, sie hatte die gleichen gekräuselten Lippen, den gleichen angespannten Unterkiefer.

Sie hob die Fernbedienung auf Augenhöhe, schaltete den Fernseher aus und starrte mich an. »Ich möchte, daß du mir etwas erklärst«, sagte sie. Ich mußte daran denken, wie Avalyn mit nacktem Oberkörper auf meinem Bett gelegen hatte, eine Hand in meiner Hose. Ahnte meine Mutter etwas davon? Doch sie fragte nur mit schneidender Stimme: »Warum schließt du mich aus deinem Leben aus?«

Sie war wütender, als ich erwartet hatte. »Sie versteht mich«, sagte ich. »Du nicht.«

»›Sie versteht mich‹«, höhnte sie. »Das ist es ja gerade, Brian. Ich will dich auch verstehen. Aber du machst es mir nicht leicht. Bald gehst du aufs College, dann hast du genug andere Dinge um die Ohren. Die Zeit bis dahin sollte doch nur uns beiden gehören. Aber du schließt mich aus.« Ihre laute Stimme war wie ein Hammer, der mich an meinem Platz festnagelte. Die Fernbedienung sprang ihr aus der Hand, rollte unter den Couchtisch und blieb neben dem zusammengefalteten Feuilletonteil der gestrigen Zeitung liegen. SCHAUSPIELER STIRBT MIT 32 lautete eine Schlagzeile.

Meine Mutter fuhr fort. »Es ist doch nicht so, daß ich dir nicht glauben möchte. Ich habe mir mit dir diese alberne Sendung angesehen, ich habe dir das Heft gekauft, damit du deine Träume aufschreiben kannst. Aber du bist doch kein dummer Junge mehr. Überleg doch mal.« Ich wußte ganz genau, was sie meinte: *Die Idee, daß du, Brian Lackey, von einem Ufo entführt und von Außerirdischen zu Experimenten mißbraucht worden bist, ist doch wohl der reinste Witz.* Hätte sie es laut ausgesprochen, wäre etwas in mir explodiert.

»Ich wünsche mir einfach mehr Zeit mit dir«, sagte meine Mutter. »Und die möchte ich nicht damit verplempern, daß wir uns darüber unterhalten, wie es im Inneren dieses verfluchten Raumschiffs ausgesehen hat oder wie sich ihre Finger angefühlt haben, als sie dich packten und betasteten. Bitte. Ich weiß ja, daß du dir Klarheit verschaffen mußt.« Ihr Züge entspannten sich ein wenig. »Wir hätten früher darüber reden müssen. Wenn du therapeutische Hilfe brauchst, von mir aus gern, warum nicht? Im Gefängnis kann man sich sogar gratis behandeln lassen. Ich kenne viele Leute, die ...«

Nach allem, was ich inzwischen über das, was man mir wirklich angetan hatte, zu wissen glaubte, konnte ich mich über ihren Vorschlag, mich in die Hände eines Psychiaters zu begeben, nicht einmal mehr richtig aufregen. Trotzdem steigerte ich mich erst einmal in einen künstlichen Wutanfall hinein. Meine Augen wurden so groß wie die einer Zeichentrickfigur. Da ich nichts in Reichweite hatte, was ich an die Wand schmeißen konnte, stampfte ich einfach aus dem Zimmer. Sie folgte mir nicht. Ich stürmte aus dem Haus und lief zum Wagen. Dabei fiel mir der Abend wieder ein, an dem mein Vater uns verlassen hatte, wie Deborah und ich oben an der Treppe gelauscht hatten, während er durch das Haus tobte, die Tür zuknallte und für immer aus unserem Leben verschwand.

Ich fuhr und fuhr. Ich war nicht im geringsten wie mein Vater, ich würde früher oder später zurückkehren. Aber nun mußte ich erst einmal allein sein, um meine nächsten Schritte zu planen. Mit durchdrehenden Reifen rutschte ich über Schotterstraßen, ich überquerte baufällige Brücken und wurde von den stählernen Rippen der Weideroste böse durchgerüttelt. Ich raste an Feldern vorbei, auf denen nur noch Maisstoppel standen. Einmal leuchtete ich mit den Scheinwerfern eine dunkle Vogelscheuche an, die gekrümmt und ausgezehrt an ihrem Kreuz hing. In der Ferne lockte Hutchinson mit seinen mickrigen Lichtern.

Mach die Augen auf, es fühlt sich gut an. Ich mußte wissen, was dieser Satz bedeutete.

In Hutchinson fuhr ich ziellos durch die Straßen. Die meisten Einwohner saßen sicher und geborgen hinter ihren verschlossenen Türen. Fast zwei Stunden lang fuhr ich von Haus zu Haus und sah mir die Briefkästen an, um seinen Namen zu finden. »McCormick«, sagte ich hoffnungsvoll. »Bitte, nur einen McCormick.«

Um drei Uhr hatte ich einen McLean, einen McCracken und zwei McAllisters gefunden, aber keinen einzigen McCormick. Bald würde der Tag anbrechen. Meine Mutter machte sich bestimmt Sorgen. Ich sah mit glasigen Augen in den Spiegel, wendete und fuhr nach Hause.

12
Eric Preston

Der Tag, an dem Neil nach New York ziehen wollte, begann wie jeder andere in jenem Sommer. Die Klimaanlagen waren überlastet, die Eiswürfel schmolzen dahin, und der Himmel war so sonnig und wolkenlos, daß man nirgendwo Schatten fand. Ich hatte Bauchschmerzen und Fieberbläschen auf der Lippe. Aber die störten mich nicht, ich rechnete sowieso nicht mit einem Abschiedskuß.

Ich wartete bis zum Mittag, bevor ich bei ihm anrief. Mrs. McCormick meldete sich. »Hallo, Eric«, sagte sie. »Das Wetter ist herrlich, und ich habe heute frei. Die Schlafmütze liegt noch im Bett. Was meinst du? Sollen wir dafür sorgen, daß sein letzter Tag in der Kornkammer Amerikas ein unvergeßlicher wird?«

Meine Großeltern waren schon seit Stunden wach. Mit den gleichen Schürzen und den gleichen Sonnenhüten ausstaffiert, knieten sie im Garten. Grandma berührte mit ihren gelben Gummihandschuhen die Gemüsepflanzen, die sie kochen würde, wenn ich das nächste Mal hungrig nach Hause kam. Grandpa pflegte die Ringelblumen und Stiefmütterchen, die er in einen Autoreifen gepflanzt hatte. Die abgefahrenen Michelins auf dem Rasen ließen den Wohnwagen noch schäbiger erscheinen. Auf dem Verandathermometer, einem verrosteten Vagabunden aus Blech mit heruntergelassener Latzhose, schob sich die rote Säule auf dreißig Grad.

Als ich mich zu ihnen hockte, drückte mir Grandpa einen nagelneuen Zwanzigdollarschein in die Hand. Er fragte mich, wohin ich wollte. Ich erklärte ihm, daß mein »bester Freund« am Abend aus Hutchinson wegziehen würde, und versprach, vor Einbruch der

Dunkelheit wieder zurück zu sein. Dann lief ich schnell zum Gremlin. Grandma warnte mich noch, daß die Pollenmessungen unerfreulich hohe Werte ergeben hätten. Sie schnipste ein paarmal mit den Fingern, Grandpa winkte. Tschüs, tschüs, bis später.

Auf der Fahrt in die Monroe Street achtete ich übergenau auf meine Umgebung. Im Nachbargarten jagten sich ein paar Kinder in Badehosen juchzend und kreischend unter dem Rasensprenger hindurch. Drei Blocks weiter hockte ein Mann im Straßengraben und stocherte in einem Abwasserrohr. Jugendliche, die sich auf Motorhauben fläzten, hörten wummernde Heavy-Metal-Musik. Hutchinson war nicht anders als sonst. Aber heute würde Neil für immer gehen. Und ich hing hier fest, wie ein viel zu bunter Faden im langweiligen Gewebe der Stadt.

Neil stand vor der Garage, seine Mutter neben ihm. Sie grinsten verdächtig. Mrs. McCormick hatte ein grünes Kleid mit Gänseblümchenmuster an, Neil wie immer Jeans und ein weißes T-Shirt. Er war größer als seine Mutter. Sie trug die Haare etwas länger als er, aber sie waren genauso dicht und schwarz wie seine, nur hier und da mit grauen Strähnen durchsetzt.

Ich schlug die Autotür zu. »Nicht so schnell«, sagte Neil.

»Wir wollen einen Ausflug machen«, sagte seine Mom. In der einen Hand hielt sie rot-schwarze Lakritzriemen, die sich wie ein Lasso um ihre Faust schlangen, in der anderen eine Landkarte von Kansas. Vor ihren Füßen stand eine Papiertüte. »Der Impala streikt«, fuhr sie fort. »Ich fürchte, es ist das Getriebe. Ich gebe dir Benzingeld, wenn du…« Wie eine Geistheilerin legte sie dem Gremlin die Hände auf die verbeulte Haube. »… wenn du uns mit diesem Schätzchen fährst.«

»Klar«, sagte ich. »Wohin soll's denn gehen?«

Mrs. McCormick faltete die Landkarte auseinander und breitete sie auf der Haube aus. Sie zog eine Linie von Hutchinson nach Great Bend, einer Stadt, die fast eine Autostunde entfernt in nordwestlicher Richtung lag. Dann tippte sie auf ein grünes Viereck. In dem Grün stand: CHEYENNE BOTTOMS NATURSCHUTZGEBIET.

»Da wollen wir uns einen schönen Tag machen«, sagte sie und bückte sich nach der Papiertüte. Flaschen stießen klirrend aneinander. »Wein und Käse. Wenn es dir recht ist, bringen wir Neil hinterher noch zum Flughafen.«

Ihr Entschluß stand fest, und ich konnte nichts dagegen sagen. Neil rutschte auf den Beifahrersitz, seine Mutter kletterte nach hinten. »Bißchen eng«, sagte sie. Unsere Blicke trafen sich im Rückspiegel. »Nicht, daß ich mich beschweren wollte!«

Ich nahm erst einmal die Plum Street, um aus der Stadt zu kommen. Nachdem wir den Bezirk Reno County hinter uns hatten, bog ich gleich hinter McPherson in Richtung Rice County auf den Highway 56 ein. Vor uns lag das Asphaltband, glänzend und gekrümmt wie eine Mokassinschlange. Die Augustsonne brannte sengend auf die flachen Felder, und an drei verschiedenen Stellen war die Straßenböschung schwarz von verbranntem Gras. Die Eintönigkeit der platten Landschaft wurde nur von den silbernen Säulen der Getreidesilos aufgelockert, die nichts als blauen Himmel widerspiegelten. Es war, als hätten alle Menschen Rice County verlassen. Auf einer Weide graste eine Herde Palominos unter einem Baum. Die Pferde waren so erschöpft, daß sie nicht einmal den Kopf hoben, als Neil auf die Hupe drückte. Eine Ortschaft nach der anderen glitt an uns vorbei – Windom, Little River, Mitchell, Lyons, Chase, Ellinwood. Sosehr ich dieses Kansas mit seiner erdrückenden Hitze auch hassen wollte, es dämmerte mir allmählich, daß es fast schön war, fast so etwas wie ein Zuhause.

Mit Hilfe der Karte klärte Neils Mom uns über historische Sehenswürdigkeiten und Einwohnerzahlen auf, und sie las uns die interessantesten Ortsnamen vor. »Protection. Nicodemus. Medicine Lodge.« Sie tippte auf Holcomb, wo die ermordete Familie aus dem berühmten Buch gelebt hatte. Sie tippte auf Abilene, Emporia, Dodge City. Sie tippte auf das kleine Örtchen Herkimer, wo einer ihrer Exfreunde gewohnt hatte. »Was für eine Zeitverschwendung. Die ganze Fahrerei, wegen so einem Schwachkopf.«

Neil nickte. Mit dem gleichen Kaugummi, den er im Sun Center verteilt hatte, machte er Blasen, die so groß waren wie sein Gesicht.

Kurz vor Great Bend wurde auf Plakatwänden für die Restaurants der Stadt geworben. Black Angus, Smith's Smorgasbord

(»Futtern wie bei Muttern zum kleinen Preis«), Jim-Bob's Diner and Country Kitchen (»Kostenloses Vierpfündersteak für den, der es aufißt«). Neils Mom beugte sich nach vorn. »Wer hat Hunger? Wir brauchen eine Unterlage für den Wein, den Käse und die Expedition ins Grüne.«

Wir entschieden uns für das Café Kreem Kup. Es hatte ein großes Schild mit einer riesigen Eiswaffel, die, obwohl es heller Tag war, in weißem Neonlicht blitzte und blinkte. Mrs. McCormick ging voraus, die Lakritzriemen immer noch in der Hand. An die zwanzig Gäste drehten sich neugierig nach uns um. Manche verrenkten sich regelrecht auf ihren Kunstlederbänken, um uns anzustarren. Die Bedienung verließ sofort ihren Posten neben den Zwiebelringen und kam an die Kasse. Neil bestellte.

»Sie sind nicht von hier, richtig?« fragte die Frau.

»Wir sind Austauschstudenten und kommen aus einer kleinen Karottenzüchtergemeinde auf Island«, sagte Neil und kratzte sich den Sack. Mit dem Kopf deutete er auf seine Mom. »Das ist unsere Erdkundelehrerin, die uns begleitet, weil sie ein Buch über die Flora und Fauna von Kansas schreiben will.« Neil konnte lügen wie ein Weltmeister.

»Was Sie nicht sagen.« Die Bedienung gab uns eine Plastikkarte, auf der die Zahl Neunundzwanzig stand. Ich nahm sie und rutschte auf eine Bank, Neil und seiner Mom gegenüber. Eine Gruppe Jugendlicher auf der anderen Seite des Cafés ließ uns nicht aus den Augen. Sie sahen alle häßlich aus. Sie musterten uns genau, meine Frisur, meinen Eyeliner, Neils Ohrring, meine Klamotten, meine Lippenbläschen und Mrs. McCormicks Brüste. Ich hörte, wie einer von ihnen fast jubelnd das Wort »Homosexuelle« ausstieß, als wäre es das letzte Wort einer Nationalhymne.

Ich knurrte: »Asoziale Penner.« Neils Mutter zwinkerte mir zu. »Die sind doch bloß neidisch«, sagte sie. Neil reckte das Kinn in die Höhe. Er kostete die Situation aus, er hatte sich ein dickes Fell zugelegt. Ich hatte Angst, er würde die Jugendlichen anspucken oder mit Eis bewerfen.

Die Bedienung brachte unsere Bestellung und nahm die Karte

mit der Neunundzwanzig vom Tisch. In den Brötchen steckten Cocktailspieße, wie kleine Zeremonienschwerter. Mrs. McCormicks Bratensandwich lag zwischen Tomatenscheiben und welken Salatblättern in einer Fettpfütze. »Na, wenn das nicht satt macht«, sagte sie.

Unter dem Tisch berührte ich Neils Knöchel mit dem Fuß. Er zog das Bein weg und sah aus dem Fenster.

Wir waren schon fast fertig mit dem Essen, als die Arschlöcher am Nebentisch endlich soviel Mut zusammengekratzt hatten, zum Angriff überzugehen. Offenbar hatten sie sich einen ausgeguckt, der an unseren Tisch kommen mußte. Ihm fehlte ein Stück vom Schneidezahn. Er trug ein Lederarmband mit Nieten, schwarze Cowboystiefel, zerfetzte Jeans und ein T-Shirt mit einer komplizierten Zeichnung von einem »Künstler«, auf den meine Klassenkameraden im Kunstunterricht gestanden hatten. Auf dem Bild liefen verschiedene Treppen so verschlungen in-, um- und übereinander, daß eine optische Täuschung entstand. Die Szene war das genaue Gegenteil der für Kansas charakteristischen Landschaft.

Der Schwachkopf verschränkte die Arme und ließ seine Muskeln spielen. Als er sich räusperte, wußte ich, daß er gleich etwas Höhnisches, Beleidigendes von sich geben würde. »Ihr seid nicht von hier, das sieht man.« Sein angeschlagener Zahn ähnelte einer winzig kleinen, aus dem geschwollenen Zahnfleisch hängenden Guillotine. »Deshalb wollten wir euch Bescheid sagen ...«, er legte eine Kunstpause ein, »... daß Great Bend eine aidsfreie Zone ist.«

Mir klappte die Kinnlade herunter. Am liebsten hätte ich ihm eins übergebraten, beschränkte mich dann aber doch nur auf eine ganz besonders vernichtende telepathische Nachricht. *Fall tot um, du Arsch*, mehr bekam ich nicht zusammen.

Mrs. McCormick machte es besser. Sie sah ihm in die Augen. »Was bist du doch für ein fieser kleiner Wicht«, sagte sie.

Nun war Neil an der Reihe. »Verpiß dich«, sagte er zu dem Jungen. Dann beugte er sich über den Tisch und steckte mir vor den Augen aller Gaffer die Zunge in den halb aufgesperrten Mund. Es war bloß Show, aber ich schloß trotzdem die Augen und vergaß für den Bruchteil einer Sekunde alles um mich herum. Der Lärm des Cafés verklang zur Hintergrundmusik, während ich mich ganz diesem Kuß hingab, nach dem ich mich seit Monaten vergeblich gesehnt hatte.

»Scheiß-Schwuchteln«, sagte der Junge und verzog sich wieder zu seinen Kumpeln.

Früher hatte Neil jedesmal becherweise Eiswürfel gekaut, bevor wir miteinander schliefen. Ich erinnerte mich noch gut daran, wie kalt sich seine Zunge in meinem Mund angefühlt hatte. In diesem Café schmeckte seine Zunge genau wie immer, und sie war auch genauso eisig. Von mir aus hätte er sie mir ruhig so weit in den Hals stecken können, daß ich erstickte.

»Kommt, gehen wir«, sagte Mrs. McCormick und ließ den Rest ihres Sandwichs auf den Teller fallen. Wir standen auf. Als wir an den Wichsern vorbeikamen, wollten uns zwei von ihnen ein Bein stellen. Neil holte tief Luft und rülpste ihnen voll ins Gesicht. Dabei mußte ich an die Stimme des kleinen Jungen auf der Kassette denken, die ich in seinem Zimmer gehört hatte. Bis jetzt hatte ich ihn darauf immer noch nicht angesprochen.

Ich drehte mich nicht noch einmal zu dem Café um, aber ich konnte durch die Scheibe ihre Blicke im Rücken spüren. »Das war furchtbar«, sagte Neils Mutter. Sie krabbelte in den Gremlin und fing an zu lachen. »Und fettig war es auch. Das Kreem Kup werden wir nie wieder mit unserem Besuch beehren.«

Dann ging es weiter nach Cheyenne Bottoms. Ich hielt an einer Tankstelle, deren Firmenemblem, ein grüner Brontosaurier, an einer Betonwand prangte. Mrs. McCormick lehnte sich aus dem Fenster und fragte nach dem Weg. »An der übernächsten Kreuzung rechts, dann wieder bis zur übernächsten Kreuzung, da steht ein Schild«, sagte der Tankwart. Er wedelte mit den Armen, als wären es Scheibenwischer.

Wir fuhren so, wie er es uns beschrieben hatte. Zunächst bog ich auf eine kurvenreiche Straße ein, die immer weiter aus Great Bend hinausführte. Gleich zwei Schilder wiesen auf das Naturschutzgebiet hin, eines am rechten, eines am linken Straßenrand: CHEYENNE

BOTTOMS, in schwarzen Buchstaben auf weißem Grund. An dem linken Wegweiser hatte sich jemand zu schaffen gemacht, so daß dort nur noch HEY TOM stand.

Nach der Abzweigung schien die Welt offener und flacher zu werden. Cheyenne Bottoms war ein fünf mal fünf Meilen großes Sumpfgebiet, das eher nach Louisiana gepaßt hätte als nach Kansas. Die Luft war schwer und stickig. Es gab kaum Bäume, dafür hohe, raschelnde Gräser, Farne und azurblaues Schilf. Auf lehmigen Hügeln und aus seichten Tümpeln erhoben sich Wände von Rohrkolben, die sich leise im Wind wiegten. Alles sah wie frisch geschrubbt aus. »Wahnsinn«, sagte ich. Wir drangen tiefer in diese fremde Welt vor.

Überall liefen Vögel auf Streichholzbeinchen rutschend durch den erdnußschalengelben Schlamm. Regenpfeifer staksten umher, wie Gäste auf einer tollen Party. Ihre gegabelten Füße hinterließen Zickzackspuren im Lehm. Ein schneeweißer Silberreiher, der für sich allein stand, wirkte einsam und verlassen. »Seht mal, da drüben«, sagte Neils Mutter. Sie zeigte auf einen glasklaren Teich, auf dem Brautenten Achterformationen schwammen. Es war ein unwirkliches, fast komisches Bild. Ich wäre nicht überrascht gewesen, wenn plötzlich das Maul eines Krokodils aus dem Wasser getaucht wäre und die Vögel verschlungen hätte.

Neil warf einen Blick in den Rückspiegel, dann sah er über seine Schulter nach hinten. »Meilenweit kein Mensch in Sicht«, sagte er. »Wir sind allein.«

Ich gab mir Mühe, möglichst genau in der Mitte von Cheyenne Bottoms anzuhalten. Neil und ich waren gerade ausgestiegen, da setzte sich ein Moskito auf meinen Unterarm. Als ich die Hand wegnahm, hatte ich einen blutigen Apostroph auf der Haut.

Neils Mom kam vom Rücksitz gekrabbelt, die Papiertüte fest in der Hand. Sie packte Wein und Käse aus und legte dazu noch drei Schokoriegel auf die Motorhaube. Dabei starrte sie wie gebannt auf einen blühenden Busch nicht weit von uns. Die rundlich dikken Blüten wuchsen dicht über der Erde, weiße Kelchblätter um eine rote Mitte, vorgestreckt wie Trompetentrichter. Dazwischen summten einige Bienen. Neil ging hinüber, um eine Blüte abzupflücken, und steckte sie seiner Mutter hinters Ohr.

Ein Ochsenfrosch begann zu quaken. Neil zog das T-Shirt aus, das er im Second-hand-Laden geklaut hatte, und warf es durch das offene Fenster in den Wagen. Mit seinem Wein setzte er sich neben den Cheddar-Käse auf die Motorhaube. »Aaaaaah«, machte er und streckte die Arme weit von sich. Beim Klang seiner Stimme verstummte der Frosch.

Ich folgte seinem Beispiel und hielt meine weiße Haut in die Sonne. Mrs. McCormick setzte eine Sonnenbrille auf und schlüpfte aus ihrem Kleid, unter dem sie einen knappen Bikini trug. Wir setzten uns zu Neil, streckten die Beine und lehnten uns mit dem Rücken an die Windschutzscheibe. Neil hatten wir zwischen uns genommen, wie es sich gehörte. Aber für ihn war New York nur noch acht Stunden entfernt.

Wir aßen und tranken. Als wir vom Käse genug hatten, nippten wir weiter am Wein. Wir starrten auf das Sumpfland hinaus und lauschten dem Zirpen der Grillen, dem Zischeln der trockenen Gräser und dem Pfeifen, Schnattern und Trillern der unterschiedlichen Vögel, das in der dunstigen Luft irgendwie zu einer harmonischen Melodie verschmolz. Ich hoffte die ganze Zeit, einen Eisvogel oder einen anderen mit ähnlich prachtvollem Gefieder zu entdecken, aber es ließ sich keiner blicken. »Neil hat bald Geburtstag«, murmelte Mrs. McCormick träge und schon fast wie im Traum. »Nach neunzehn Jahren das erste Mal, daß ich nicht mit ihm feiern kann.«

»Wir feiern doch jetzt schon vor«, sagte er.

Sie tätschelte ihm das Knie, dann beugte sie sich zu mir herüber und tätschelte meines. »Ja, wir feiern schon vor.«

In der nächsten Stunde sprachen wir kaum ein Wort. Ich fand es seltsam, wieviel es hier zu sehen, zu hören und sogar zu riechen gab. Cheyenne Bottoms, das Zeitlupenland. Ab und zu, wenn eine Schar zeternder, schreiender Gänse über uns hinwegzog, riß Neil den Arm hoch und verfolgte ihren Flug mit dem Finger. Die Sonne fraß jede Wolke, die sich bilden wollte. Neil kickte die fast schon dampfenden Käsereste mit dem nackten Fuß ins Gras, ein Festmahl für Ameisen. Ich warf einen Blick auf seine Mutter, um zu sehen, wie sie darauf reagieren würde. Sie schlief. Die Blume war ihr hinter dem Ohr hervorgerutscht. Ihr Gesicht und ihre Schultern waren krebsrot. Ich holte mein Hemd aus dem Wagen und deckte die verbrannte Haut damit zu.

Neil goß sich den restlichen Wein in seinen Becher und kippte ihn hinunter. »Mir platzt gleich die Blase«, verkündete er. Er lief planschend zu einem Graben und verschwand im Schilf. Ich hörte, wie er seinen Reißverschluß aufmachte, wie seine Pisse auf die Erde plätscherte. Wieder flogen lärmende Gänse über den Wagen hinweg, so nah, daß sie einen Augenblick lang die Sonne verdeckten.

»Eric«, sagte Neil. »Komm mal her.« Ich rollte mich vorsichtig von der Motorhaube, um seine Mutter nicht zu wecken.

Vor mir spritzten die Grashüpfer in alle Himmelsrichtungen auseinander. Einer wäre fast auf Neils Rücken gelandet. Der stand im Schilf, die Jeans bis zu den Knien hinuntergeschoben. Er drehte sich um. In der einen Hand hielt er seinen Sack und seinen Schwanz, mit der anderen kratzte er sich abwesend die Schamhaare. »Tust du mir einen Gefallen? Sieh dir das mal an.« Ich kniete mich auf den weichen Boden. So hatte ich schon einmal vor Neil auf den Knien gelegen, in seinem Zimmer. Aber damals waren die Umstände anders gewesen. Jetzt hatte er keinen Ständer. »Ich blute«, sagte er. Er klang wie ein kleines Kind. »Hab ich da was?«

Ich schob die Hand weg, mit der er sich unaufhörlich kratzte. Kaum zu sehen zwischen den schwarz gekringelten Haaren, hatte er überall blutige Stellen, wo er sich die Haut wund gescheuert hatte. Zwischen den Blutflecken steckten schwarze Pünktchen, wie kleine Pfefferkörner. Mir war sofort klar, daß es Filzläuse waren. Ich knibbelte eine los. Als ich die Finger in die Sonne hielt, sah ich, wie das Viech mit seinen schnurrhaarartigen Beinchen zappelte. »Igitt.« Ich schleuderte die Laus weg und starrte an Neil hoch, dessen von Parasiten befallener schlapper Schwanz auf gleicher Höhe mit meinem Mund war. Er war vollkommen ahnungslos. Das Schilf neben seinem Kopf raschelte leise, Mücken tanzten zwischen den Kolben. »Du hast Sackratten«, knurrte ich.

Neil machte große Augen. Er lächelte gequält, so unsicher wie ein Mensch, der gerade eine Tätowierung bekam. »Ach.« Am liebsten hätte ich ihm eine reingehauen und ihm eine Predigt gehalten, ob es wirklich sein müßte, daß er es immer und überall mit jedem hergelaufenen Penner trieb, ohne auch nur ein einziges Mal an die Folgen zu denken. Ein Gedanke über Neils Liebesleben führte zum anderen, und plötzlich stiegen all meine heimlichen Ängste vor Herpes, Syphilis und Aids in mir hoch. Bevor ich mich beherrschen konnte, schlüpfte mir etwas heraus, was ich ihm wohl besser auf dem Weg der Gedankenübertragung übermittelt hätte: »Schon mal was von Safer Sex gehört?«

Neil starrte auf mich herunter, wunderschön, herrlich, eine Bronzestatue zum Anbeten. »Ich habe immer alles unter Kontrolle.«

Er hatte kaum ausgesprochen, da erzitterte das Schilf, und ein Vogel schwang sich in die Luft. Atemlos beobachteten Neil und ich, wie der große Reiher hochflog, den schmalen, bananengelben Schnabel über die Sonne schob, den Kopf mit der Haube vorreckte, den Hals durchbog und die Füße mit den Schwimmhäuten im Höhersteigen an den Körper zog. Einen Augenblick lang war er genau über uns. Wir standen in seinem Schatten, und ich sah, daß sein Federkleid nicht weiß, sondern saphirblau war, eine Seltenheit bei Reihern in Kansas, das wußte sogar ich. Es war die Farbe des Himmels, bevor die Sonne aufgeht. Wir blickten ihm nach. Neil zog die Hose hoch, und wir stapften durch das Schilf zurück zum Wagen, ohne die Augen von dem Vogel zu nehmen. Mrs. McCormick schlief immer noch. Mit langsamem, majestätischem Flügelschlag entfernte sich der Reiher immer weiter von uns. Er flog in nordöstlicher Richtung.

Nach New York, dachte ich.

Bis wir die ersten Hinweisschilder zum Wichita International Airport sahen, war der Tag fast völlig weggebrannt, der Abend nur noch eine farblose Hülse. Seit wir auf den Highway gefahren waren, hatten wir kaum ein Wort gesprochen. Ich wußte, daß wir alle drei den gleichen Gedanken hatten: Welche Richtung wird mein Leben jetzt nehmen? Wie übertrieben und melodramatisch das klang. Ich konzentrierte mich auf die Straße, die Weizenfelder und die sandigen Feldwege, die zu den Farmhäusern führten.

Der Flug – nur hin, nicht zurück – ging um neunzehn Uhr dreißig. Neil baute sich strahlend vor dem Abfertigungsschalter auf. Eine Angestellte überprüfte sein Ticket und tippte ein paar Angaben in ihren Computer. Auf dem Kurzzeitparkplatz vor der Glastür stand der ramponierte Gremlin, ein blauer Schandfleck. Gleich mußte ich Neil umarmen. Aber ich würde bestimmt losflennen, wenn ich ihn auch nur anfaßte. Rasch steckte ich ihm die Tüte aus der Apotheke in Great Bend zu, wo ich auf dem Rückweg von Cheyenne Bottoms kurz angehalten hatte. Neil und seiner Mutter hatte ich vorgeflunkert, ich müßte meinen alten Herrschaften Aspirin besorgen. In Wahrheit hatte ich ein Entlausungsmittel gekauft, gegen seine Sackratten. »Ein Abschiedsgeschenk«, flüsterte ich und stopfte es in sein Handgepäck.

Mrs. McCormick lehnte sich an Neil an. Sie rieb ihre Nase an seinem Kinn, küßte ihn auf die Backe und legte ihm den Kopf an die Schulter. Er ließ den Blick über die vielen fremden Menschen in der Abflughalle schweifen, ohne seiner Mutter oder mir noch einmal in die Augen zu sehen. »Mein Junge«, sagte sie, an seine Schulter gepreßt. Und als ob sie Bescheid wüßte, fügte sie hinzu: »Paß bloß auf dich auf.«

Neil wackelte mit den Hüften, um sich zu jucken, ohne die Hände zu benützen. Er stellte seine Tasche auf das Band des Durchleuchtungsgeräts und ging durch die Sicherheitsschleuse. Ich hätte das Taschengeld eines Monats darauf verwettet, daß das Ding lospiepsen würde. Aber es muckste sich nicht. »Hurra«, sagte seine Mutter.

Hinter einer großen Panzerglasscheibe stand die 747, zum Abflug bereit. Es hatte keinen Sinn zu warten. Neil hob zum Abschied die Hand, wir drehten uns um und gingen.

Wenn ich ein echter Death Rocker gewesen wäre – wenn es mir wirklich ernst gewesen wäre mit meiner schwarzen Kluft und den schwarz gefärbten Haaren, mit meiner Begeisterung für Totenschädel, Kruzifixe und halb verfallene Friedhöfe oder für die melancholischen, nihilistischen Texte meiner Lieblingsbands –, hätte ich mich sicher aufgehängt. Meine Eltern lagen drei Meter unter der Erde. Neil hätte genausogut bei ihnen sein können. Ich malte ein Strichmännchen am Galgen in mein Tagebuch und suchte geschlagene zehn Minuten nach einer Metapher, die beschrieb, was ich mir vom Leben noch erwarten durfte. Schließlich entschied ich mich für: »Meine Zukunft ist ein Trostpreis.«

Zwei Wochen nach Neils Abflug hatte ich keine Lust mehr, immer nur schmollend auf meinem Zimmer zu hocken. Die Gedichte, die ich geschrieben hatte, waren nichts weiter als weinerliche Beschimpfungen, bei denen ich, wenn ich sie später noch einmal las, vermutlich einen roten Kopf kriegen würde. »Öfter mal was Neues«, sagte ich. Als meine Großeltern am Nachmittag mit dem Seniorenbus zum Bingospielen gefahren waren, kramte ich in der Garage herum, bis ich das Hundepflegeset fand, mit dem sie früher ihren inzwischen längst verstorbenen Pudel frisiert hatten. Ich montierte das Zusatzteil, das ich brauchte, auf die Schermaschine und atmete tief durch. Vor dem Badezimmerspiegel fielen meine Haare in dichten schwarzen Büscheln zu Boden, bis ich nur noch blonde Stoppeln auf dem Kopf hatte. »Autsch.« Ich sah aus wie aus einem Straflager entsprungen. Später würde ich sie mir wieder neu färben.

Ich kurvte mit offenen Fenstern in Hutchinson herum, um den Fahrtwind auf meinem geschorenen Kopf zu spüren. Ich kam auch am Rummelplatz vorbei. Schausteller und Gefangene aus dem KSIR mähten das Gras, fegten die Wege und bauten Karussells und Kartenhäuschen für das kommende Volksfest auf. Für mich würde es das erste sein, aber Neil würde es verpassen. Auf der anderen Straßenseite lag die billige Bäckerei, wo wir manchmal Kuchen geklaut hatten. Im Schaufenster standen von den Feiertagen übriggebliebene, trockene Torten, die mit Sprüchen wie ALLES GUTE ZUM MUTTERTAG und DEM BESTEN VATER DER WELT verziert waren.

An einer Ampel glotzten zwei Heavy-Metal-Freaks zu mir herüber. »Skinhead«, brüllte der eine. Mal was anderes als *Schwuler* oder *Spinner*. Ich könnte mich daran gewöhnen.

Ich fuhr in die Monroe Street, weil ich Neils Mutter meinen neuen Haarschnitt vorführen wollte. Außerdem hoffte ich, sie würde vielleicht ein paar Second-hand-Läden mit mir abklappern. Ein Wagen stand am Straßenrand, ein Toyota, von dessen Windschutzscheibe die Sonne abprallte, aber von dem Impala war nichts zu sehen. Sicher war Mrs. McCormick arbeiten. Ich klingelte trotzdem. Es hallte unheimlich, wie eine rufende Kinderstimme über einem leeren Canyon. Obwohl die Tür bestimmt nicht abgeschlossen war, versuchte ich nicht, ins Haus zu kommen.

»Hoffentlich amüsierst du dich gut in New York«, sagte ich laut. Dann schickte ich dem abwesenden Neil eine telepathische Nachricht hinterher: *Komm zurück.*

Ohne Neil konnte ich im Second-hand-Laden nichts klauen. Viel zu viele Sachen konnte ich ohne ihn nicht machen. Als ich zum Wagen zurückging, merkte ich plötzlich, daß ich beobachtet wurde. In dem Toyota hockte ein blonder Junge, der Stielaugen machte. Mir fiel wieder ein, was Neil mir über seine Nachbarn erzählt hatte, daß sie hinter seiner Mutter und ihm her spionierten, seit sie hier wohnten.

Ich ließ den Motor an. Im Rückspiegel sah ich, daß der Typ ausstieg und auf den Gremlin zukam. Fast wäre ich in Panik geraten, weil ich an die Geschichte von dem jungen Killer denken mußte, der seine Opfer in ihren Autos überfiel und ihnen mit einem dreißig Zentimeter langen Metzgermesser die Kehlen durchschnitt, bevor sie einen Mucks von sich geben konnten. Aber das war Quatsch, dieser Junge sah so harmlos aus wie ein Hundebaby.

Er stellte sich neben den Gremlin und sah mich freundlich an, was ich normalerweise von Fremden nicht gewöhnt war. Er hatte ein viel zu enges, verschwitztes T-Shirt an, eine häßliche Brille auf der Nase und einen zum Platzen reifen Pickel über der Lippe. Trotzdem war er irgendwie niedlich. »Bist du N. McCormick?« fragte er.

»N.?« Ich mußte mich beherrschen, um nicht laut loszulachen.

»Neil?« Nun mußte ich doch lachen. »Nein, da hast du den Falschen erwischt. Neil McCormick wohnt nicht mehr hier.«

»Dann heißt er also *Neil*.« Er sagte den Namen noch einmal vor sich hin. Zuerst schien er richtig aufgeregt zu sein, doch schon nach wenigen Sekunden machte er ein eher enttäuschtes Gesicht. »Er wohnt nicht mehr hier. Seit einer Woche habe ich fast alle McCormicks im Telefonbuch abgeklappert, weil ich ihn unbedingt finden muß. Was ich dafür allein an Sprit verfahren habe ...«

Das hörte sich irgendwie spannend an. Ich lehnte mich aus dem Wagen und musterte ihn von Kopf bis Fuß. »Wer bist du? Bist du vom FBI?«

»Ich kenne Neil von früher«, sagte er. »Wenigstens glaube ich das. Wir haben seltsame Dinge erlebt, er und ich, wir beide zusammen, und jetzt brauche ich ihn. Er muß mir helfen, mich zu erinnern.« Er blinzelte zweimal, als ob er jeden Moment anfangen würde zu weinen. Er hielt etwas in der Hand, das er hin und her drehte, ein Knäuel aus roten und schwarzen Haaren, das wie eine dicke Maus aussah. Er steckte es ein. »Weißt du vielleicht, wie ich mich mit ihm in Verbindung setzen kann?«

»Ja«, sagte ich. Wenn es ihn interessierte, konnte ich ihm eine Menge erzählen. Und vielleicht konnte er mir dafür einige der Millionen Fragen über Neil beantworten, die mir seit Monaten im Kopf herumgingen. Ich streckte ihm die Hand hin. »Ich bin ein Freund von Neil. Eric Preston.«

Er schlug ein. »Brian Lackey.«

Wir sahen zum Haus der McCormicks. Dann sagten wir lange kein Wort mehr.

Dritter Teil
WEISS
HERBST – WINTER 1991

13
Brian Lackey

Es taten sich erstaunliche Dinge. Der Sommer verglühte, bald waren nur noch Spuren von ihm zu sehen, wirbelnde Laubhaufen, Saft, der aus den Bäumen tropfte, und Skelette von Präriehexen, die durch die Straßen unserer Stadt rollten. Die Luft roch nach Kürbissen und Melonen. Die Nächte wurden länger und kälter. Abends lag ich meistens faul auf dem Bett, sah aus dem Fenster und beobachtete die Zugvögel auf ihrer Wanderung. In den Bäumen neben dem Haus quartierte sich eine Opossumfamilie ein. Die Zikaden zirpten ihre herbstlichen Schlaflieder, und wenn ich morgens die letzten Rasenmähaufträge des Jahres erledigte, sah ich ihre spröden, gelben Hüllen an Bäumen, Wegweisern und Verandabrüstungen hängen.

Nach und nach hörten meine Ufo-Träume auf, und andere Bilder traten kristallklar an ihre Stelle. Es waren kürzere, weniger komplexe Szenen, in denen manchmal der achtjährige Neil McCormick vorkam. Mein Traumtagebuch hatte ich unter das Bett verbannt.

Ein Satz klang mir immer noch im Ohr, wenn ich träumte, ein Satz, den Neil McCormick sagte, neun Worte, an die ich mich an dem Abend zum erstenmal erinnert hatte, als Avalyn mir das Kalb gezeigt hatte. *Mach die Augen auf, es fühlt sich gut an.*

Im September begann das College. Ich schrieb mich ein, kaufte Bücher und lernte. Eines Tages kam meine Mutter überraschend in einem gebrauchten Mustang nach Hause, den sie günstig bei einem Autohändler in Hutchinson bekommen hatte. Ich erbte den Toyota. Morgens fuhr ich zum College, abends wieder nach Hause. Mein Leben pendelte sich ein.

Alles lief so, wie es sollte, nur meine Seminare waren leichter, als ich gedacht hatte. Außerdem interessierten mich die Psychologie-, Mathematik-, Meteorologie- und Englischkurse weniger als meine Freundschaft zu Eric Preston. Seit wir uns kennengelernt hatten, waren wir die meiste Zeit zusammen. Wir sahen uns für einen Dollar fünfzig pro Film die Nachmittagsvorstellung im Flag-Kino an oder hörten bei ihm zu Hause Kassetten. Meiner Mutter erzählte ich, er wäre ein alter Schulfreund, mit dem ich lernen wollte. Anfangs konnte ich mir nicht vorstellen, daß wir irgendwelche Gemeinsamkeiten hatten, so sonderbar kam er mir vor. Aber allmählich merkte ich, daß ich mich getäuscht hatte, und er fand mich bestimmt genauso merkwürdig wie ich ihn. Außerdem hatte ich eigentlich noch nie einen richtigen Freund gehabt. Höchstens Avalyn, aber die war dreizehn Jahre älter als ich. Je mehr Zeit verging, desto weniger wußte ich, was ich von den Ufos und den Außerirdischen halten sollte, desto mehr wollte ich mich aus der Abhängigkeit von Avalyn lösen. Obwohl es mir immer noch wichtig war, das Rätsel um die verlorene Zeit zu lüften, war ich längst nicht mehr überzeugt, daß die Lösung etwas mit dem Raumschiff zu tun hatte, das über unser Haus geflogen war. Nur eines stand für mich mit Sicherheit fest: Neil McCormick wußte die Antwort. Und Eric Preston würde mich zu ihm führen.

Eines Abends, als wir uns noch nicht lange kannten, saßen Eric und ich in seinem Zimmer und erzählten uns unsere Lebensgeschichten. Er beschrieb mir seine Kindheit in Modesto, Kalifornien, die »total normal« verlaufen war, bis er mit der High-School angefangen hatte, wo er, wie er sich ausdrückte, mit einer wilden Truppe rumgezogen war, ein paar kleinere Dinger gedreht und billige Drogen genommen hatte. Irgendwann hatte er gemerkt, daß er homosexuell war. »Ein Schwuler, ein warmer Bruder, einer vom anderen Ufer.« Bei dieser Eröffnung ließ er mich nicht aus den Augen, so gespannt war er auf meine Reaktion.

»Das stört mich nicht«, sagte ich.

Eric erzählte weiter. »Als meine Eltern dann den Autounfall hatten, bin ich total zusammengeklappt.« Seine Züge entspannten sich ein wenig.»Und jetzt hocke ich hier in Kansas, bei den Eltern meines toten Vaters.« Wie in Zeitlupe öffnete und schloß er ein paarmal die Augen. »Aber ich lebe noch.«

Nun war ich an der Reihe. Im Vergleich zu seiner Kindheit kam mir meine eher öde vor. Ich hatte nie Drogen genommen, nie etwas ausgefressen, und von Sex verstand ich in etwa genausoviel wie von der Zeichensprache oder von Akupunktur. Also faßte ich mich kurz und griff nur ein paar typische Beispiele heraus: Als Kind hatte ich gern Grashüpfer und Libellen in Mayonnaisegläsern gefangen. Einmal hatte ich mit meiner Schwester Deborah und ihrer Freundin Breeze auf einer Wiese Beeren gesucht und mich mit Giftsumach vergiftet. Mein Vater hatte mich nie wirklich gemocht. An der High-School hatte ich bei einem überregionalen Mathematikwettbewerb den zweiten Preis gewonnen ...

Dann war ich endlich an der Stelle angekommen, die Eric am meisten interessierte, nämlich bei der Frage, warum ich Neil McCormick finden wollte. Ich vertraute ihm das große Rätsel meines Lebens an, das mich einfach nicht mehr losließ. Ich erklärte ihm, warum ich glaubte, daß sich hinter der Lücke, die in jenem Sommer klaffte und die sich zwei Jahre später an Halloween wieder aufgetan hatte, etwas Bedeutsames verbarg, vielleicht sogar eine tiefe Wahrheit. Zum Schluß erwähnte ich auch noch meine Beziehung zu Avalyn. Hier zögerte ich kurz, denn ich war mir längst nicht mehr sicher, ob tatsächlich etwas Wahres hinter der Ufo-Erklärung steckte. Aber zumindest war es eine ausgefallene Geschichte. Also erzählte ich Eric von der vagen Möglichkeit, daß Außerirdische Neil und mich entführt haben könnten.

Eric war baff, aber immerhin lachte er mich nicht aus. Im Gegenteil, er hatte ebenfalls Interesse an unerklärlichen Phänomenen. »Ich bin nämlich telepathisch veranlagt«, sagte er. »Wenigstens ein bißchen.« Er wollte es mir durch einen Test beweisen: Ich sollte mich mit geschlossenen Augen konzentrieren, während er seine Gedanken auf mich übertrug. Ich tat ihm den Gefallen, aber ich hörte keine innere Stimme. »Was hast du empfangen?« fragte Eric.

Ich riet drauflos. »Daß wir heute schönes Wetter haben?«

Er stöhnte. »Ach, vergiß es.«

Draußen lieferten sich ein paar Autos ein Rennen. Als der Lärm verklungen war, wollte Eric noch mehr über die Außerirdischen wissen. Ich schilderte ihm meine Träume und erzählte ihm, daß ich in letzter Zeit das Gefühl hatte, es stecke vielleicht doch etwas ganz anderes dahinter. Als ich fertig war, versprach Eric mir, Neil schon einmal auf die Begegnung mit mir vorzubereiten und ihm von meinem Ufo-Verdacht zu berichten. »Das ist doch nicht nötig«, sagte ich.

»Doch. Ich schreibe ihm.«

»Hmm.« Ich stellte mir vor, wie Neil McCormick den Umschlag aufriß, mit denselben Fingern, die im Traum meine Hand gehalten hatten. Ich sah ihn vor mir, wie er den Brief las und schließlich zögerte, als er zu der Stelle kam, in der es um mich ging, und wie er, als er sich allmählich erinnerte, lächelnd die Augen schloß.

Eines Morgens wurde ich vom Telefon geweckt, gleich darauf stand meine Mutter bei mir im Zimmer. »Es ist Avalyn«, sagte sie. Ich hatte Avalyn seit dem Fiasko auf meinem Bett nicht mehr gesehen. Den ganzen Monat über hatte ich nur zweimal mit ihr gesprochen. In mancher Hinsicht fehlte sie mir. Aber irgend etwas riet mir, sie erst einmal auf Distanz zu halten, bis ich mehr über Neil und unsere gemeinsame Vergangenheit in Erfahrung gebracht hatte. »Sag ihr, ich schlafe noch.«

Meine Mutter ging an den Zweitapparat vor meinem Zimmer. »Er ist leider noch im Bett. Das Studium strengt ihn doch sehr an.« Es lag etwas Triumphierendes in ihrer Stimme. »Auf Wiederhören.«

Als ich fast wieder eingenickt war, läutete das Telefon zum zweiten Mal. Avalyn konnte es nicht sein, deshalb ging ich selbst ran. Es war Eric. Er wollte wissen, ob ich Lust hätte, »auf Wassermelonenjagd zu gehen«. Das klang merkwürdig. Ich hatte schon ewig keine Melonen mehr gegessen, dafür waren die klebrig süßen Früchte in meiner Familie früher viel zu wichtig genommen worden. Seit mein Vater uns verlassen hatte, war das Feld neben unserem Haus nur noch ein Feld und kein heiliger Boden mehr. Nie wieder würde mein Vater dort die Sommer- und Herbststunden mit Pflanzen, Jäten und Pflücken verbringen.

Trotzdem hatte Eric mich mit seiner Frage neugierig gemacht. Ich schob meine Notizen für die bevorstehende Psychologieprüfung beiseite. »Die sind doch bestimmt längst hinüber«, sagte ich. »Wir haben schließlich schon fast November.« Dann verriet er mir, daß die Einladung von Mrs. McCormick kam. Neils Mutter. Der Mensch, der ihm am nächsten stand, die Frau, die ich noch nicht kannte. »Wann soll ich da sein?«

Seit ich den Toyota hatte, konnte ich kommen und gehen, wie es mir gefiel. Weil ich keine Lust hatte, meiner Mutter die Wahrheit zu sagen, tippte ich nur auf mein Psychologiebuch, damit sie glaubte, ich würde zum Lernen in die Bibliothek fahren. Sie schien Eric ein wenig lieber zu mögen als Avalyn, auch wenn sie ihn, wie sie sagte, »seltsam« und »mürrisch« fand. Außerdem war sie überzeugt, daß »hinter seiner traurigen Fassade ein Geheimnis steckte«. Es war mir egal, was sie dachte, er war mein Freund. Ich winkte noch einmal und ging aus dem Haus.

Es war schon so kühl, daß man eine Jacke brauchte, und die Straße von Little River nach Hutchinson hatte eine andere Farbe als sonst, matt und hirschlederbraun. Als ich an die Tür des Wohnwagens klopfte, machte mir Erics Großmutter auf. Sie und ihr Mann begrüßten mich mit dem bereits gewohnten »Hallo« und »Wie geht's?« Bald darauf kam Eric in die Küche, ganz in Schwarz gekleidet und mit einer schlaffen, fleckigen Bananenschale in der Hand. »Tag, Kumpel«, sagte er. Ich ging mit ihm in sein vollgestopftes Zimmer und legte eine Kassette von einer Band ein, die ich noch nicht kannte.

»Wir sollen in einer Stunde bei Neils Mom sein«, sagte Eric. »Hoffentlich bist du nicht schockiert, aber ich glaube, sie hat vor, die Melonen zu klauen. Sie hat im Westen der Stadt ein Feld entdeckt, das noch nicht ganz abgeerntet ist. Sie möchte Melonenschalen in Essig einlegen. Sie hofft, daß der Grundstücksbesitzer nichts dagegen hat, wenn sie sich ein paar Melonen ausborgt.«

Es klopfte, Erics Großvater brachte uns einen Teller Brownies. Ich setzte mich an das andere Ende von Erics Futon und stellte die Plätzchen zwischen uns. »Warum hat sie mich eingeladen? Sie kennt mich doch gar nicht.«

»Eigentlich war es meine Idee, dich mitzunehmen. Sie hat angerufen, und da habe ich es vorgeschlagen. Als Neil noch da war, sind wir irgendwie Freunde geworden. Komisch, was?« Eric leckte prüfend an einem Plätzchen, dann biß er hinein. Die ungekämmten Haare standen ihm in alle Richtungen vom Kopf ab, genau wie bei einem Mitglied der Band auf dem Poster hinter ihm. »Wie wär's mit einer Runde ›Sag die Wahrheit‹? Ich war ziemlich in Neil verliebt, aber er nicht in mich. Hoffentlich regst du dich jetzt nicht auf. Jedenfalls glaube ich, daß Neils Mutter davon was mitgekriegt hat. Vielleicht tue ich ihr leid. Vielleicht geht es ihr aber auch bloß so wie uns, und sie hat einfach keinen, mit dem sie mal was unternehmen kann. Vor allem, seit Neil in New York ist.«

Das war es also. Eric war in Neil verliebt. »Ist Neil …« Ich stockte.

»Ja, er ist schwul«, sagte Eric. Das klang mir zu hart. Das Wort hatte mein Vater früher gebraucht, wenn er vom Spiel einer Damenmannschaft aus Hutchinson zurückkam: »Schwule Weiber.« Plötzlich wurde mir klar, daß er sich die Baseballturniere immer im Sun Center angesehen hatte, wo Neil, wie ich von Eric wußte, Stadionsprecher gewesen war.

»Tust du mir einen Gefallen?« sagte ich. »Fährst du mit mir zum Sun Center, bevor wir uns mit Mrs. McCormick treffen? Damit ich sehen kann, wo Neil gearbeitet hat.«

Eric grinste, in seinen Mundwinkeln lag ein fast fieser Zug. »Klaro. Ich zeige dir das Sun Center. Und hinterher zeige ich dir, wo er eigentlich gearbeitet hat.«

Wir verließen sein Zimmer. Eric gab seinem Großvater den Teller zurück. »Lecker, lecker.« Er sagte den alten Herrschaften nicht, wohin wir wollten.

Das Sun Center war geschlossen, die Sommerspielzeit vorbei. Eric hielt vor dem mit einem Vorhängeschloß gesicherten Tor, an dem ein Schild hing: DAS GRÖSSTE BASEBALLPARADIES IN KANSAS. Er schnalzte mit der Zunge. »Schade. Sieht nicht so aus, als ob wir reinkönnten.« Ich sah mich um. Die Anlage war wie ausgestorben. Bis auf ein paar Spatzen, einen buckligen Platzwart, der die braunen Pflanzen goß, und zwei Kinder, die über den Zaun geklettert sein mußten und nun auf dem zum Stadion gehörenden Spielplatz wippten, gab es keine Spur von Leben.

»Siehst du die Preselogen über der Tribüne?« Ich folgte seinem ausgestreckten Finger mit den Augen. »Da oben hat Neil stundenlang gehockt und irgendwelchen Quatsch von sich gegeben. Du weißt schon. ›Preston schlägt, Lackey macht sich bereit.‹ Solches Zeug.« Ich versuchte mir vorzustellen, wie Neil dort oben hinter der Scheibe saß und das Spiel verfolgte. Aber ich sah nur das Kindergesicht von dem Mannschaftsfoto vor mir. Ich sah, wie Avalyn sich das Foto aufs Knie schlug, und zuletzt sah ich die Avalyn aus *Geheimnisvolle Welt*, das Kind mit den wehenden Zöpfen.

»Einmal haben wir es da oben getrieben«, sagte Eric und sah mich an. Er hatte einen glasigen Blick bekommen, und sein verschlossenes Gesicht war rot angelaufen. »Ach, tut mir leid. Ich wollte dich nicht schocken. Es ist ja sowieso alles aus und vorbei.« Er setzte zurück und gab Gas. Staub und welke Blätter wirbelten hinter dem Wagen her. Die Kinder auf der Wippe sahen uns nach und zeigten uns die gestreckten Mittelfinger.

Eric warf einen Blick auf die Uhr am Armaturenbrett. »Die geht eine Viertelstunde nach«, sagte er. »In zehn Minuten sollen wir bei Neils Mutter sein. Das reicht noch, dir den Carey Park zu zeigen.«

Es ging zunächst ein Stück nach Osten, dann nach Süden. Meine Eltern waren früher ein-, zweimal mit mir im Carcy Park gewesen. Ich erinnerte mich an Spielplätze, Baseballfelder, einen Golfplatz, einen Fischteich und an einen Minizoo, in dem Strauße, Gazellen und ein Büffel mit staubigem Bart träge unter den Pyramidenpappeln gestanden hatten. »Tiere gibt es da keine mehr«, sagte Eric. »Die Nieten aus der High-School haben sie ständig vergiftet, deshalb hat die Stadt den Zoo dichtgemacht.«

Die Straße schlängelte sich durch den Park. Ein allgegenwärtiger

Fäulnisgeruch wie nach Fischen, die am Flußufer in der Sonne trockneten, hing in der Luft. Blätter fielen auf die Windschutzscheibe, der Himmel war fleckig von Rauchschwalben und Spatzen. Rechts von uns saßen Kinder auf Schaukeln und Wippen. Links von uns schleppten zwei Männer mit weißen Hosen ihre Golfschläger zu einem Erdhügel. Der Platz hätte mal wieder gemäht werden müssen.

»Zeit für eine kleine Lektion über Neil«, sagte Eric. »Hier hat er früher ältere Männer aufgerissen. Du weißt, was ich meine?« Ich schüttelte den Kopf. »Prostitution. Neil war ein Stricher, er hat jahrelang angeschafft. Immer wenn er Geld brauchte, ist er in den Park gekommen. Wenn sich die alten Knacker abgearbeitet hatten, haben sie ihm ein paar Zwanziger zugesteckt. Du kannst dir gar nicht vorstellen, was er sich darauf eingebildet hat.«

Der Park flog vorbei. »Wow«, sagte ich. Ich hatte immer gedacht, nur Frauen könnten Prostituierte sein, und auch nur in der Großstadt. Neil als Strichjunge, das kam mir vor wie aus einem der Sensationsberichte, die meine Mutter sich so gern im Fernsehen anschaute. Ich konnte fast den Kommentator hören: »Ein halbwüchsiger Junge, der mit sexuellen Dienstleistungen viel Geld verdient. Das alles geschieht hier, mitten unter uns, im Mittleren Westen, in Hutchinson, einem verschlafenen Städtchen in Kansas.« Eric beobachtete mich. Was für eine Reaktion er wohl von mir erwartete? Ich wußte nicht, was ich sagen sollte. »Hast du ihm geschrieben?« fragte ich schließlich.

»Von dir, meinst du?« Er sah erneut auf die Uhr und hielt auf den Ausgang vom Carey Park zu. »Ja. Ich habe eine ganze Woche für den Brief gebraucht. Ich glaube kaum, daß Neil zurückschreiben wird. Aber er weiß jetzt, wer du bist und daß du dich mit ihm treffen möchtest, wenn er das nächste Mal nach Hause kommt.«

An der Kreuzung zum Reformatory Drive sah ich das KSIR mit seinen vier Wachtürmen. Im südwestlichen Turm konnte ich einen Schatten erkennen. Vielleicht war es meine Mutter, die die Anlage überwachte; obwohl ich mir nicht sicher sein konnte, beugte ich mich über Eric und drückte auf die Hupe, dann lehnte ich mich aus dem Fenster und winkte. Das machte ich manchmal.

Als wir in die Monroe Street kamen, wartete Mrs. McCormick schon auf der Verandatreppe. »Das ist sie«, sagte Eric. Die Haare, die ihr ins Gesicht fielen, hatten die gleiche Farbe wie die von Neil auf dem Foto. Sie war ein etwas wilder, dunkler Typ und ausgesprochen hübsch. Ich mochte sie auf Anhieb.

Sie kam zum Wagen getrabt und quetschte sich auf den Rücksitz. Als sie mir die Hand gab, sah ich, daß sie pink lackierte Nägel hatte. »Eric hat mir von dir erzählt«, sagte sie. »Du bist ein alter Bekannter von Neil?«

»Kann man wohl sagen.« Und dann: »Aus der Ferienliga.« Ich konnte nur hoffen, daß Eric ihr nichts über die Ufo-Geschichte erzählt hatte. Aber da sie mich nicht so ansah, als ob ich ein armer Irrer wäre, ging ich davon aus, daß sie nichts wußte.

Ich wußte auch nicht viel über sie. Von Eric hatte ich nur erfahren, daß sie in einem Supermarkt arbeitete, Sinn für Humor hatte und gern trank. Mrs. McCormick war, genau wie meine Mutter, eine alleinstehende Frau mit einem fast erwachsenen Sohn, aber sie kam mir wesentlich lockerer, freier und lustiger vor. Die beiden Frauen würden sich bestimmt nicht verstehen.

Ellen McCormick schien ausgesprochen eng mit Eric befreundet zu sein, fast so, als ob sie Geheimnisse miteinander hätten oder er ihr Sohn wäre und nicht nur der Freund ihres Sohnes. Was wußte sie über Neil und ihn? Was über Neils Aktivitäten im Carey Park? Aber vielleicht spielte das gar keine Rolle mehr. Ich konnte den Duft ihres Parfüms riechen, als sie sich vorbeugte, um sich am Straßenrand zu orientieren. »Da hinten bei der roten Scheune links abbiegen«, dirigierte sie. »Dann ein, zwei Meilen geradeaus, an ein paar Heuhaufen und einem gefällten Baum vorbei.« Wie aus dem Ärmel gezaubert, bot sie uns plötzlich schwarze Lakritzriemen an. »Noch aus derselben Kiste, die wir in Cheyenne Bottoms hatten«, sagte sie zu Eric. »Seit Neil nicht mehr da ist, weiß ich nicht wohin mit den Süßigkeiten.« Ich griff zu, und der Riemen schlüpfte ihr wie eine Schlange aus den Fingern.

Als wir an einem hügeligen Friedhof vorbeikamen, dessen Kreuze und Grabsteine sich vom Horizont abhoben, drückte Eric auf die Hupe. Hutchinson ließen wir immer weiter hinter uns zurück. »Da ist es«, sagte Mrs. McCormick, und Eric fuhr rechts ran.

Das Melonenfeld, ein flaches, sandiges Stück Land ohne Bäume, wurde durch einen beschädigten Stacheldrahtzaun von der Straße getrennt. An einem Pfosten hing ein Warnschild: BETRETEN STRENGSTENS VERBOTEN – SCHUSSWAFFENGEBRAUCH. Wir beachteten es nicht weiter. Die Melonen hatten ihre beste Zeit schon hinter sich. Blätter und Ranken waren welk, überall lagen tote Früchte mit dunkelroten Wunden herum, von Waschbären zerfleischt und in Stücke gerissen.

Wir kletterten einfach über den Zaun. »Mein Vater hat mir beigebracht ...« Ich stockte mitten im Satz. Nein, das wollte ich auf gar keinen Fall sagen. »Äh, ich weiß, woran man erkennen kann, ob eine Melone reif ist. Wo sie am Stengel hängt, hat sie einen kleinen Faden. Wenn der braun wird, kann man die Melone essen. Die hier sind innen bestimmt verfault.« Ich klang wie ein Professor und wünschte mir, ich hätte den Mund gehalten.

Mrs. McCormick störte sich nicht an meinem Gefasel. »Ich brauche das Fleisch nicht«, sagte sie. »Nur die Schalen. Meine Nachbarin hat mir gezeigt, wie man Wassermelonenschalen einlegt. Die schmecken vielleicht gut. Ich kann gar nicht genug davon kriegen. Los, fangen wir an zu pflücken.«

Ich stapfte über das Feld. Die eine Seite war mit einigen Kürbissen gesprenkelt, und da Halloween vor der Tür stand, klaute ich die drei mit den interessantesten Formen und schleppte sie zum Zaun. Gute Melonen waren nicht so leicht zu finden. Aber dann sah ich doch noch ein paar, deren Fädchen nicht schwarz, sondern braun waren. Ich pflückte sie und stellte sie neben die drei Kürbisse.

Plötzlich stieß Mrs. McCormick ein lautes Indianergeheul aus, ihre Stimme schnackelte wie die eines Jodlers. Sie hatte einen Waschbären entdeckt. Wie ein geölter Blitz flitzte sie über das Wassermelonenfeld hinter ihm her. Der gestreifte Waschbärenschwanz hüpfte durch die welken Blätter. Zweimal bückte sie sich, um ihn festzuhalten, und beide Male rutschte sie in dem lockeren Sand aus. Eric lachte, die Hand vor dem Mund, und blickte aufgeregt zwischen Mrs. McCormick und mir hin und her. In letzter Sekunde, kurz bevor sie ihn erwischte, erreichte der Waschbär das Ende des Feldes, huschte unter dem Stacheldraht durch und war in Sicherheit. Mrs. McCormick hob den Kopf, heulte noch ein letztes Mal hinter ihm her und kam geschlagen zurück.

Als Eric sich wieder beruhigt hatte, schlurfte er ziellos auf dem Feld umher und wirbelte Staubwolken auf. Neils Mutter suchte weiter nach verwertbaren Melonen. Nach einer Weile sah sie aus der Hocke hoch. Sie zeigte auf Eric und erhob die Augen in gespielter Verzweiflung zum Himmel. »Was mache ich bloß mit diesem Jungen? Er will einfach nicht arbeiten.« Dann deutete sie auf mich. »Aber der da«, sagte sie, »der ist ein Prachtkerl. Den muß mein Neil unbedingt näher kennenlernen.« Ich wußte zwar nicht genau, was sie damit meinte, aber ich hörte es trotzdem gern. Sie schubste eine kleine Honigmelone an, die langsam zum Zaun kullerte und eine Spur im Sand hinterließ.

Nach dem warmen Melonennachmittag wurde das Wetter ausgesprochen herbstlich. Eric lief nur noch in dicken schwarzen Pullovern herum, in denen seine blasse Haut noch käsiger aussah als sonst. Einmal erwähnte ich nebenbei, daß die Pullis bequem aussähen. Als ich am nächsten Abend nach dem College auf einen Sprung bei ihm vorbeischaute, schenkte er mir einen blauen Pullover. »Das soll nicht heißen, daß ich in dich verknallt bin«, sagte er. »Es ist bloß ein Geschenk unter Freunden.«

Weil meine Mutter an dem Tag länger arbeiten mußte, lud ich Eric nach Little River ein. Er nahm seine Kassetten und eine Flasche Whiskey mit. Fast hätte ich gesagt: Laß das bloß meine Mutter nicht sehen, aber damit hätte ich mich nur blamiert. Fast hätte ich gesagt: Ich war noch nie betrunken, aber das wäre sogar noch blamabler gewesen. Also sagte ich bloß: »Fahren wir.«

Es war kalt in meinem Zimmer, und ich zog mir schnell den blauen Pullover über. »So ist es besser.« Ich legte eine Kassette von Breathless ein und drehte die Anlage voll auf. Eric schraubte die Whiskeyflasche auf, trank einen Schluck und gab sie mir. Er ging an meinen Schrank und fand einen Stapel Papier und eine Zigarrenkiste mit Filzstiften, auf der in der Handschrift meines Vaters 6 CENT/PFUND stand. Das hatte er geschrieben, als Deborah und ich noch während der Volksfestzeit Wassermelonen verkauft hatten.

Wir hockten uns auf den Boden, und ich würgte den ersten Schluck Whiskey mit Todesverachtung hinunter. Eric faltete ein großes Blatt Papier in drei Teile. Dann erklärte er mir ein Spiel, das er im Kunstunterricht gelernt hatte. Jemand malte einen Kopf auf das erste Drittel Papier, markierte den Halsansatz auf dem oberen Rand des mittleren Teils und gab das Blatt weiter. Der nächste Mitspieler zeichnete den Körper und die Beinansätze, und ein dritter beendete das Männchen.

Eric gab mir das gefaltete Blatt. Ich sollte den Kopf übernehmen. »Ich habe eine Idee«, sagte er. »Mal doch einen Außerirdischen.«

Ich runzelte die Stirn. »Steht das etwa auch in den Regeln, daß du mir sagst, was ich malen soll?« Aber weil ich kein Spielverderber sein wollte, fing ich doch an, einen glühbirnenförmigen Kopf zu zeichnen. Die Nasenlöcher des Wesens fielen größer aus als in meinen Träumen. Nachdem ich die großen Augen und den Mundschlitz fertig hatte, genehmigte ich mir noch zwei Schluck. Heiß rann der Whiskey hinunter, eine schwindeln machende Mischung aus Feuer und Wasser.

»Aus dieser Flasche hat Neil schon getrunken«, sagte Eric.

Nun war er an der Reihe. »Ich schreibe dir jedenfalls nicht vor, was du zu zeichnen hast«, sagte ich. Nachdem ich noch schnell die Halsansätze angefügt hatte, konnte er den Körper in Angriff nehmen. Er brauchte doppelt so lange wie ich, obwohl er sich dabei auf die Unterlippe biß, um sich besser konzentrieren zu können.

There you are with your idiot ideas«, sang jemand auf der Kassette. *»More or less as farfetched as mine.«*

Als Eric fertig war, klappte er das letzte Drittel des Papiers um. »Schön blöd. Wir sind doch nur zu zweit.«

Ich überlegte einen Augenblick. »Dann tun wir einfach so, als ob Neil hier ist«, sagte ich. »Du versetzt dich in ihn hinein und zeichnest die Beine so, wie er sie zeichnen würde.«

Eric trank einen Schluck, suchte sich einen andersfarbigen Filzstift aus und wollte loslegen. »Nein«, sagte er und schob das Papier zu mir herüber. »Mach du das lieber. Denk an alles, was du über ihn weißt und woran du dich erinnerst.«

Ich stellte mir Neil auf dem Foto aus der Handelskammer vor, setzte den Stift an Erics Beinansätzen an und konzentrierte mich, bis die Zeichnung fertig war, auf jede Kleinigkeit, die ich über Neil in Erfahrung gebracht hatte. Mir drehte sich alles, der Whiskey begann zu wirken. Nachdem ich das Blatt zwischen Eric und mich gelegt hatte, falteten wir es gemeinsam auseinander.

Zuerst kam mein Kopf eines Außerirdischen, der große Ähnlichkeit mit der Zeichnung hatte, die Avalyn für die Zeitung aus Wichita angefertigt hatte, vor allem mit den leicht unsymmetrischen Augen, die das ganze Gesicht dominierten. »Gut«, sagte Eric. Sein Körper, die detaillierte Darstellung eines Skeletts, hielt eine bluttriefende Sichel in den weit gespreizten Fingern seiner Knochenhand. Das Becken hatte die Form eines dicken Herzens, und die Oberschenkelknochen gingen in »Neils«, also meine Zeichnung der Beine über. Eric sagte: »Auch nicht übel.« Ich hatte der Figur O-Beine mit knubbeligen Knien gemalt. An den Füßen trug sie klobige Turnschuhe mit Spikes und gelösten Schuhbändern. Neben dem linken Schuh lagen ein Baseballschläger und ein Fanghandschuh, auf dessen Daumen die Nummer neunundneunzig stand. Und neben dem rechten Fuß lag ein überdimensionaler Baseball. Darauf hatte ich das Wort TRAINER geschrieben.

Eric tippte auf den Baseball. »Trainer«, las er vor. »Was hat das zu bedeuten?«

»Ich weiß nicht.« Ich kippte den Rest des Whiskeys, als ob es Wasser wäre. »Ich weiß es wirklich nicht.«

Irgendwann muß ich eingeschlafen sein, denn ich wurde vom Läuten des Telefons geweckt. Als ich mich hinsetzte, war mir schwindelig, und mein Kopf dröhnte. Ich schlug Eric aufs Knie. »Ich glaube, ich bin betrunken.«

»Das glaube ich auch«, sagte er und stand schwankend auf.

»Warte. Vielleicht ist es Avalyn. Ich weiß immer noch nicht, was ich ihr sagen soll. Denk dir was aus. Sag ihr, ich schlafe oder ich bin nicht da.«

Eric holte das Telefon aus der Diele, stellte es auf den Fußboden und legte die Hand auf den Hörer. Er überlegte einen Augenblick, dann nahm er ab. »Hallo.« Ich war gespannt, was er als nächstes sagen würde. »Ja, doch«, stotterte er. »Eine Sekunde. Ich hole ihn.«

Ich fragte lautlos: »Wer ist das?« Mir war etwas mulmig. Es war nämlich schon Viertel vor zwölf, und meine Mutter hätte längst zu Hause sein müssen. Ich stellte mir vor, daß ihr Wagen als zertrümmertes Wrack im Straßengraben lag, daß ihr Gesicht von umherfliegenden Glassplittern zerschnitten war. Ich stellte mir vor, daß sich ihr die Kugel eines Gefangenen ins Gehirn bohrte.

»Ein Mann«, flüsterte Eric zurück. Er strampelte sich die Schuhe von den Füßen, schüttelte ein Kopfkissen auf und legte sich aufs Bett.

Ich kroch auf allen vieren durchs Zimmer und griff nach dem Hörer. »Hallo.«

Nichts. Dann hörte ich den Menschen am anderen Ende der Leitung schlucken und tief Luft holen. »Brian«, sagte jemand. »Ich bin's.« Ich erkannte die Stimme nicht gleich und sah Eric, der schon fast ins Land der Träume abgedriftet war, schulterzuckend an.

Die Stimme wiederholte meinen Namen. Diesmal wußte ich sofort, wer der Anrufer war. Es war mein Vater.

Ich hatte meinen Vater seit drei Jahren nicht mehr gesehen, seit er Deborah und mich Weihnachten 1988 besucht hatte. Er hatte uns je einen Zwanzigdollarschein in die Hand gedrückt, sich in eine Ecke gestellt und uns dabei zugesehen, wie wir unsere Geschenke auspackten. Angerufen hatte er seit Weihnachten letzten Jahres nicht mehr. Er hatte mir weder zum Schulabschluß noch zum neunzehnten Geburtstag gratuliert. Vielleicht lag es an meinem Schwips oder daran, daß Eric im Zimmer war, aber aus irgendeinem Grund fühlte ich mich plötzlich ausgesprochen mutig. Und wütend war ich auch. Am liebsten hätte ich meinen Vater beschimpft. Ich wollte auf den Grund meiner Gefühle für ihn vordringen, in dem Morast aus Enttäuschung, Wut und Haß stochern und ihm meine glühende Verachtung ins Gesicht schleudern. »Was willst du denn, du Arsch?« schnauzte ich ihn an. Es tat mir fast körperlich weh, die Frage auszusprechen, so als wäre sie mir mit einem unsichtbaren Brecheisen von den Lippen gestemmt worden. Eric riß die Augen auf und sprang vom Bett.

»Brian«, sagte mein Vater vorwurfsvoll. Meine Frage hatte ihn ebenfalls schockiert. Doch dann beherrschte er sich wieder. »Ich habe deinen Geburtstag vergessen. Ich wollte ... Ich wollte mich wenigstens entschuldigen.«

»Darauf kann ich verzichten.« So hatte ich noch nie mit meinem Vater geredet. Wenn ich mir als Junge einen solchen Ton herausgenommen hätte, wäre mir eine Ohrfeige sicher gewesen. Aber jetzt, benebelt vom Schnaps, konnte ich nicht anders. So viel war seit seinem letzten Anruf geschehen, so viele neue Menschen, Orte und Erinnerungen. Mein Vater hatte keinen Anteil daran genommen. Er wußte nichts über mich. Ich war nicht mehr sein Sohn als der Junge, der ihm die Morgenzeitung brachte, oder der Junge von nebenan, wo auch immer er jetzt wohnen mochte.

»Sag doch so was nicht, Sohn. Ich hatte immer vor, dich mal wieder zu besuchen, weil wir doch soviel zu bereden ...«

»Das kannst du deiner Großmutter erzählen«, fiel ich ihm ins Wort. Eric legte neugierig den Kopf auf die Seite.

»Du darfst mir nicht böse sein. Bitte.« Mein Vater hatte »bitte« zu mir gesagt. Mir wurde kotzübel. »Rede mit mir, mein Junge. Ich möchte doch wissen, wie es dir geht und was du so treibst.«

Ich hatte das Gefühl, an einer Schwelle zu stehen. Jahrelang hatte ich meinen Vater fragen wollen, was er über die fünf verlorenen Stunden wußte, und nun fiel es mir schwer, die richtigen Worte zu finden. »Ach ja, das willst du wissen? Aber zuerst sag ich dir, was ich von dir wissen will.« Ich konnte hören, wie er atmete, frei und gleichmäßig. Einen Augenblick lang sah ich, wie sich die Brust meines Vaters bei jedem Atemzug hob und senkte, vollkommen klar stand sein Bild vor mir, als ob ich ihn erst gestern gesehen hätte.

»Als ich noch klein war, ist etwas mit mir passiert«, sagte ich. »Vielleicht kannst du mir was darüber erzählen.«

»Was ist los?« fragte er. »Was hat dir deine Mutter ...«

»Meine Mutter ist nicht hier. Die wollen wir da auch schön raushalten. Wie du genau weißt, habe ich seit Jahren einen mittelschweren Knacks, liebster Vater.« Eric schlug sich die Hand vor den Mund. »Seit deinem letzten Anruf versuche ich herauszufinden, woher ich den habe. Vielleicht kannst du mir weiterhelfen. Vielleicht erinnerst du dich noch an den Abend, an dem ich unter der Veranda aufgewacht bin. Ich habe geblutet, war dreckig und habe furchtbar gestunken, wie ein halbtotes Tier. Erinnerst du dich noch? Oder hast du nichts davon mitgekriegt? Schließlich mußtest du ja schlafen, schließlich war ich dir scheißegal. Weißt du noch, daß Mutter mit mir zum Arzt gegangen ist? Aber du hast dich ja nur dafür interessiert, daß ich aufhören wollte, Baseball zu spielen. Weißt du noch, wie oft ich damals umgekippt bin, wie oft ich ins Bett gemacht habe? Aber du hast ja nie gefragt warum, sondern mich nur ausgeschimpft. Erinnerst du dich an den Halloween-Abend zwei Jahre später, als ich wieder in Ohnmacht gefallen bin? Ich wußte genau, daß mir abermals etwas passiert war, aber du wolltest nichts davon hören. Erinnerst du dich?« Ich mußte kurz Luft holen. Meine Stimme gehörte mir nicht mehr, ich erkannte sie kaum wieder. Und die Worte sprudelten weiter aus mir heraus. »Es könnte sein, daß jemand an diesen beiden Abenden etwas mit mir gemacht hat. Es könnte sogar sein, daß jemand versucht hat, mich umzubringen, oder mir noch etwas Schlimmeres angetan hat.« Die Sätze verschwammen ineinander, und ich fragte mich, wieviel er von meinem Gefasel überhaupt verstand. »Nun frage ich dich: Was weißt du darüber, liebster Vater? Was hast du mir zu sagen?«

Wieder gab es eine Pause, aber diesmal dauerte sie viel zu lange. Mir tat die Brust weh – nein, nicht die Brust, das *Herz* –, und während ich wartete, erkannte ich mit einemmal, was für absurde Züge das Gespräch angenommen hatte, und mir wurde klar, daß er mir keine Antwort geben konnte.

»Ich weiß nicht«, sagte mein Vater schließlich. Er klang erschöpft. »Dazu kann ich nichts sagen. Ich kann dir nicht helfen, Brian.«

Am liebsten hätte ich den Hörer einfach auf die Gabel geknallt, aber das kam mir dann doch übertrieben vor. Ich mußte mich wenigstens verabschieden. »Wiederhören.« Ich legte auf, bevor er noch etwas sagen konnte.

Meine Hand pochte. Ich blickte auf sie nieder. In der Faust hielt ich das zusammengeknüllte Bild, das Eric und ich gezeichnet hatten. Ich ließ es los. Das Blatt bauschte sich, die Falten sprangen ein wenig auf. Ich sah eine Knochenhand von Erics Skelett. Ich sah ein weit aufgerissenes Auge meines Außerirdischen. Ich sah das T und das R von dem Wort, das ich auf Neils Baseball geschrieben hatte.

Eric legte sich wieder aufs Bett. Er stellte keine Fragen. Hinter ihm im Fenster brannte ein strahlend blaues Licht, aber ich wußte, ohne nachzusehen, daß es lediglich eine Verandalampe in Little River war. Mehr war es nicht, mehr nicht.

»Genau, wie ich dachte«, sagte ich. »Er hat mir nichts getan. Er war es nicht. Er hatte nichts damit zu tun.« Fast eine Ewigkeit lang starrte ich das Telefon an, bis es mir so schien, als kröche es über den Fußboden. Ich wußte, daß die Halluzination von der Dunkelheit und dem bittersüßen Zauber des Whiskeys kam. Ich holte weit aus und verpaßte dem Apparat einen Fußtritt. Er schoß in die Diele hinaus. Erst nach einer ganzen Sekunde fast wundersamer Stille krachte das Telefon gegen eine Tür, die Tür zu dem Zimmer, wo früher mein Vater geschlafen hatte.

14
Neil McCormick

Das Leben in New York ließ sich nicht so an, wie geplant. Ich quälte mich durch rekordverdächtige vier Wochen – neunundzwanzig Tage, um genau zu sein – ohne Sex. »Ich wußte schon immer, daß du einen starken Willen hast«, sagte Wendy. Daß meine Enthaltsamkeit nicht das geringste mit Willenskraft zu tun hatte, sondern mit den Sackratten, die ich einfach nicht loswurde, behielt ich für mich. Drei-, viermal hatte ich es bereits mit dem Mittel probiert, das Eric mir damals in Great Bend besorgt hatte, vor einer Ewigkeit, wie es mir inzwischen schien. Erst Mitte September, nach Behandlung Numero fünf, hatte ich die Läuse ein für allemal vertrieben und konnte endlich wieder tun und lassen, wozu ich Lust hatte.

Ich hatte von verschiedenen Leuten gehört, daß man in New York an jeder Ecke Sex kriegen konnte. So toll ich diese Aussicht auch fand, ging mir doch etwas nicht mehr aus dem Sinn, was Christopher Ortega zu mir gesagt hatte, als ich ihm von meinen Umzugsplänen erzählte: »Da oben würde ich es lieber sein lassen mit dem Sex.« Es klang fast, als ob ich vorhätte, mit einem Raumschiff zu einem weit entfernten Todesplaneten zu fliegen. »Das ist zu gefährlich.«

Gefährlicher als die Straße, in der Wendy und ich wohnten, konnte ein bißchen Sex allerdings auch nicht mehr sein. Die Wohnung lag im vierten Stock eines verdreckten Gebäudes in der Avenue B. Schon am frühen Morgen hockten Arbeitslose auf dem Bordstein und tranken in braunen Papiertüten verstecktes Dosenbier. Kinder, die spanische Sätze schrien, spielten inmitten der fahrenden Autos Fangen. Der Drogendealer aus der Nachbarschaft drehte seine Runden und raunte jedem, der in seine Nähe kam, die Parole »Bodybag, Bodybag« zu. An Ausschlafen war nicht zu denken. Bei dem seismischen Lärm der Straße drehte und wälzte ich mich so lange in dem provisorischen Bett herum, das Wendy für mich im Wohnzimmer aufgebaut hatte, bis ich aufwachte.

Nachdem die Sackratten endgültig den Abgang gemacht hatten, wanderte ich am Abend durch das West Village. In den New Yorker Straßen kam ich mir wie in einem verzwickten Labyrinth vor. Jeder kleine Laden an der Ecke verkaufte Herbstblumen, was ich aus Kansas überhaupt nicht kannte. Männer, die vor Kleidergeschäften und Drugstores standen, drückten den Passanten Reklamezettel in die Hand: HEUTE ABEND SONDERVERKAUF, ZEHN PROZENT RABATT AUF ALLE ARTIKEL. Weil ich ein leeres Gefühl im Magen hatte, blieb ich an einem Obststand stehen und ließ mir für ein Körbchen verschrumpelter, angegammelter Erdbeeren fünfundsiebzig Cent abknöpfen.

In der West Tenth entdeckte ich eine Schwulenbar, die Ninth Circle hieß. Drei coole Typen standen davor, unter einer Laterne, als wollten sie sich wärmen. Sie musterten mich, als ich vorbeiging. Ich mampfte ein paar Erdbeeren und tat so, als hätte ich nichts gesehen. An ihren aufreizenden Posen und den spöttischen Blicken merkte ich gleich, daß sie Stricher waren. Alle drei trugen die gleichen Klamotten wie ich – weiße T-Shirts und Jeans.

Ein Penner, dessen eines Auge so starr wie das einer toten Flunder war, sprach mich an und fragte, ob er »ein paar Kirschen abhaben« könnte. Ich spürte die Blicke der Jungs auf mir. Stolz wie ein Märtyrer schenkte ich dem Mann das ganze Körbchen Erdbeeren.

Plötzlich merkte ich, daß ich noch von jemand andcrem beobachtet wurde. Ein Mann in den Vierzigern hatte mich angepeilt, ein Typ mit Anzug und Aktenkoffer, einer von der Sorte, die es immer eilig hat und in keiner Menschenmenge auffällt. »Hi«, sagte er, als sich unsere Blicke trafen. Ich sagte ebenfalls: »Hi.« Drei Minuten später war ich mit ihm auf dem Weg nach Hause, heiß darauf, die Glasscheibe meiner Enthaltsamkeit kaputtzuschlagen.

Der Typ war Anwalt, und die Bücherregale in seiner Wohnung

waren mit lexikondicken juristischen Wälzern vollgestopft. An der einen Schlafzimmerwand hing ein Sternenbanner, das vom Fußboden bis zur Decke reichte. Ich grüßte militärisch. Der Typ nahm mir die Hand von der Stirn und zog mich hinter sich her. Seine Augen blitzten in der Dunkelheit. Ich schmiß meine Klamotten in eine Ecke, er faltete seine Sachen und legte sie ordentlich auf einen Haufen. Ein schläfriger Basset kam hereingewatschelt und hockte sich neben das Bett. Jedesmal, wenn meine Füße über den Rand hingen, wollte er mir die Zehen ablecken.

Der Anwalt redete die ganze Zeit – das übliche, unpersönliche Pornogequatsche, das mich immer noch anmachte. Er zog mir ein Kondom über und hockte sich auf allen vieren vor mich hin. Er warf einen Blick über seine Schulter, und ich drang in ihn ein. Aus Spaß versuchte ich mir vorzustellen, was er wohl gerade dachte: Was für ein geiles Gefühl, einen Teenager in mir zu haben; wäre ich doch bloß zwanzig Jahre jünger, dann könnte ich der Lover dieses Jungen sein und nicht bloß ein Zufallsfick.

Er kam, ich kam, alles wie gehabt. Er machte ein verzweifeltes Gesicht. »Du bleibst doch noch, ja?« Er hievte sich vom Bett, beruhigte seinen hysterischen Hund und fing an, in seinen Hosentaschen zu wühlen. Ich wollte ihm eben erklären, daß ich nur bleiben könnte, wenn ich vorher meine Mitbewohnerin anriefe, da drehte der Typ sich um. Er hielt einen Packen Geldscheine in der Hand.

Dann waren die Jungs in der West Tenth also tatsächlich Stricher gewesen, und der Anwalt hatte mich für einen von ihnen gehalten. Ich nahm sein Geld. »Klar bleibe ich noch.«

Ich dachte: *Wenn das nicht Schicksal ist.*

Als es Herbst geworden war, wurde es in New York früh dunkel. Gegen acht Uhr abends gerann die kühle, rauchige Luft in den Straßen. Die Stadt roch nach Feuer, wie bei einem Voodooritual. Wie Maschinen hasteten die Menschen aneinander vorbei, niemand sah den anderen an.

Da mir mein erster sexueller Kontakt in New York fünfzig Dollar eingebracht hatte, konnte ich es mit der Jobsuche, vor der mir so graute, etwas langsamer angehen lassen. Außerdem war es sicher nicht verkehrt, die Stadt zuerst ein bißchen besser kennenzulernen. Also streifte ich weiter durch die Straßen. Wenn es mich dabei in die West Tenth verschlug, starrten mich wieder die gleichen Jungs an, ohne mich anzusprechen. Aber ich gabelte keine Freier mehr auf. Abends war ich vor Wendy wieder zu Hause, und meistens brachte ich ihr irgendein schwachsinniges Geschenk mit (alte »Witching Hour«-Hefte, ein Paar Ohrringe für ihre Sammlung, gebrannte Cashewnüsse von einem Straßenhändler), um mein schlechtes Gewissen zu beruhigen, weil ich immer noch umsonst bei ihr wohnte. »Ich bin schon ein richtiger New Yorker geworden«, sagte ich zu ihr. »Ich vermisse Kansas überhaupt nicht.«

Dabei vermißte ich es doch, das ließ sich nicht leugnen. Nach der Nummer mit dem Anwalt hatte ich mich in seinen Armen auf den weichen Kissen ausgestreckt und die Gedanken schweifen lassen. Kurz bevor ich einnickte, erinnerte ich mich daran, wie Kansas aus dem Flugzeug ausgesehen hatte. Als die 747 von der Startbahn des Wichita Airport abhob, hatte ich mich auf meinem Sitz neben einer schlafenden Frau und ihrer kleinen Tochter zurückgelehnt und aus dem Fenster gesehen. Tausende Meter unter mir verwandelte sich die Erde in einen Flickenteppich aus Grün, Gelb und Braun, aufgelockert von glänzenden Scheunendächern und Silos, durchzogen von Flüssen, die sich wie saphirblaue Adern durchs Land schlängelten, und gesprenkelt mit unzähligen Baseballfeldern. Auf einem gelbgrünen Outfield liefen die ameisengroßen Spieler zur Bank. Da überkam es mich, und ich sagte leise: »Ende des Innings. Das fünfte Inning eröffnet ...« Ich stellte mir vor, wie wohl das Sun Center vom Himmel aus aussehen würde. Dabei fiel mir Eric ein, und ich dachte an meine Mom und meinen Freund, wie ich sie zuletzt gesehen hatte, als sie am Flugsteig standen und synchron winkten. Das Flugzeug drang in eine wattige Haufenwolke ein, und Kansas verschwand.

Als mir einmal vom vielen Laufen die Beine weh taten, ging ich in die Avenue B zurück. Vor dem Laden an der Ecke stritten sich zwei Tunten. »Ich will wissen, wer es war«, fauchte die eine die andere an. Ich mußte mir ein Lachen verbeißen. Neben den beiden stand eine Kürbispyramide, denn es war nicht mehr weit bis Halloween. Mitten in der Großstadt wirkten die Früchte lächerlich, mickrige Knollen, kein Vergleich zu den Kürbissen im Mittleren Westen, keiner größer als das Gehirn eines Schwachkopfs. Sie würden dem Feiertag keine Ehre machen. Ich sah sie mir lange an und kaufte schließlich den dicksten, der sich im Fenster unserer Wohnung bestimmt am besten machen würde.

»Jackpot«, sagte ich laut zum Briefkasten: ein Brief von Eric und eine Karte von Mom, auf der ein Zyklon eine Stadt verwüstete. Darunter stand KANSAS TORNADO. Ich las die Karte, während ich nach oben ging. Mom hatte nur ein paar Zeilen geschrieben. Die Gefriertruhen im Supermarkt hätten den Geist aufgegeben, es würde langsam kälter, und das Haus wäre ohne mich nicht mehr dasselbe. »Du fehlst mir. Jede Stunde.«

In der Wohnung hockte ich mich auf den Fußboden und riß Erics Brief auf. Am Datum sah ich, daß er schon drei Wochen alt war, aber Eric hatte ihn jetzt erst abgeschickt. Die acht handgeschriebenen Seiten stammten aus dem Gedichtheft und Geheimtagebuch, mit dem ich ihn manchmal beobachtet hatte. Auf den ersten beiden Seiten ging es um seine Großeltern und um das Wetter, über das ich ja schon durch Mom Bescheid wußte. Aber auf Seite drei wurde es plötzlich spannend:

Jetzt komme ich zu dem eigentlichen Grund für meinen Brief. Vor vier Tagen habe ich einen Jungen kennengelernt. Es ist echt komisch, aber ich habe seitdem jeden Tag etwas mit ihm unternommen. Nein, nicht was Du denkst, wir haben nichts miteinander. Ich glaube noch nicht mal, daß er schwul ist. Eigentlich kann ich mir nicht vorstellen, daß er es überhaupt mit irgendwem treibt. Jedenfalls hat er gerade angefangen zu studieren. Er kommt aus Little River, einem Kuhkaff in der Nähe von Hutchinson. Gestern habe ich ihn besucht. Das Kaff sieht total künstlich aus, eher wie ein Traum von einer Stadt; die Häuser, Kirchen und Bäume wirken wie Pappkulissen aus einem Film, die beim leisesten Stoß umkippen würden. Das klingt blöd, ist aber wahr.

Der Typ heißt Brian. Er ist blond und ein bißchen tapsig, hat eine Brille und Pickel. Aber jetzt kommt's! Er ist total besessen von Dir. Nein, das soll kein Witz sein. Ich bin direkt vor Eurem Haus über ihn gestolpert, kurz nachdem Du weggezogen warst. Und da fragt er mich doch glatt: »Bist du N. McCormick?« Ich dachte, ich spinne. Natürlich habe ich ihm gesagt, daß er den Falschen erwischt hatte. Die Sache ist die, er war als kleiner Junge mit Dir in einer Baseballmannschaft, aber nur ein paar Spiele lang, dann hat er wieder aufgehört, weil er so schlecht war und so. Und jetzt atme mal tief durch und setz Dich hin. Nach einigem Hin und Her rückt er gestern auf einmal damit raus, daß er glaubt, Ihr zwei wärt als Kinder von einem Ufo entführt und von Außerirdischen zu Experimenten mißbraucht worden. Es war ihm bitter ernst damit, das kannst Du mir glauben. Ich habe es ihm an den Augen abgelesen. Er hat erzählt und erzählt, auch von einer Frau, die er kennt und die ebenfalls von Ufos entführt wurde und deswegen sogar im Fernsehen war. Er hat sich alles von der Seele geredet. Zum Beispiel hat er geträumt, Du und er, Ihr wärt in einem blauen Zimmer, die Außerirdischen würden Euch packen und überall betatschen. Außerdem könnten sie sich irgendwie durch Gedankenübertragung mit Euch verständigen. (Das hat mich natürlich umgehauen, weil ich mich doch selber so für übersinnliche Wahrnehmungen interessiere). Als er mit seiner Story fertig war, hat er mir in die Augen gesehen und gesagt: »Aber wahrscheinlich habe ich eben sowieso nur Scheiße verzapft. Mir wird nämlich allmählich klar, daß damals etwas ganz anderes passiert sein muß.« Und als er »etwas ganz anderes« sagte, hörte es sich an wie kursiv gedruckt, und sein »Scheiße« klang so, als ob er noch nie im Leben geflucht hätte. Also, Neil, raus mit der Sprache. Was steckt dahinter? Erinnerst Du Dich an Brian oder nicht? UND BIST DU VON EINEM UFO ENTFÜHRT WORDEN? *Und wenn ja, warum hast Du mir dann nichts davon erzählt? Hm? Merkwürdig.*

Obwohl Erics Brief noch weiterging, hörte ich erst einmal auf zu lesen. Meine erste Antwort lautete nein, ich konnte mich nicht an einen Brian erinnern. Mir fiel noch nicht einmal ein Brian von der Junior High School in Hutchinson ein. Als ich an die Ufo-Story dachte, mußte ich grinsen, so haarsträubend und ungeheuerlich hörte sich das an. Es war ein Gefühl, als ob mir jemand eine pikante Anekdote ins Ohr flüsterte und mich dabei die ganze Zeit kitzelte.

Als ich mich wieder beruhigt hatte, dachte ich ernsthaft über Erics Frage nach. Der Junge, der Brian hieß, die Baseballmannschaft, das »ganz andere«, das passiert sein sollte, das alles kam mir so unangenehm bekannt vor, daß es mir direkt peinlich war. Brian? Ich schloß die Augen und überlegte. Brian.

Doch bei aller Konzentration stieg nicht das Bild des Jungen, sondern das eines anderen Menschen vor meinen Augen auf. Ich sah den Trainer vor mir. Das Funkeln in seinen Augen, der struppige, rotblonde Schnurrbart, die Waschbrettmuskeln – es war alles noch da, in einem geheimen Winkel meines Gedächtnisses sicher verwahrt. Er war nach wie vor ein Teil von mir.

Es war Liebe gewesen. Der Trainer hatte mich geliebt. Aber er hatte auch noch andere Jungen gehabt, deren lächelnde Gesichter ich in seinen Fotoalben gesehen hatte. Und ich konnte mich daran erinnern, daß er dreimal Jungen mit nach Hause gebracht hatte, frisches Blut für unsere verbotenen Spiele. War Brian einer von diesen dreien gewesen? Die Gesichter der Jungen blieben verschwommen, sie kamen nicht an die Oberfläche. Vielleicht war ich eifersüchtig auf sie gewesen, weil ich dem Trainer nicht mehr genügte, weil ich plötzlich nur noch zweite Wahl war. Was auch immer der Grund war, ich hatte sie aus meinem Gedächtnis gestrichen. Und an ihre Namen konnte ich mich genausowenig erinnern wie an die der Männer aus dem Carey Park oder aus Rudy's, mit denen ich es getrieben hatte. Ich erinnerte mich nur an einen einzigen Namen: *Trainer.*

»Mir wird nämlich allmählich klar, daß damals etwas ganz anderes passiert sein muß.« Ich hörte Brians Stimme, auch wenn ich nicht wußte, wer er war; ich hörte, wie er diesen Satz zu Eric sagte. Womöglich war diese Ufo-Geschichte bloß erstunken und erlogen. Womöglich hatte er Eric längst vom Trainer erzählt, und nun machten sie sich einen Spaß daraus, mich mit vereinten Kräften zu verarschen. Vielleicht, aber vielleicht auch nicht. Ich wollte nicht mehr daran denken.

Ich war nahe daran, Eric anzurufen, aber ich konnte es nicht. Nur ein einziger Mensch wußte über den Trainer Bescheid – Wendy –, und selbst ihr hatte ich nicht die ganze Geschichte erzählt. Sie konnte nicht wissen, wie geborgen ich mich in seinen Armen gefühlt hatte, wie glücklich ich gewesen war, und, ja, wie sehr ich ihn geliebt hatte. Der Trainer hatte seinen ganz besonderen Platz in meiner Vergangenheit, in meinen ungetrübtesten Erinnerungen. Eric durfte nie etwas über ihn erfahren, genausowenig wie Mom. Ganz egal, welche Erinnerungen Erics neuer Freund hatte, ich durfte nicht zulassen, daß sie meine besudelten.

Doch noch während mir diese Gedanken durch den Kopf gingen, während ich mich auf dem Fußboden ausstreckte und Erics Brief in die Ecke warf, überkam mich die seltsame Gewißheit, diesen Brian zu kennen oder ihn zumindest zu verstehen, als ob ich die übersinnlichen Kräfte besäße, von denen Eric nur träumen konnte. Meine Gewißheit war so groß, daß sie mir angst machte.

Das Geld ging rasch zur Neige. Eben noch da, am nächsten Tag weg. Die Abende verplemperte ich damit, mit Wendy und ihren Freunden in verräucherten Hetero- oder Homobars im East Village rumzuhängen. Ich schlief mich durch verschiedene Betten; der Sex war nicht besonders berauschend, im Grunde nicht viel anders als in Kansas. Aber ich wollte mehr.

Eines Nachts, in einer Bar mit dem originellen Namen The Bar, fragte mich der Mann hinter der Theke, woher ich stammte. Als ich es ihm erzählt hatte, grinste er, überlegte kurz und sagte: »Jetzt bist du nicht mehr in Kansas.« Den Spruch hörte ich nicht zum erstenmal. Alle fanden das Zitat aus dem *Zauberer von Oz* ausgesprochen witzig – Barmänner, Wendys Clique und ein alter Freier, der mich lüstern anpeilte, weil er hoffte, daß ich ihm für diese Nacht gehören würde.

Nachdem der Typ sein Sprüchlein abgelassen hatte, drehte ich mich zu Wendy um, das Gesicht heiß vor Wut und vom Alkohol. »Ich hasse Dorothy und Toto.« Wir fanden einen Platz auf einer Bank neben dem Pooltisch. Die weiße Kugel prallte auf die blaue und versenkte sie im Loch.

Wendy löste das Gummiband von ihrem Pferdeschwanz, der ihr bis weit auf den Rücken hinunterhing. Ihr scharlachrot gefärbtes Haar floß in alle Richtungen auseinander, so überwältigend schön, daß ich Gesicht und Hände darin vergraben mußte. Es roch nach Blüten, Geißblatt vielleicht. »Flechte mir einen Zopf«, sagte Wendy.

Ich wußte nicht, wie es ging. Sie zuckte mit den Schultern und fuhr sich mit gespreizten Fingern durch die Haare. »Es ist genauso, wie wenn man einen Knoten macht. Bloß mit drei statt mit zwei Strähnen.« Ich fing an zu knoten, aber es wurde kein besonders schöner Zopf daraus.

Als Wendy auf der Toilette war, um ihr Haar im Spiegel zu überprüfen, ging ich uns noch ein Bier holen. Der Barmann, der mit einem Freund tuschelte, bedeutete mir, daß er mich gleich bedienen würde. Ich schnappte das Wort »Stricherszene« auf und spitzte die Ohren, weil ich soviel wie möglich über das Ninth Circle erfahren wollte. Aber die beiden Männer unterhielten sich gar nicht über die Kneipe im West Village, sondern über eine Bar auf der Upper East Side, die Rounds hieß, ein ziemlich schwachsinniger Name, wie ich fand. Ich kriegte nicht alles mit, aber es hörte sich so an, als wäre der Barmann – nur so zum Spaß – mit einem anderen Freund ins Rounds gegangen, wo der Freund dann seinen Exlover beim Anschaffen erwischt hatte.

Dieses Melodrama interessierte mich nicht die Bohne, aber ich wollte alles über diese Kneipe wissen, die ich noch nicht kannte. Ich wanderte hinüber, bestellte ein Bier und sah den Barmann mit einem schiefen Lächeln an. »In dem Laden bin ich auch schon mal gewesen«, sagte ich. Er schien ein bißchen pikiert zu sein, daß ich sein »Geheimnis« mitgehört hatte, aber ich ließ mich dadurch nicht stören. »In welcher Straße war das noch mal?«

Bis Wendy von der Toilette kam, hatte der Barmann mir alles erzählt, was ich wissen wollte, und mich für seinen blödsinnigen

Kansasspruch von vorher entschädigt. Ich hatte erfahren, daß das Rounds an der Ecke East Fiftythird und Second Avenue lag, sieben Abende in der Woche geöffnet hatte und man in bestimmten Klamotten nicht reinkam, vor allem mit Mützen und Turnschuhen nicht.

Wendy und ich setzten uns wieder auf die Bank. Sie war sich mit der nassen Hand über die verknoteten Strähnen gefahren. Wasserperlen schimmerten rot in den kurz geschorenen Stoppeln über ihren Schläfen. Sie zeigte mit dem Daumen zur Bar. »Noch mehr Witze über Kansas?«

»Nein. Er wollte sich nur ein bißchen ranschmeißen.« Ich gab ihr ein Bier. Sie setzte die Flasche an und leerte sie in einem Zug.

Am folgenden Freitagabend zog Wendy um acht Uhr los, weil sie mit ihren Freunden auf ein Speed-Metal-Konzert wollte. Ich kämmte mir einen Seitenscheitel, klatschte meine Locken nach hinten, zog statt des sonst üblichen T-Shirts ein richtiges Hemd an und schlüpfte in die Halbschuhe, die ich bei einem Discounter in der First Avenue für zehn Dollar gekauft hatte. Ich pustete die Kerze in Wendys ausgehöhltem Halloweenkürbis aus. »Jetzt geht's los«, sagte ich und steckte ihm die Zunge in den zahnlos grinsenden Mund. Dann ging ich zur U-Bahn. In allen Schaufenstern, an denen ich vorbeikam, überprüfte ich mein Aussehen.

Auf dem Weg zum Rounds dachte ich abermals über Erics Brief nach. Auf die Ufo-Geschichte konnte ich mir zwar immer noch keinen Reim machen, aber ich war inzwischen fest überzeugt davon, daß dieser »Brian« im Leben des Trainers eine Rolle gespielt und daß er ihn sich aus der Baseballmannschaft herausgepickt hatte. Wenn das stimmte, hatte ich als Kind wahrscheinlich Sex mit ihm gehabt, woran er sich entweder nicht mehr erinnerte oder was er Eric verschweigen wollte. Die drei Nachmittage, an denen sich der Trainer andere Jungen ins Haus geholt hatte, geisterten mir immer noch im Kopf herum. Ich erinnerte mich an die gewisperten Anweisungen des Trainers, »Lutsch seinen Schwanz, Neil«, »Schieb die Hand tiefer in mich rein.« Ich versuchte mir vorzustellen, daß der Trainer etwas Ähnliches wie »Laß dich von ihm ficken, Brian« sagte. Da war seine Stimme, so klar wie Kristall, so frisch wie die nagelneuen Fünfdollarscheine, die er mir und den anderen zugesteckt hatte, nachdem wir ihn befriedigt hatten. Vor meinem inneren Auge flammte eine elektronisch blinkende Leuchtschriftreklame auf: NEIL UND BRIAN TREFFEN IHREN BASEBALLTRAINER. Doch, es war durchaus möglich.

Vor dem Eingang zum Rounds schob ich diese Gedanken erst einmal beiseite. Wie sollte ich erfolgreich anschaffen, wenn ich völlig zergrübelt aussah? »Morgen ist auch noch ein Tag.«

Leise Musik, Teppichboden, schummerige Beleuchtung. Das Lokal hatte mit den Bars im East Village ungefähr genausoviel Ähnlichkeit wie ein Bestattungsinstitut mit einem Vergnügungspark. An einem Klavier saß eine achtzigjährige Blondine und sang eine Schnulze, die *Love for Sale* hieß. Sie wurde von fetten Tunten umringt, die leise mitsummten und gelegentlich einen Geldschein in die Vase auf dem Klavier fallen ließen. Ich starrte zuerst die Sängerin an, dann ließ ich den Blick durch den Raum schweifen. Stricher und Freier waren so leicht voneinander zu unterscheiden, daß es schon peinlich war. Man stand herum und beobachtete sich. Die Stricher tranken Bier, die Freier fruchtige Drinks, in denen Zitronen- und Limonenscheibchen schwammen oder Zahnstocher mit aufgespießten Oliven steckten. Zwischen den jungen Typen, die zum großen Teil nicht einmal besonders attraktiv waren, suchte ich mir einen Platz an der Wand. Ich hakte die Daumen in die Hosentaschen und setzte die gleiche ahnungslose Unschuldsmiene auf wie die anderen.

Die Freier starrten, starrten und starrten. Sie hatten gierige Knopfaugen, wie Ameisenbären oder Geier. *Neil McCormick, neue Ware in der Auslage.* Ich dachte: *Ich habe sie alle in der Hand, ich werde sie mit Stecknadeln aufspießen wie Schmetterlinge.*

Nach einem Bier für fünf Dollar und zwei unergiebigen Anbahnungsgesprächen wurde ich von einem gut aussehenden Typen angesprochen. »Wie heißt du?« fragte er. Seine Zunge schimmerte rosa zwischen zwei weit auseinanderstehenden Zähnen. Ich sagte es ihm, und er wiederholte meinen Namen. »Na, so ein Zufall. Ich heiße nämlich auch Neil.« Ich heuchelte Erstaunen. Die Sängerin fing an, *Just a Gigolo* zu trällern. Dabei nickte sie mit dem Kopf und zwinkerte den Freiern lüstern zu.

Die nächsten Minuten vergingen mit dem üblichen Freier-Stricher-Geplänkel. »Kann ich dir einen Drink spendieren?« – »Gern.« – »Was machst du am liebsten?« – »So ziemlich alles, Hauptsache safe.« – »Normalerweise zahle ich hundertzwanzig.« (Es verschlug mir fast den Atem, dabei war das ein ganz normaler Durchschnittspreis, wie ich bald herausfinden sollte.) »Klingt gut.« – »Wenn du gehen möchtest, brauchst du es bloß zu sagen.« – »Von mir aus sofort.«

Freier Neil kam aus Texas und hatte geschäftlich in New York zu tun. In seinem Hotel roch es giftig, nach Krankenhaus. Wenn es mir nicht besonders wichtig gewesen wäre, einen gesunden und attraktiven Eindruck zu machen, hätte ich bestimmt geniest. Sobald die Tür hinter uns ins Schloß gefallen war, riß er mich an meiner Gürtelschnalle an sich. »Happy Halloween, mein kleiner Junge.« Ich hatte den Feiertag ganz vergessen. Ich schloß die Augen, dachte an eine Hexe, die auf ihrem Besenstiel über einen aufgeblähten orangefarbenen Mond hinwegflog, und wartete darauf, daß die Stunde zu Ende ging.

Zum x-tenmal las ich mir Erics Brief durch und achtete dabei auf ganz bestimmte Worte und Sätze: Außerirdische ... entführt ... zu Experimenten mißbraucht ... Baseballmannschaft ... Kuhkaff in der Nähe von Hutchinson. Besonders lange blieb mein Blick an dem Namen des Orts hängen, wo Brian wohnte. Doch, ich erinnerte mich. Ich war einmal in Little River gewesen. Ein einziges Mal nur, vor vielen Jahren. In jenem Sommer.

Das Spiel der Panther war wegen eines Wolkenbruchs abgebrochen worden. Ein Spieler blieb allein auf der Bank zurück. Seine Eltern hatten ihn nicht abgeholt. *Brian.* Der Trainer tröstete ihn. »Ich fahre dich nach Hause«, sagte er. Er machte die hintere Tür des Kombiwagens auf und Brian kletterte hinein. Aber der Trainer hatte ihn nicht sofort heimgefahren. Er hatte ihn zuerst noch mit zu sich nach Hause genommen. Was dann folgte, war das Übliche.

Hinterher war der Trainer mit dem Kombi in ein kleines Nest nördlich von Hutchinson gefahren. *Little River.* Ich konnte mich an den Sturm erinnern, an den Donner, an die Regenranken auf der Windschutzscheibe. Ich konnte mich an das verschwitzte Hochgefühl erinnern, an das Kribbeln, das immer noch lange vorhielt, wenn wir uns geliebt hatten. Ich konnte mich an den Trainer erinnern, der neben mir saß, die eine Hand auf dem Lenkrad, die andere auf meinem Knie. Und ich erinnerte mich an Brian – ja, endlich glaubte ich zu verstehen, welchen Anteil er an meiner Vergangenheit hatte. Er hockte auf dem Rücksitz des Kombiwagens, die Arme steif an sich gepreßt, den Fanghandschuh noch übergezogen. Während der rasanten Fahrt nach Little River drehte ich mich ein paarmal nach Brian um. Seine Augen waren schwarze Punkte, sein Blick glasig und wütend, als ob er krampfhaft versuchte, sich auf etwas zu konzentrieren, was eben noch dagewesen und nun verschwunden war.

Zeke, ein Freier aus der »Bin nur auf Geschäftsreise in New York«-Fraktion im Rounds, kam aus L. A. Er hatte den gleichen Gesichtsausdruck, den ich einmal auf dem Hutchinsoner Volksfest bei einer Schwertschluckerin gesehen hatte, der das Schwert bis zum Heft im Hals steckte. Das war zwar nicht besonders anziehend, aber Zeke sprach mich als erster an, und ich wollte den Abend so rasch wie möglich hinter mich bringen. Die sechs Zwanziger konnte ich auch gut gebrauchen. Während er neben mir stand, berührte er sich dauernd am ganzen Körper – zum Beispiel strich er sich über die Schulter oder kratzte sich am Fußknöchel. Es erinnerte mich an die Zeichen, die die Baseballtrainer an der dritten Baseline ihren Spielern geben, wenn sie zum Schlagmal gehen. Bei meinem Trainer bedeutete Knie an Ellbogen »den ersten Wurf durchlassen«, und wenn er sich die Nase rieb, hieß das, »den Ball kurz schlagen«.

»Komm, wir gehen«, sagte Zeke. Als ich an der Garderobe meine Jacke abholte, warf der Türsteher vom Rounds, der mittlerweile ein guter Kumpel von mir war, einen verwunderten Blick auf meinen Begleiter. Vielleicht fragte er sich, warum ich mir so einen häßlichen Vogel ausgesucht hatte. Mich störte sein unattraktives Äußeres nicht besonders. Das Geld war viel wichtiger. Außerdem gefiel mir sein Name.

Wir fuhren mit dem Taxi zu seinem Hotel in Midtown Manhattan. Die Straße pulsierte im Licht der Varietés. Hoteldiener, Empfangschefs und Zimmerkellner trugen schwarze Anzüge. Wie hochnäsige Pinguine musterten sie Zeke und mich, als wir in die Lobby kamen. Mit hocherhobenem Kopf ging ich zum Fahrstuhl.

Das kleine, warme Zimmer war geschmackvoll eingerichtet. Über dem Bett hing ein Kunstdruck, ein Ausschnitt aus einem flämischen Gemälde, das wir an der High-School im Kunstunterricht besprochen hatten. Es zeigte eine Melkerin, die sich über ihren Milchkrug beugte. Ein gespenstischer Lichtstrahl, der durch das Fenster fiel, fing das Glitzern ihres Schmucks und das Weiß der Milch ein. Als ich das Bild sah, wären mir fast die Tränen gekommen. Am liebsten wäre ich auf der Stelle wieder gegangen.

Zeke bemerkte meinen Blick. »Vermeer«, sagte er. »Na ja, nicht ganz.« Er streckte die Hand aus und knöpfte mir den obersten Hemdknopf auf.

Sobald ich aus den albernen Ausgehsachen heraus war und nackt im Zimmer stand, war ich fast wieder ich selbst. Aber Zeke hatte noch kein einziges Kleidungsstück abgelegt. Er fiel auf das Bett, legte den Kopf auf das Kissen und seufzte. »Jetzt bin ich wohl an der Reihe.«

Ich sah ihm beim Ausziehen zu. Die Sachen waren ihm ein paar Nummern zu groß, und der Haufen auf dem Boden wurde so hoch, daß ich mir ein Kichern verkneifen mußte. Doch beim Anblick von Zekes Körper verging mir das Lachen. Ich wußte kaum, wie ich ihn richtig hätte beschreiben sollen. »Mager« und »dünn« waren nicht drastisch genug. »Ausgezehrt« traf die Sache schon besser. Seine Knie sprangen wie viereckige Knollen aus den Beinen vor. Seine Rippen erinnerten mich an die aus der Erde ragenden, stillgelegten Bahngleise, die ich einmal gesehen hatte, nachdem das

Wasser des Cottonwood River nach einer Überschwemmung wieder zurückgegangen war.

Aber noch schlimmer als Zekes Knie und Rippen sah seine Haut aus. Er war so weiß wie die Milch in dem Krug auf dem Vermeer. Auf Bauch und Brust hatte er überall lilabraune Flekken, häßlich entzündete Stellen, die so aussahen, als ob sie jeden Augenblick aufplatzen würden. Weitere Flecken verunstalteten seine Schulter, einen Fußknöchel und das knochige Knie. Er war wie eine komprimierte Landschaft, eine Relieflandkarte.

»Ich hoffe, die Dinger machen dir nichts aus«, sagte Zeke. »Sie sprießen an den merkwürdigsten Stellen. Keine Angst, saferen Sex als mit mir kriegst du so leicht nicht wieder, das kannst du mir glauben.« Er drehte sich auf den Bauch und hielt mir seinen spitzen Hintern, noch mehr vortretende Rippen und sein hartes Rückgrat hin. Das Gesicht hatte er ins Kissen gedrückt. »Rubbel mir einfach ein bißchen den Rücken. Ich brauche ...« ich hatte schon Angst, er würde »dich« sagen, »... das«. Er klang so, als wäre er kurz davor, in Tränen auszubrechen. *Wenn er weint, haue ich ab,* dachte ich. Er klopfte aufs Bett. »Mach mich glücklich, auch wenn es nur für eine Weile ist. Du kriegst dein Geld.«

Ich hockte mich auf seinen Hintern und legte ihm die Hände auf den Rücken. Mein schlaffer Schwanz hing ihm in die Poritze. Mit dem Daumen berührte ich einen der Flecken, einen kleinen lila Punkt. Er sah genauso harmlos wie ein Muttermal aus. Ich mußte ihn glücklich machen. Es war meine Pflicht. Ich gehörte jetzt hierher, in diese neue Welt, wo KS nicht mehr die Abkürzung für Kansas war, sondern für etwas vollkommen anderes stand, für das Kaposi-Sarkom. Ich drückte auf den Fleck und fragte mich, ob es wohl weh tat. Dann fing ich an, ihn zu massieren. Während ich seinen Rücken knetete, ließ Zeke sich entspannt ins Kissen sinken. Sein Kopf kam mir künstlich vor, als könnte ich ihn losschrauben, abnehmen und quer durchs Zimmer schleudern, wie einen Basketball. Über mir hing die Melkerin, eingefangen in dem Augenblick, da sie jemandem, den sie liebte, ein Glas Milch einschenkte. Es war ein herrlicher Tag. Sie hatte rote Backen, um ihren Mund spielte ein

Lächeln, und man merkte ihr an, wie gern sie diesen unschuldigen Liebesdienst verrichtete. Ich sah in ihr Gesicht und walkte das Fleisch unter meinen Händen fester.

Zeke stöhnte leise. Auf einem einfachen schwarzen Tischchen neben dem Bett lag seine Brieftasche, vollgestopft mit Kreditkarten und Geldscheinen, deren Ränder im Schein der Lampe deutlich zu sehen waren.

Als es vorbei war, mußte ich sofort zu Wendy. Es wurde höchste Zeit, ihr zu beichten, daß ich wieder anschaffen ging. Als der Taxifahrer an einem Eckladen vorbeifuhr, rief ich: »Anhalten.« Ich kaufte Wendy einen großen Blumenstrauß, Rosen, Nelken und andere Sorten, die ich bis dahin nur aus dem Lexikon und aus einem ausländischen Film kannte, den ich einmal während eines besonders spektakulären Acid-Trips gesehen hatte. Den Rest des Weges bis zu dem kleinen Kaffeegeschäft mit dem angeschlossenen Café, wo sie arbeitete, ging ich zu Fuß.

Der Laden, der South American Blend hieß, lag zwei Avenues und drei Straßen von unserer Wohnung entfernt. Seit dem unerwarteten Kälteeinbruch lief das Geschäft auf Hochtouren, und Wendy hatte sich angeboten, Überstunden zu machen. Sie arbeitete bis nach Mitternacht und servierte den angeberischen Typen, die ganze Tische mit Beschlag belegten, um französische Literatur oder philosophisches Gesülze zu lesen, Desserts, Cappuccinos und heiße Schokolade. Als ich das Café betrat, schlug mir eine Duftwolke aus französischer Röstung, Irish coffee und Haselnußcreme entgegen. Obwohl der Geruch um einiges exotischer war als der von Moms Maxwell-Kaffee, erinnerte er mich an sie.

Wendy stand hinter der Theke und tunkte ein Tee-Ei in eine mit kochendem Wasser gefüllte Kanne. Als ich ihr den Strauß überreichte, schlug sie überrascht die Hand vor den Mund. »Für mich? Das war doch nicht nötig.«

Nachdem sie die Blumen ins Wasser gestellt hatte, beugte ich mich über die Theke und flüsterte: »Hast du eine Minute Zeit? Ich muß mit dir reden.«

Da Wendys Chef bereits Feierabend gemacht hatte und die Gäste für die nächste Zeit versorgt waren, setzte sie sich mit mir an den Tisch, der der Theke am nächsten stand. »Was hast du denn nun schon wieder angestellt?« Es war der gleiche Ton, den ich noch zu gut aus der Zeit kannte, als sie mir immer wegen der Stricherei im Carey Park ins Gewissen geredet hatte.

Zweimal klappte ich den Mund auf, aber es kam nichts heraus. Beim dritten Versuch sagte ich: »Ich bin im Rounds gewesen. Das ist eine Stricherbar auf der Upper East Side. Ich bin wieder anschaffen gegangen.«

Wendy machte ein Gesicht, das wie ein Spezialeffekt im Film aussah. Unter anderem lag auch Wut darin. Nach einem raschen Blick zur Theke wandte sie sich wieder mir zu. »Meinst du, ich hätte nicht gemerkt, was du treibst? Wieso würdest du dich wohl sonst jeden Abend wie ein Jungmanager in Schale schmeißen? Woher hättest du wohl sonst das Geld für Bier? Du hast die Stricherei doch schon seit Jahren im Blut, meinst du, ich hätte gedacht, daß du ausgerechnet in New York damit aufhörst? Ausgerechnet in einer Stadt, wo du damit reich werden kannst? Du kannst von mir denken, was du willst, aber blöd bin nicht.«

»Ich halte dich doch nicht für blöd.«

»Was ich von dir nicht unbedingt behaupten kann.« Sie brach ab, holte tief Luft und sah mir in die Augen. »Will ich mir das wirklich anhören? Na schön, schieß schon los.«

Zuerst wollte ich den Beleidigten spielen, aber dann sah ich ein, daß es zwecklos war. »Ich verdiene mir Geld damit«, sagte ich, »und cool ist es auch. Ich mache nichts Unsafes und nichts, was mir irgendwie gegen den Strich geht. Damals, als ich im Carey Park damit angefangen habe, hast du immer gesagt, ich soll aufhören, wenn mir etwas nicht gefällt.«

Wendy zog mit dem Daumen einen halbrunden Kaffeeflecken auf der Tischplatte nach. »Und heute abend ist dir was an die Nieren gegangen.«

Ich erzählte ihr alles. Ich beschrieb die Fahrt mit dem Taxi, das Hotel, das Zimmer, seinen Körper, seine Haut. »Nach der Massage mußte ich nichts weiter tun, als mich in die Ecke zu stellen und mir einen runterzuholen. Mehr wollte er nicht. Es war irre, richtig surreal, dieser Kontrast zwischen der Innendekoration des Hotelzimmers und dem von seiner Krankheit so deutlich gezeichneten Typen. Er hat einfach nur auf dem Bett gelegen, mir zugesehen und sich einen abgewichst.« Von dem zarten Muster aus weißem Sperma und lila Flecken auf Zekes Brust sagte ich ihr nichts.

Wendy stupste mich mit dem Fuß an. »Du hast dir einen runtergeholt. Und das war alles?«

»Das war alles.« Sie zog den Fuß weg und schob ihn wieder an mich heran. Am liebsten hätte sie mich gestreichelt, das wäre in dieser Situation typisch Wendy Peterson gewesen, aber sie war so wütend, daß sie mich nur mit dem Fuß trösten konnte. »Du bist sauer auf mich«, sagte ich.

»Schon möglich. Du mußt unbedingt vorsichtiger sein«, sagte Wendy. »In New York ist alles anders. Du bist nicht mehr in Kansas.« Den Spruch hatte ich schon so oft gehört, aber noch nie von ihr.

Das blaue Trapezmuster auf der Resopalplatte des Tischs erinnerte mich an die häßlich geschwollenen lilabraunen Flecken. Ich wollte noch etwas sagen. Ich hätte Wendy von Brian erzählen können, aber die Geschichte war viel zu kompliziert und ich war viel zu durcheinander, um darüber reden zu können. »Zum erstenmal in meinem Leben«, sagte ich, »tue ich mich richtig schwer damit. Mit dem Sex, meine ich. Seit heute abend finde ich alles zum Kotzen.«

In der ersten Dezemberwoche bekam ich Post von Eric, keine richtige Postkarte, sondern den abgerissenen Deckel eines Taschenbuchs, ein Liebesroman mit dem Titel *Das andere Ufer*, den er garantiert im Second-hand-Laden geklaut hatte. In seiner charakteristischen Klaue schrieb er:

Neil:
Hoffe, New York ist spitze. Hoffe, Du machst genug Geld, hast viel Spaß etc. Das Leben hier ist so wie immer. Brian und ich versuchen, irgendwie die Langeweile totzuschlagen. Deine Mom hat uns auf eine

Melonenjagd mitgenommen. Sie wollte einen Waschbären fangen. Angeblich hat sie die Schalen schon eingelegt, und ich kann mir ein Glas abholen. Sie hat echt was drauf. Sie sagt, sie schickt Dir ein Flugticket. Freue mich schon, Dich Weihnachten zu sehen, am Geburtstag des Jesuskindes etc., ha ha ha. Und Brian ist schon sehr gespannt darauf, Dich kennenzulernen. Er sagt, Ihr habt viel miteinander zu bereden. Nach allem, was ich mir so zusammenreime, ist das stark untertrieben. Wenn Du mir vielleicht auch mal schreiben würdest, wäre das eine Sensation. Ansonsten sehen wir uns ja sowieso Ende des Monats ...
 Eric

»Brian«, sagte ich laut. »Verdammt.« Es war ein schrecklicher Gedanke, daß er Mom kennengelernt hatte. Wieder einmal fragte ich mich, wieviel er wohl wirklich über mich und den Trainer wußte. Ich konnte bloß hoffen, daß er es Eric oder – noch schlimmer – Mom nicht erzählt hatte. Warum mußte er ausgerechnet jetzt auftauchen?
 Wendy hatte einen Kalender an den Kühlschrank geklebt. Ich starrte ihn an und zählte die Tage bis zu meinem Flug, bis Kansas, bis ich Brian sehen würde. »Dreizehn, vierzehn, fünfzehn.«

Nach der Sache mit Zeke ging ich nicht mehr in die East Fiftythird Street. Ich hockte in der Wohnung vor der Glotze und langweilte mich fast zu Tode. Aber so konnte es nicht weitergehen. Zwei Tage vor Weihnachten dachte ich über meine Reise nach Kansas nach. Meine Maschine ging am nächsten Morgen. Mir fielen überhaupt keine Weihnachtsgeschenke ein, und Geld hatte ich auch nicht. *Einhundertundzwanzig Dollar können heute abend Ihnen gehören*, blökte ich wie ein Quizmaster. Wendy arbeitete noch, deshalb konnte sie mich mit meinen gekämmten, angeklatschten Haaren, dem gebügelten Hemd und den blitzblanken Schuhen nicht sehen. »Das bin ich einfach nicht«, sagte ich zu mir. Aber es half alles nichts. Einmal mußte ich da noch durch.
 Die Frau am Klavier sang versaute Weihnachtslieder. Aus *Jingle*

Bells wurden *Jingle Balls*, und zu Nüssen, Rute und Sack des Weihnachtsmanns fiel ihr auch allerhand Schweinisches ein. Ich drängte mich durch die Menge, die aus dreimal so vielen Strichern wie Freiern bestand. Die Stricher gingen sich aus dem Weg, wir waren Konkurrenten.

»Fröhliche Weihnachten.« Ich drehte mich um. Hinter mir stand Stan, einer der wenigen Jungen, mit denen ich mich angefreundet hatte. Ich mochte seine Art von Humor und hatte mich früher oft ein bißchen mit ihm unterhalten, bevor ich mich abschleppen ließ. Er erinnerte mich an Eric, weil er so dünn war und schwarz gefärbte Haare hatte. Wenn er redete, klang er sehr brav, so übertrieben deutlich betonte er jeden Vokal. Für manche Stammkunden hatte er sich Spitznamen ausgedacht, von denen mir einige besonders gut gefielen, zum Beispiel »Lieber Freund« (der die Stricher anscheinend immer mit »lieber Freund« anquatschte), »Happy Hippie« (ein Mann, der Stirnbänder, Broschen und knallbunte Schlabberklamotten trug) und »Liebestrichter« (ein Typ, dessen Vorliebe es war, sich mit einem Trichter im Mund auf den Boden zu legen und sich von den Strichern hineinpissen zu lassen).

Ich hörte mir Stans Storys an, bis er sich zu einem Freier gesellte, der ihn schon die ganze Zeit beäugte. Die Minuten vergingen. Ich trank ein Bier und noch eines. Niemand schien sich für mich zu interessieren. Beim dritten Bier kam Stan zurück und nahm mich zur Seite.

»Kein Glück?« fragte ich. Die Sängerin trällerte keine schweinischen Weihnachtslieder mehr, sondern einen Musicalsong aus *Gypsy* oder *Guys and Dolls*. Mir wurde schwummerig, als ich mich zu Stan hinüberbeugte, um ihn besser verstehen zu können. Ich mußte schon ziemlich angesäuselt sein.

»Mein Typ hat Lust auf 'nen Dreier«, sagte Stan. »Er hat dich ins Auge gefaßt. Du sollst ihn ficken, während er mir einen abkaut. Pro Nase zahlt er fünfundsiebzig Dollar.«

»Ohne mich«, sagte ich, ohne auch nur eine Sekunde zu überlegen. Ich lehnte deshalb ab, weil fünfundsiebzig Dollar eine Menge weniger waren als die hundertzwanzig, die ich normalerweise bekam. Und ich lehnte ab, weil mich der Dreier an Brian erinnerte. Dieser Mensch, den ich nicht kannte, dieser Junge, den ich mir mit dem Trainer geteilt hatte, hatte mich irgendwie angesteckt und mir meine kostbaren Erinnerungen kaputtgemacht. Das wurde mir schlagartig klar, während ich noch, abgefüllt und von keinem beachtet, in bester Stricherpose im Rounds stand. Ich wandte mich ab, trank mein Bier aus und ging.

Von der Second zur Third Avenue rannte ich eher, als daß ich ging. Nach einer Weile fiel mir auf, daß mir ein roter Wagen folgte. Kurz vor dem U-Bahn-Eingang hielt er mit laufendem Motor am Straßenrand an. Auf der Beifahrerseite wurde das Fenster heruntergelassen. Im Dunkel des Wagens tauchte ein Puppengesicht auf. Es beugte sich vor, kam ins Licht. Am Steuer saß gar keine Puppe, sondern ein Mann mit einem wirren Haarschnitt und rosa Polohemd. »Spring rein«, sagte er.

Ich erinnerte mich vage daran, daß Stan mich vor Freiern gewarnt hatte, die vor dem Rounds auf erfolglose Stricher warteten und versuchten, die Preise zu drücken. Der typische Billigfreier fuhr mit dem Jungen zum Fluß runter, parkte an einer dunklen Stelle, holte seinen mickrigen Apparat aus der Hose, ließ sich einen ablutschen und schob anschließend zwei bis drei Zwanziger rüber. Stan, der sich anscheinend selbst einmal auf so eine Nummer eingelassen hatte, riet dringend davon ab. »Das lohnt nicht.« Genauer hatte ich es gar nicht wissen wollen. Aber jetzt war mir schon alles egal. Ohne auch nur über den Preis zu verhandeln oder mich etwas mit dem Typen bekannt zu machen, stieg ich ein.

»Es stört dich doch nicht, wenn wir zu mir fahren?« sagte der Mann. »Keine Namen. Kein Gesülze. Ich zahle.« Sein Bariton kam in kurzen Schluckaufsätzen, als ob seine Stimme von einem Kontrollpult aus gesteuert würde, an dem jemand übereifrig hin und her schaltete. Ich nickte, und er fuhr los.

Er sah aus wie Mitte Vierzig, hetero und ein bißchen kriminell. Aber das machte mir jetzt auch schon nichts mehr aus. Wir redeten nicht; ich legte mein Ohr an die kalte Scheibe. Die Geräusche um uns herum kamen mir verlangsamt vor, wie aus weiter Ferne. Beschleunigen, fahren, hupen. Eine klebrig süße Stimme im Radio sang: »*I guess I'll have to love you in my favorite dream.*« Komischerweise hörte es sich schön an. Schläfrig von der Autoheizung und vom Bier, döste ich langsam weg.

Irgendwann machte ich die Augen wieder auf. Wir waren nicht weit von der Gegend entfernt, wo ich wohnte, und ich dachte an Wendy. Fast hätte ich laut *Träum was Schönes* gesagt. Von der Delancey Street aus ging es über die Williamsburg Bridge nach Brooklyn. Es wurde unglaublich still. Laternen, Häuser und Geschäfte huschten vorbei. »Wohin fahren wir?«

»Brighton Beach«, sagte er. Ich kannte den Namen von den U-Bahn-Plänen und wußte, daß es meilenweit von Manhattan entfernt war. Ich wollte etwas sagen, aber er schnauzte mich an: »Keine Fragen mehr.« Anscheinend machte ich ein ziemlich erstauntes Gesicht, denn er fügte etwas friedlicher hinzu: »Hoffentlich bist du geil.«

»Klar, sicher.« Am liebsten hätte ich geantwortet *Geil auf hundertzwanzig Dollar*, aber das schien mir ein bißchen fehl am Platz zu sein. Mir fielen die Augen wieder zu, und ich pennte noch eine Runde.

Ich wachte auf, als er den Motor abstellte. Wir parkten vor einer Appartementanlage. Es war kein Laut zu hören. Ich sah Bäume, Einfamilienhäuser und auf der anderen Straßenseite sogar einen Gartenzaun. Nur die orangefarbenen Lichter einer U-Bahn-Station erinnerten noch an New York. Wie gern wäre ich jetzt auf dem Weg nach Hause gewesen. Aber ich hatte zu arbeiten. Er ging vor mir in den klaustrophobisch engen Aufzug. Mit einem schwieligen Finger drückte er auf den Knopf mit der Sieben. Dabei fiel mir auf, daß er auf dem Daumennagel ein sichelförmiges schwarzes Mal hatte, eine dunkle Narbe, wie ein zur Hälfte vom Lid verdecktes Auge. »Mit dem Hammer ausgerutscht?« fragte ich nuschelnd. Er antwortete nicht.

Dann waren wir in seiner Wohnung, Appartement 703. Er ging hin und her, knipste Lampen an und dimmte das Licht. Ich ließ mich auf eine Couch sinken, wie in ein Becken mit warmem Wasser. Irgendwo lief romantische Musik. Die Minuten vergingen. Nur mit Mühe behielt ich die Augen offen. Als er wieder ins Zimmer kam, setzte ich mich gerade hin und sah ihn mir zum erstenmal richtig an. Er hatte ein emotionsloses Durchschnittsgesicht, das bei einer polizeilichen Gegenüberstellung gut mit dem mutmaßlichen Täter in eine Reihe gepaßt hätte.

»Das Schlafzimmer ist da hinten«, sagte er.

Noch mehr gedämpftes Licht, ein Bett, ein Bücherregal ohne Bücher und an der Wand ein Plakat von einem Jazzfestival, auf dem das J wie ein Saxophon gebogen war. Der Typ machte eine Schublade auf. Seine Hände kamen auf mein Gesicht zu. In der einen Hand hatte er einen kleinen Plastiklöffel, dessen rot-gelbes Stielende wie das grinsende Clownsgesicht von Ronald McDonald geformt war. In der anderen hielt er ein Häufchen weißes Pulver. »Nimm 'ne Nase voll.« Ich wollte nicht, aber ich war sowieso schon ziemlich hinüber, und der Koks sah irgendwie schön aus, wie glitzernde Zuckerkörnchen. Ich schnupfte eine Prise. »Noch einmal«, sagte er. Also, noch einmal.

Er nahm den Rest. Dann fing er an, sich die Kleider vom Leib zu reißen und durch die Gegend zu schmeißen. Knöpfe sprangen ab, Stoff spannte und zerriß. Offenbar hatte er zu viele harte Schwulenpornos gesehen. Das Polohemd segelte wie ein pastellfarbener Flugsaurier an meinem Kopf vorbei. »Ausziehen«, befahl er. Er hatte schon einen Ständer. Das Ding war monströs, wie die schlechte Pointe aus einem Bilderwitz, und es krümmte sich nach oben, wie ein vorwurfsvoll erhobener, riesiger Finger. »Los, runter mit dir, Junge.«

Bis jetzt hatte ich mit meinen Freiern immer Glück gehabt, meistens waren es ältere Duckmäuser gewesen, die mich nicht zwangen, ihnen einen zu blasen oder mich ficken zu lassen. Ein paar hatten mich einfach nur in ihren faltigen Armen gehalten und mir Peinlichkeiten wie »Daddys kleiner Liebling« ins Ohr geflüstert. Doch nun, da ich betrunken war und Gott weiß wie viele U-Bahn-Stationen von zu Hause entfernt, war es mit solchen harmlosen Übungen aus und vorbei. Ich kniete mich hin und nahm seinen Schwanz in den Mund.

»Das macht Spaß, was?« sagte er. Er fickte mich in den Mund. »Steck ihn dir ganz tief rein. Stöhn mir was vor, zeig mir, wie schön es ist.« Mir wurde übel, ich wußte selbst nicht warum. Er rammte ihn mir so weit hinein, daß es mich in der Kehle kratzte. Ich bekam keine Luft mehr und würgte. Ich ließ ein bißchen lockerer und nahm den Kopf zurück. Als sein Schwanz rausrutschte, spuckte er mich an. Er hustete den Schleim hoch, machte eine kurze Pause und rotzte mich mit einem *Splotsch* wie aus einem Comic an. Ein daumengroßer Klumpen landete auf meiner Backe.

Ich stand auf. Zum erstenmal hatte ich Angst. Zum erstenmal hatte ich vollkommen die Kontrolle über die Situation verloren.

Er stieß mich auf sein Wasserbett; es planschte und schwappte, als ob er mich ins Meer geworfen hätte. Er stützte sich mit einem Knie aufs Bett, packte seinen Schwanz und schlug mir damit ins Gesicht. Er traf den Schleimklumpen, und ein Tröpfchen spritzte mir ins Auge. »Ich bin noch nicht fertig mit dir, du Schlampe.« Schon rammte er ihn mir wieder in den Mund. Ich war betrunken, ich hatte mit so etwas nicht gerechnet. Ich stellte mir vor, daß ich ihm den Schwanz wie einen Korkenzieher aus dem Körper schraubte und durchs Fenster warf, hinunter in seinen Brighton Beach Garden, sieben Stockwerke unter uns. Die Vorstellung hätte komisch sein sollen, aber mir war nicht zum Lachen zumute.

Er schlang mir einen Arm um die Brust. Mit einer einzigen Bewegung drehte er mich auf den Bauch, als ob mein Körper hohl wäre. Das Wasserbett wogte. »Ich gebe dem kleinen Stricher, was er verdient.« Er stocherte mit dem Daumen in meiner Poritze herum, dann stach er ihn mir in den Arsch.

Ich sah den Daumen mit der schwarzen Narbe auf dem Nagel vor mir, wie er sich an der Stelle zu schaffen machte, wo bisher nur ein einziger Mensch gewesen war, vor so vielen Jahren. In Gedanken versetzte ich mich zurück. »Sag mir, daß es schön ist, Neil. Sag dem Trainer, wie schön es ist.« Ich hatte es ihm gesagt. War das die Wahrheit gewesen oder nur dummes Gerede? »Sag es mir.«

»Nein«, ächzte ich. »Das geht zu weit.« Mir drehte sich alles, und ich konnte nur hoffen, daß er mein Genuschel verstand. »So was mache ich nicht.« Es gelang mir, mich vom Bett zu wälzen. Ich streckte den Arm aus, um ihn auf Distanz zu halten. Er nahm das Knie vom Bett und baute sich wütend vor mir auf.

Es wurde still im Zimmer. Im Hausflur konnte ich Schritte hören, erst langsam, dann immer schneller. »Du warst in der Bar«, sagte er. »Ich weiß genau, was du da wolltest. Du tust, was ich will. So gehört sich das für einen Stricher.«

»Ich weiß selber nicht, was ich da wollte. Wirklich nicht.« Hinter seiner Schulter stand die Tür zum Nebenraum einen Spaltbreit offen, und ich konnte den Porzellanrand einer Badewanne erkennen. »Einen Augenblick noch«, sagte ich. »Ich muß nur mal eben pissen. Dann ... Ich bin sofort wieder zurück.«

Ich rechnete damit, daß er mich mit seinem fleischigen Arm festhielt, aber nichts geschah. Ich drängte mich an ihm vorbei, schaffte es bis ins Badezimmer und knallte die Tür zu. Sie hatte einen altmodischen Riegel, einen kleinen Haken an einem Draht, der in eine silberne Öse paßte. Nachdem ich ihn vorgelegt hatte, setzte ich mich auf den Rand der Wanne und atmete erst einmal tief durch. Die Drogenkörnchen explodierten in meinem Gehirn. Schon in wenigen Stunden würde ich wieder in Kansas sein. Ich mußte mich beruhigen. Ich mußte *ihn* beruhigen. *Sei vorsichtig, bring den Job zu Ende und kassier dein Geld*, dachte ich.

Dann hörte ich ihn an der Tür. Er hatte ein Buttermesser in die Ritze gesteckt und schob es auf die Stelle zu, wo der Haken die Tür mit dem Rahmen verband. Ich zitterte. Das Messer schob sich immer höher, bis Silber auf Silber traf und der Haken klappernd zurückflog. Sekundenlang blieb alles still. Dann sprang die Tür auf, und der Freier kam hereingestürmt.

Der bringt mich um, dachte ich. Ich stellte mir vor, wie die dünne, biegsame Klinge des Buttermessers immer wieder dumpf auf meine Haut prallte, bis sie schließlich hindurchstach und mir das Herz aufschlitzte. Ich hob die Hand, um ihn abzuwehren. Aber er wollte mich nicht erstechen. Er warf das Messer hoch, so daß es sich halb um die Längsachse drehte, fing es auf, kam auf mich zu und knallte mir den wulstigen Griff gegen die Stirn. *Klatsch.*

Ich taumelte nach hinten. Wie in einem Strudel wirbelte das Zimmer an mir vorbei, der nackte Freier in der Mitte. Ich landete in der Wanne. Mit dem Gesicht lag ich über dem goldenen Ring des Abflusses. Ich sah vereinzelte Wasserperlen, eine Seifenblase, ein schwarzes Schamhaar. »Du wirst durchgefickt, ob du willst oder nicht«, sagte er. In dem kalten, kahlen Badezimmer hallte seine Stimme wie die eines barbarischen Gottes wieder. »Und ich weiß, daß du es willst.«

Eine Sekunde lang dachte ich an Zeke, wie er in seinem Hotelzimmer auf dem Bett gelegen hatte, über und über von der Krankheit gezeichnet. Diese Nummer war noch sehr viel schlimmer. Meine Beine wurden nach oben gerissen, wie Schweinehälften, die von einem Metzger auf glänzende Haken gehievt wurden. Er zwang mich zu einem mißglückten Kopfstand, und ich schrammte mit der einen Gesichtshälfte am Boden der Wanne entlang. Etwas knackte, wie eine Walnuß.

Wieder schob sich der Daumen in meinen Arsch. Der andere folgte. Dann drehte er plötzlich Däumchen in mir, die klassische Gebärde der Langeweile, die ich nach diesem Abend bestimmt nie mehr machen würde. Das Gefingere sandte ein warmes Wummern bis tief in meinen Bauch hinein, und ich stöhnte. Als hätte er nur darauf gewartet, zog er mich an sich. Mein Arsch wurde zu seiner Zielscheibe. Er stieß zu, hielt inne und stieß erneut zu, dann gab die stramme Hautknospe nach. Er war in mir. »Jetzt zeig ich dir, wozu das Loch gemacht ist.« Ich versuchte, den Kopf zu bewegen, um ihn in den Blick zu bekommen, aber ich sah nur das schrecklich weiße Porzellan und den Schatten seines Kopfes, den die Badezimmerlampe mit einem riesigen Heiligenschein krönte.

Ich fühlte mich wie aufgespießt. Er rammte und rammte sich in mich hinein, wie vor ein paar Minuten, als er mich ins Gesicht gefickt hatte. Ich bewegte den Arm, um die Stöße ein klein wenig abzumildern, aber ich kam nicht an ihn heran. Ich knallte mit der Hand gegen den Hahn, kaltes Wasser lief aus dem Duschkopf und durchnäßte uns. Ich machte die Augen zu. Als ich sie wieder öffnete, sah ich Blut zum Ausguß wirbeln.

Der kalte Guß machte ihn wütend, und ich spürte, wie seine Wut in meinen Körper schoß. »Schlampe«, schrie er. Aus dem Augenwinkel sah ich, wie sich seine Hand um eine Shampooflasche schloß. Sein Arm fuhr hoch und verdeckte einen Augenblick lang die Badezimmerlampe. Dann kam der Arm blitzschnell herunter, in einem weiten Bogen sauste er durch die Luft. Die Flasche traf mich hart am Kopf. Wieder hob sich der Arm. Wieder traf mich die Flasche. Blut kleckste wie eine rote Mohnblume aufs Porzellan. Noch ein Schlag. Ich dachte: *Die geht nicht kaputt, die ist unzerbrechlich.* Die ganze Zeit hatte ich seinen monströsen Schwanz in mir. Die Flasche knallte mir ein viertes und fünftes Mal auf den Kopf. Dabei entstand ein Geräusch, ich konnte es so deutlich hören, ein vollkommener Ton, der durch meinen Schädel hallte, ein hohles, fast weiches *Bapp*.

Die Worte *aufhören, bitte* formten sich in meinem Mund, aber ich konnte sie nicht aussprechen. Die Shampooflasche traf mich am Backenknochen, am Kinn, am Auge. Immer noch fiel das Wasser herab. Er bohrte sich tiefer in mich hinein, durch meine Därme, sein Schwanz schien sämtliche Innenwände zu zerschneiden, die ich überhaupt noch im Körper hatte. *Bapp.* Pause. *Bapp, bapp, bapp.* Er schlug mich im gleichen Rhythmus, in dem er mich fickte. Die Flasche fiel hin, sie landete heil neben meinem Kopf. Ich sah das Etikett: BABY SHAMPOO. Darunter stand in einer rosa Träne: NIE MEHR WEINEN.

»Du willst es, du willst es. Nimm ihn dir, nimm dir den Schwanz.« Seine Worte gingen in ein Stöhnen über, in einen Schrei, eine Art Husten. Heiß und klebrig schoß es in mich hinein, Strahlen nasser Hitze, Pfeile, die auf meine Magengrube zielten. Die Strahlen prallten gegen die kaputten Wände meines Körpers und besudelten mich überall mit ihren tödlichen Graffiti, und ich wußte, wenn ich den Mund aufmachte, würden sie aus mir herausspritzen. Aber mein Mund war offen, geöffnet zum stummen Schrei.

Ich kämpfte immer noch gegen ihn an. Aber es war zu spät; er war fertig. Er zog seinen Schwanz raus und ließ meine Beine in die Wanne fallen.

Wasser strömte an meinem Gesicht vorbei. Mein Blut, ein gekörnter Seifenwirbel und ein verirrtes Spermageschoß vermischten sich damit und flossen zum Ausguß. Endlich konnte ich mich wieder bewegen, und ich sah zu ihm hoch. Er ging hinaus und schlug mit der Hand auf den Lichtschalter. Die Dunkelheit kam dem, wonach ich mich am meisten sehnte, sehr nahe.

Als ich aufwachte, war es immer noch dunkel. »Ich bin nüchtern«, sagte ich stockend. Ich lag vor dem Appartementhaus des Freiers auf dem Rasen. Ich konnte mich nicht erinnern, daß ich mich angezogen hatte oder gegangen war. Die Grashalme unter mir waren spitz wie Eispickel. In dem verrotteten Laub unter einem sterbenden Busch sah ich wie in einer Nahaufnahme Kieselsteine, eine Schraube, Mandarinenschalen, verhedderte Tonbandschlangen aus einer ausgeweideten Kassette, eine Seite aus der *Times* mit Todesanzeigen ... Was dahinter lag, blieb in tiefes Dunkel gehüllt.

Ich setzte mich hin und blickte an dem Appartementhaus hoch. Hinter einem der Fenster im siebten Stock wohnte er. Vielleicht wischte er gerade mein Blut aus seiner Porzellanwanne oder wusch sich mit dem Baby-Shampoo die Soße aus den Schamhaaren.

Ein paar Straßen weiter leuchteten die Lichter der U-Bahn-Station in trübem Orange. Ich war eine Stunde von zu Hause entfernt, aber wenigstens wußte ich, wie ich zurückkommen konnte. Was sollte ich Wendy erzählen? Ich rappelte mich hoch. Mein Kopf pochte. Ein stechender Schmerz schoß mir durch den Bauch, bis hinauf in die Brust. Meine Zunge blieb an der rasiermesserscharfen Kante eines abgebrochenen Schneidezahns hängen.

Um die Schmerzen zu vergessen, dachte ich darüber nach, was diese Nacht aus mir gemacht hatte. Mein ganzes Leben war aus dem Gleichgewicht gekippt worden, nichts war mehr so wie vorher. Das spürte ich, noch während ich mich zur U-Bahn schleppte, torkelnd und stolpernd wie ein hoffnungsloser Säufer, so wie Mom früher, als sie sich fast zu Tode getrunken hatte. »Mom«, sagte ich laut. Fast hätte ich *Ich will zu meiner Mom* gerufen.

So weit war es also gekommen.

Das Licht in dem leeren U-Bahn-Wagen fiel auf meine aufgeschürften Knöchel und die Blutstropfen auf meinem Hemd. Ich fing an, die Haltestellen mitzuzählen, aber nach der fünfzehnten gab ich es auf.

Ich mußte an meine erste Stricherzeit denken. Wenn ich damals aus dem Carey Park nach Hause gekommen war, hatte ich alles Eßbare hinuntergeschlungen, was ich finden konnte, um mich von dem Geschmack der fremden Zungen zu befreien. Dann fügte ich mich wieder in mein kleines Leben ein. Diese Zeit kam mir heute wie ein Märchen vor. Ich spuckte immer wieder auf den Fußboden, um die Viren loszuwerden, die mir der Freier womöglich angehängt hatte. Wenn mir für meinen Arsch doch bloß etwas ähnlich Praktisches eingefallen wäre. Irgendwie hatte ich den Drang, kakken zu müssen, aber ich verkniff es mir. Ich wollte meinen Hintern nie wieder anfassen. Es fühlte sich so an, als ob mir immer noch was im Arsch steckte, etwas Kleines, gleichzeitig aber auch Böses, Gefährliches, wie TNT oder ein Skorpion.

Als ich zu Hause ankam, zeigte die Uhr in der Küche vier Uhr fünfundvierzig an. Mein Flug ging in fünf Stunden. Wendys Tür war zu. Ich warf einen Blick in ihr Zimmer und sah ihre Haare unter der Decke hervorschauen, wie ein Hahnenkamm. Diesmal hatte ich die Strafpredigt verdient, die sie bestimmt ablassen würde. Ich ging ins Badezimmer, aber ich machte kein Licht und hütete mich davor, in den Spiegel zu schauen. Als ich mich auszog, tat mir jede Bewegung weh.

Ich zog den Bund meiner Boxershorts herunter und sah mir meinen Schwanz an. Er war widerwärtig. Ich haßte ihn. Die Shorts fielen auf den Boden. Sie landeten neben dem grün-gelb gestreiften T-Shirt, das ich am Nachmittag getragen hatte. Ich setzte mich hin, nahm es und hielt es mir vors Gesicht. Es duftete, es roch nach mir, wie ich vorher gewesen war. Draußen auf der Straße kreischte eine Frau so durchdringend wie eine Maschine. Das Schreien dauerte zwei, drei Minuten, dann hörte es auf. Die Welt wurde unfaßbar still, und ich weinte.

15
Deborah Lackey

Als ich nach Hause kam, erwartete mich nur ein einziges bekanntes Gesicht, und zwar auf dem Bildschirm. Das sabbernde Mädchen aus *Der Exorzist* war gerade auf dem Höhepunkt dämonischer Besessenheit angelangt. Brian lag mit dem Rücken zu mir barfuß vor dem Fernseher. Neben ihm hockte ein Junge mit einer wilden Zottelfrisur. Der Fremde trug eine glitzernde silberne Kette um den Hals, die so dick wie eine Fahrradkette war.

»Ihr sitzt zu nah davor«, sagte ich. »So werdet ihr blind.«

Brian sprang auf und lief auf mich zu, um mir meine Taschen abzunehmen. »Wir haben noch nicht so früh mit dir gerechnet«, sagte er. Ich erklärte ihm, daß Breeze, die mich vom Flughafen abgeholt hatte, in einem solchen Tempo nach Little River gerast war, daß ich froh sein konnte, überhaupt lebend angekommen zu sein. Als ich zum Sofa blickte, wo normalerweise unsere Mutter saß, sagte Brian: »Sie arbeitet noch.«

Brians Freund stellte sich vor: »Eric.« Aus stark geschminkten Augen starrte er auf meinen Batikrock. Er streckte mir die Hand hin. An seinem Mittelfinger saß ein Ring mit einem grinsenden Totenkopf, gekreuzten silbernen Knochen und den Buchstaben R. I. P. »Fröhliche Weihnachten«, sagte Eric. »Es kommt mir fast so vor, als ob wir alte Bekannte wären.«

Ich hatte auch schon von ihm gehört. Am Telefon hatte ich die unterschiedlichsten Beschreibungen von ihm bekommen. Für Brian war er »ein Freund von jemandem, den ich kennenlernen will«, für Mom war er einerseits »jemand, der Brian vom Lernen abhält«, andererseits »ein kleiner Spinner, aber nett«. Ich schüttelte seine verschwitzte Hand und setzte mich neben ihn. Im Fernsehen knurrte die grün angelaufene Besessene den Priester an. »Wenn ich mich richtig erinnere, kommt jetzt die beste Stelle«, sagte ich. »Um mein Gepäck können wir uns später kümmern.«

Wir sahen uns den Film zu Ende an. Daß ein Sender drei Tage vor Weihnachten den *Exorzisten* ausstrahlte, kam mir leicht verrückt und ausgesprochen mittelwestlich vor. Ich hatte ihn auf einem Horrorfilmfestival in San Francisco in der Originalversion gesehen, aber im Fernsehen lief die gekürzte Fassung. Alle Szenen, in denen Gewalt und Sex vorkamen, waren entschärft worden. Ein Satz, der mich besonders angeekelt hatte, das kehlige Grollen der Besessenen »Deine Mutter lutscht in der Hölle Schwänze«, war nachträglich mit »Deine Mutter rupft in der Hölle Gänse« übersprochen worden. Aber vielleicht war es sogar besser so, nach allem, was Brian mir über Erics Eltern erzählt hatte.

Die Fratze der Besessenen füllte den ganzen Bildschirm aus, die mit Schwären bedeckte Haut glühte. Brian grinste mich an. »Sie sieht genauso aus wie du damals an Halloween«, sagte er. »Weißt du noch? Das Jahr, in dem du als Hexe gegangen bist.« Ja, ich erinnerte mich.

Brian wandte sich Eric zu. »Du weißt, was ich meine. Der Abend damals. Im Wald. Als es das zweite Mal passiert ist.« Eric nickte, dann konzentrierten sich beide Jungen wieder auf den Film.

Ich setzte mich anders hin, um meinen Bruder besser sehen zu können. Bei der Szene, in der sich der Priester mit einem Helfer in das eiskalte Zimmer des besessenen Mädchens schleicht, drehte Brian die Lautstärke hoch. Die beiden Männer hoben das Kleid der Schlafenden an und beleuchteten mit einer Taschenlampe ihre Haut, die inzwischen ein unwirklich bläuliches Weiß angenommen hatte. Brian sah gebannt zu, wie in Trance, als ob er etwas wiedererkannte. Der Lichtkegel der Taschenlampe ruhte noch auf dem blauen Fleisch, als plötzlich ein Wort darauf erblühte: HILFE.

Nachdem der Abspann gelaufen und die unheimliche Klaviermusik verklungen war, ging ich nach oben in mein Zimmer und fing an auszupacken. Während ich meine Sachen auf die Kommodenschubladen verteilte, mischten sich die kalifornischen Gerüche mit dem unauslöschlichen, fast würzigen Duft von daheim. Draußen schlug eine Tür zu. Durch das Fenster sah ich, wie meine Mutter, die noch ihre Aufseheruniform trug, aus dem neuen Mustang sprang. Sekunden später stand sie in meinem Zimmer.

»Du hast mir gefehlt«, sagte ich und umarmte sie. Wir setzten uns aufs Bett.

Wie immer, wenn ich wieder zu Hause war, hakten wir erst einmal die gleichen alten Themen ab. Ich mußte ihr erzählen, wie der Flug und die Fahrt mit Breeze gewesen waren, und sie beruhigen, daß ich mit meiner Wohnung, meiner Arbeit und meinem Webereikurs an der Volkshochschule zufrieden war. Dann war meine Mutter an der Reihe. Sie sagte, sie hätte endlich mal wieder eine Gehaltserhöhung verdient. Nachdem mein Vater keinen Unterhalt mehr zahlen mußte und Brian angefangen hatte zu studieren, hätte sie eine Zeitlang ernste Geldsorgen gehabt, aber inzwischen käme sie doch irgendwie über die Runden. »Wie ich sehe, hast du Eric schon kennengelernt«, sagte sie. »Er ist fast so etwas wie ein zweiter Sohn geworden.« Ich hörte heraus, daß sie nichts dagegen hatte.

»Im Sommer war es hier ziemlich merkwürdig«, fuhr meine Mutter fort. »Aber jetzt hat Brian sich wieder gefangen. Ich glaube fast, das ist Erics Verdienst, auch wenn man es kaum für möglich halten möchte.« In ihren Briefen und am Telefon hatte meine Mutter sich immer sehr rätselhaft über die »Probleme« des Sommers geäußert, und ich hatte nie eine konkrete Auskunft erhalten, wenn ich wissen wollte, was sie eigentlich meinte. Wenn ich sie halb im Scherz fragte: »Ist Brian in eine Sekte eingetreten?« oder »Hatte er einen Nervenzusammenbruch?«, wurde ich jedesmal mit der gleichen Antwort abgespeist: »Nein, Schatz, es ist nichts Schlimmes.« Bestimmt würde sie immer noch das Thema wechseln, wenn ich jetzt die Sprache darauf brachte. »Apropos Erics Verdienste«, sagte sie. »Brian und er machen uns gerade was zu essen.«

Sie hatten nicht nur gekocht, sondern auch eine karierte Tischdecke aufgelegt und Duftkerzen mit Nelkenaroma angezündet. Vom Tisch aus konnte man das winterlich leere Feld, die kahlen

Pfirsichbäume der Nachbarn und die harten Grau- und Schwarztöne des Friedhofs von Little River sehen. Ich nahm Platz, Brian setzte sich links und Eric rechts neben mich. Als wir das letzte Mal zu viert am Tisch gesessen hatten, war mein Vater noch dagewesen.

Brian trug die Kartoffelsuppe auf. Seit meinem letzten Weihnachtsbesuch trug er die Haare kürzer, und er hatte ungefähr zehn Pfund abgenommen. In der Art, wie er sich kleidete, glaubte ich, Erics Einfluß zu erkennen – dunkler Schlabberpullover, zerfetzte Jeans und schwarze Schnürstiefel. Trotzdem wirkte mein Bruder nicht wie ein »harter Typ« oder »Punker«, oder was ihm mit seiner Aufmachung wohl sonst vorgeschwebt haben mochte. Er sah nur noch merkwürdiger aus als früher. Und er hatte sich eine seltsame Angewohnheit zugelegt – ab und zu blinzelte er, als ob er Staub in den Augen hätte.

Nach der Suppe kam das Hauptgericht. Erst nach der fünften oder sechsten Gabel fiel mir auf, daß die Waffen meiner Mutter auf der Küchentheke lagen, drei Revolver samt Lederholster und Gürtel, eine Handvoll Patronen und Handschellen, die im Schein der Küchenlampe glitzerten. Im letzten Monat hatte meine Mutter mich in San Francisco angerufen, um mir von einem verhängnisvollen Ausbruchsversuch im KSIR zu berichten. Obwohl sie selbst zu dem Zeitpunkt nicht im Gefängnis gewesen war, war sie doch zutiefst erschüttert. Die Sträflinge hatten zwei ihrer Arbeitskollegen als Geiseln genommen, und bevor man sie überwältigen konnte, hatte der Anführer des Haufens einer der Geiseln das spitze Ende eines Hammers in den Schädel geschlagen. Damals hatte sie mir auch von ihrer Absicht erzählt, sich noch mehr Waffen zu kaufen. Ich hatte versucht, ihr klarzumachen, wie bizarr sich das anhörte – Waffen in Little River, einer Stadt von nicht einmal tausend Einwohnern, wo seit zwanzig Jahren kein schlimmeres Verbrechen geschehen war als der Diebstahl von zehn Gallonen Benzin an der Texaco-Tankstelle. »Du mit deinem kalifornischen Love-and-Peace-Gesäusel«, hatte sie gesagt.

Meine Mutter bemerkte, daß ich auf die Revolver starrte. »Müssen die Dinger offen herumliegen?« fragte ich.

Mir zuliebe legte sie die Waffen in den Schrank. Dann setzte sie sich wieder an den Tisch und schlug einen gespielt ernsten Ton an. »Ich sehe das so. Wenn jemand dir oder Brian etwas antun will, bekommt er es mit mir zu tun.«

Brian flüsterte Eric ins Ohr: »Und wo war sie dann vor zehn Jahren?« Unsere Mutter hörte es nicht, und ich sollte vermutlich auch nichts davon mitkriegen. Eric reagierte nur mit einem unbehaglichen Schulterzucken. Ich fragte Brian nicht, was er damit gemeint hatte.

Als ich in der Nacht aufwachte, fiel mir wieder ein, daß ich als kleines Mädchen manchmal in Brians Zimmer geschlichen war. Dann hatte ich mich, noch benommen vom Schlaf, neben sein Bett gekniet und mir eingebildet, eine weltberühmte Schlafforscherin zu sein oder ein Mädchen mit übernatürlichen Kräften, das in die Gedanken anderer Menschen eindringen konnte. Ich flüsterte Brian Worte ins Ohr, von denen ich glaubte, sie könnten seine Träume schöner und ihn glücklich machen.

Auf der Nachttischuhr war es halb vier. Am Nachthimmel vor meinem Fenster hingen rosaweiße Wolken, die im Dunkeln leuchteten. Hoffentlich bedeuteten sie Schnee. Mir ging das Lied *White Christmas* durch den Sinn, als ich aufstand. Auf Zehenspitzen schlich ich in die Diele. Als Erwachsene kam es mir unrecht vor, Brian nachzuspionieren, aber ich öffnete trotzdem die Tür zu seinem Zimmer.

Brian hatte seine Decken im ganzen Bett verteilt, ein flauschiger Zipfel hing bis auf den Boden. Er selbst war nicht da, und ich wollte gerade kehrtmachen, um mich wieder in mein warmes Bett zu legen, als mir auffiel, daß sich das Zimmer verändert hatte. Seine Bücher waren verschwunden, genauso wie die vielen Poster und Plakate von Science-fiction-Filmen mit ihren bunten Monstern, Außerirdischen und Astronauten, die jahrelang an den Wänden gehangen hatten. Auch die Mobiles gab es nicht mehr, die Raumschiffe und Flugzeuge, die sich noch bei meinem letzten Weihnachtsbesuch an der Decke hin und her gedreht hatten.

Nun hing nur noch ein einziges Bild an der Wand, vielleicht ein Andenken, das er neben dem Bett an die Tapete geheftet hatte. Ich trat einen Schritt näher. Es sah wie ein Foto aus. Kleine Jungen, die in zwei Reihen standen und knieten, starrten in die Kamera. Sie trugen eine einheitliche Kluft, manche hielten Baseballschläger oder Fanghandschuhe in den Händen. Es war gespenstisch, wie sie lächelten und mich anschauten. Und dann erkannte ich in einem der Jungen Brian. Wie lange war das schon her.

Ich blickte mich in Brians kahlem, seltsam ordentlichen Zimmer um. Es war noch nie so sauber gewesen, und es hatte etwas an sich, was mich traurig machte. Fröstelnd ging ich wieder auf mein Zimmer.

Am nächsten Morgen rief meine Freundin Breeze an. Sie und ihr Mann wollten den 23. Dezember bei Freunden in Garden City verbringen, deshalb brauchte sie einen Babysitter für ihre beiden Kinder. Ich hatte sowieso nichts Besseres vor. »Ich freue mich schon«, sagte ich. Als ich aufgelegt hatte, fügte ich hinzu: »Das ist ja mal wieder typisch.«

Im Wohnzimmer lief der Fernseher ohne Ton. Ein Zeichentrickfilm tauchte Brians und Erics Gesicht in leuchtende Grün- und Orangetöne. Sie lagen auf dem Fußboden und schliefen, Arme und Beine von sich gestreckt, als wären sie während eines komplizierten Tanzes erstarrt. Neben ihnen lagen zwei Kopfkissen aus dem Bett meiner Mutter, von denen sich Eric eines ans Ohr kuschelte. Wahrscheinlich hatte Mom sie ihnen hingelegt, bevor sie zur Arbeit gegangen war. Ob sie drei, vier oder tausend Waffen im Haus hatte, mir konnte sie nichts vormachen: Sie würde immer die gleiche bleiben, besorgt, harmlos und überfürsorglich.

Anfangs hatten mir Erics übertriebener Ernst und sein überschatteter, gesenkter Blick Angst gemacht. Man hätte sich leicht vorstellen können, daß er mit aufgeschlitzten Pulsadern in einem eisigen Badezimmer lag und sein Blut auf die Fliesen spritzte. Doch nun, neben Brian auf dem Fußboden, machte er einen unschuldigen, fast engelhaften Eindruck. Er lächelte im Schlaf. Ich wollte ihn nicht wecken, aber weil Breeze jeden Moment mit den Kindern aufkreuzen konnte, blieb mir nichts anderes übrig.

»Ähem.« Keine Reaktion. Ich machte ein Fenster auf, ließ einen Schwall kühle Luft ins Zimmer und knallte es wieder zu. Bei dem Geräusch machte Eric die Augen auf. »Scheiße«, war sein erstes Wort. Seine Haare sahen wie üppig sprießender Distelflaum aus, garniert mit Teppichflusen. Er sah zum Fernseher, wo eine Zeichentrickkatze Schielaugen machte, als ihr eine Maus einen Vorschlaghammer auf den Kopf sausen ließ. Der Film ging in Werbung über; Eric drehte sich um und sah mich. »Ach, hi.«

»Guten Morgen«, sagte ich. »Ich wollte euch nicht wecken, aber gleich lädt eine alte Freundin von mir ihre Kinder bei uns ab. Wollt ihr mir nicht beim Babysitten helfen?«

Eric gähnte und legte Brian die Hand auf die Schulter, eine mütterliche und seltsam weibliche Geste. Er stieß Brian an und weckte ihn. »Die Kinder«, fragte Eric. »Wie alt sind sie?«

»Michael ist ungefähr vier. Der Kleine steckt noch in den Windeln.« Er machte ein entsetztes Gesicht. Brian blickte leicht verwirrt von Eric zum Fernseher, vom Fernseher zu mir. »Breeze ist auf dem Weg hierher«, sagte ich zu ihm. »Wir dürfen heute ihre Kinder hüten.«

Während Brian in aller Seelenruhe duschte, half mir Eric, ein bißchen aufzuräumen. Er schien sich besser im Haus auszukennen als ich; er holte eine Dose Möbelpolitur und ein Tuch aus der Küche, einen Lumpen aus einem alten Hemd meines Vaters. Mit dem nach Zitrone duftenden Spray polierte er den Couchtisch, den Fernseher und den gedrechselten Schaukelstuhlrahmen. Wir redeten nicht bei der Arbeit, aber der eine suchte immer wieder den Blick des anderen. Ich beobachtete ihn, er beobachtete mich.

Dann war Breeze da, in dem einen Arm das Baby, im anderen ein Weihnachtspäckchen, vor sich einen Koffer. Als ich ihr die Tür aufmachte, winkte ihr Mann mir vom Auto aus zu. »Wir würden gern ein bißchen bleiben«, sagte Breeze, »aber wir sind in Eile.« Man konnte ihren Atem sehen. Michael, der ältere Junge, huschte blitzschnell an mir vorbei und hockte sich vor den Fernseher. Breeze blickte ihm nach. »Hauptsache, er ist beschäftigt.« Ich nahm ihr das Baby ab, und sie stellte das Päckchen und den Koffer ins Haus. »Windeln, was zu essen und was du sonst noch brauchst. In dem Päckchen ist nur Obst«, sagte sie. »Eßt es lieber gleich, sonst verdirbt es noch.« Sie zog ein Streichholzheftchen mit einer Telefonnummer aus ihrer Jackentasche. »Unter dieser Nummer sind wir zu erreichen. Bevor es dunkel wird, sind wir wieder zurück. Hoffentlich machen sie dir keine Schwierigkeiten. Wiedersehen, Michael.« Sie drückte dem Baby einen Kuß auf den Kopf. »Wiedersehen, David.«

Als Brian wieder hereinkam, frottierte er sich noch die nassen Haare. Eric zeigte auf Michael, der wie gebannt vor dem Fernseher hockte. Die Katze verschlang einen Geburtstagskuchen, der, ohne daß sie es wußte, mit Dynamit gespickt war, ihr Bauch explodierte, und die Katze verwandelte sich in einen angekohlten Schatten mit erschreckten weißen Augen. Michael, der sich noch nicht einmal den Mantel ausgezogen hatte, wiegte sich vor und zurück und fiel in das schadenfrohe Gelächter der Maus ein.

Als Brian sah, was ich auf dem Arm hatte, legte er dem Baby die Hand auf die Backe. »Wow.« Ich hielt ihm David ein bißchen näher hin, und ein winziges Händchen streckte sich ihm entgegen, als wollte er Brian bitten, ihn zu nehmen. »Er wird doch hoffentlich nicht schreien, oder?« Ich zuckte mit den Schultern und legte ihm das Baby in den Arm.

»Er fühlt sich wie ein großer Schwamm an«, sagte Brian in Davids Gesicht. Seine Stimme veränderte sich, wurde dünner und eine halbe Oktave höher. »Als ob ihn jemand ausgedrückt hätte, aber nicht ganz, damit er nicht austrocknet.« Er tippte David mit dem Daumen auf die Nase. Eric warf mir einen erstaunten Blick zu.

In der nächsten Stunde halfen mir Brian und Eric mit dem Baby. Sie fütterten es, ließen es abwechselnd Bäuerchen machen und gingen mir ungeschickt beim Wickeln zur Hand. Während sie darauf warteten, daß David einschlief, strichen sie sanft die Falten in seinem Hemdchen glatt. Als er endlich eingenickt war, gingen Brian und Eric in die Küche. Sie machten etwas zu essen, mit Weihnachtsförmchen ausgestochene Erdnußbutterbrote. Ich bekam einen Stern, Brian und Eric hatten Glocken und Michael einen dicken Weihnachtsmann mit einem Sack voller Geschenke. Michael leckte sich einen Klecks Erdnußbutter von der Oberlippe. »Bei Mommy gibt es immer Nachtisch«, sagte er.

Eric fiel das Obst ein, und er holte Breezes Geschenk aus der Diele. Michael durfte es auspacken. Der in grünes Cellophan gehüllte Korb enthielt Birnen, Orangen, Äpfel und Bananen. »Tolles Weihnachtsgeschenk«, sagte Eric.

Michael konnte sich nicht entscheiden. Er war ein wildes Kind mit einer Stupsnase und kupferroten Haaren. Unter der große Lokke, die sich auf seiner Stirn kringelte, war ein blaues Äderchen zu sehen. Seine Wahl fiel schließlich auf eine Birne. Er knabberte ein kleines Loch in die gelbe Schale. »Igitt.« Er gab Eric die Birne, der stand auf und fing an, mit der Birne, einer Orange und einem Apfel zu jonglieren. Er warf sie nacheinander hoch und pflückte sie wie ein Zauberer aus der Luft. Michael sah ihm fasziniert zu.

Brian holte drei Obstmesser aus der Küche. Er stellte einen roten Delicious, einen gelben und einen grünen Granny Smith in einer Reihe auf dem Fußboden auf, daß es wie eine Ampel aussah. Dann sollten Eric und ich uns einen aussuchen. »Jetzt zeigen wir dir, wie man Apfelkopfpuppen macht«, sagte er zu Michael. Als Kinder hatten Brian und ich das öfter gemacht. Nachdem die Äpfel geschält waren, schnitzte man ihnen Gesichter, dann wurden sie auf der Fensterbank getrocknet, bis sie hart waren. Mit der Zeit veränderten die Äpfel ihre Form, sie schrumpelten zu bernsteinfarbenen »Köpfen« zusammen, die wie listige Steinzeitmenschen aussahen. Zuletzt hatten wir sie auf Bleistifte gespießt und ihnen Puppenkleider angezogen.

Michael sah uns mit großen Augen bei der Arbeit zu. Ich schnitt Augen, Nasenlöcher und eine gerunzelte Stirn in meinen Apfel, bis er wie ein böses altes Weib aussah. Erics Apfel bekam eingefallene Wangen, ein kantiges Kinn und sogar eckige Zähne.

Brian konnte sich lange nicht entscheiden, was er schnitzen sollte. Während Eric und ich uns stolz unsere Fortschritte zeigten, ließ er den geschälten Apfel unschlüssig von einer Hand in die andere kullern. »Ich mache einen Totenkopf«, sagte Eric. »Warum schnitzt du nicht deinen üblichen Außerirdischen?«

Brian machte ein ärgerliches Gesicht. »Ich habe mir gleich gedacht, daß du das sagen würdest.« Er rückte seine Brille zurecht und schmierte sich Apfelsaft auf das Glas. »Du sollst doch nicht mehr davon anfangen. Das ist ein für allemal vorbei.« Eric wurde verlegen, und ich konzentrierte mich ganz auf mein Puppengesicht. Brian bohrte die Messerspitze in den Apfel, drehte sie herum und stach eine mandelförmige Augenhöhle aus. Und noch eine. Der Rest des Gesichts war einfach, zwei Nasenlochpünktchen, ein schmaler Schlitz für den Mud. Er drückte dem Apfelkopf die Daumen in die Augen, als ob er sie polieren wollte. »Da«, sagte er zu Eric. »Zufrieden?«

Als wir fertig waren, präsentierten wir Michael unser Werk. »Normalerweise«, sagte Brian, »müßten wir jetzt warten, bis die Köpfe getrocknet sind. Aber es geht auch so.« Er grinste Eric an, sein Ärger war offenbar verraucht. Er suchte drei Bleistifte zusammen und bastelte den Apfelpuppen Körper.

Als das Telefon klingelte, lief ich in die Küche. Es war meine Mutter, die sich von der Arbeit aus erkundigen wollte, wie wir zurechtkamen. Ich erzählte ihr von unserem Babysitterjob und daß Brian und Eric mir den ganzen Tag über sehr geholfen hatten. »Ist mit Brian alles in Ordnung?« fragte sie. Als ich ihr sagte, daß mir nichts Besonderes aufgefallen war, schien sie erleichtert. »In letzter Zeit benimmt er sich ziemlich komisch. Und je näher Weihnachten rückt, desto schlimmer wird es. Ich weiß einfach nicht, warum. Vielleicht bilde ich es mir auch nur ein. Aber als ich heute morgen zur Arbeit gefahren bin, war er schon wach, und das sieht ihm gar nicht ähnlich. Er stand am Fenster und hat nervös nach draußen geschaut.«

»Mir ist jedenfalls nichts aufgefallen.« Ich warf einen Blick ins Wohnzimmer. Eric und Brian taten so, als wären sie Bauchredner, und spielten Michael ein verrücktes Stück vor. Eric hatte die Bleistiftkörper des Totenkopfs und des Außerirdischen gepackt und hielt sie Michael ins Gesicht. Der Junge schrie. Sofort riß Brian Eric den Außerirdischen aus der Hand.

Während ich meiner Mutter mit halbem Ohr zuhörte, belauschte ich Brian und Eric, deren Getuschel mir wesentlich interessanter vorkam. Eric fragte: »Was hast du denn?«, aber die Antwort meines Bruders konnte ich leider nicht verstehen. Dann sagte Eric etwas Rätselhaftes: »Nur noch einen Tag, dann hast du endlich Ruhe.«

Meine Mutter wurde über die Sprechanlage gerufen. »*Sergeant Lackey, Anruf auf Leitung eins.*« Sie hielt inne. »Ich hab euch zwei so lieb«, sagte sie schließlich. Noch eine Pause. »Sagst du Brian, daß ich ihn lieb habe?«

»Ja.« Michael kicherte. »Mach dir keine Sorgen«, sagte Eric, er meinte Brian, nicht Michael. »Es wird sich schon alles finden.«

Erst als Breeze am Abend die Kinder abholte, dachte ich wieder an das, was meine Mutter über Brian gesagt hatte. Michael rannte zur Tür, und Brian hob David so vorsichtig vom Fußboden auf, als ob er aus Glas wäre. Er legte Breeze das Baby in die Arme. Es fing sofort an zu schreien, und einen Augenblick lang ähnelte es mit seinem griesgrämigen, geschwollenen Gesicht einem der geschnitzten Äpfel. Als Breeze sich bei uns bedankte, holte Brian tief Luft und legte ihr fest die Hand auf die Schulter. »Paß bitte gut auf die beiden auf«, sagte er. »Laß sie nie aus den Augen, unter keinen Umständen.« Was hatte das schon wieder zu bedeuten? Ich drehte mich nach Eric um, um zu sehen, ob er meine Verlegenheit teilte, aber er blickte zu Boden.

Als Eric nach Hutchinson zurückgefahren war, kamen mir die Worte meiner Mutter erneut in den Sinn. Ich stand an der Spüle und erledigte gerade den restlichen Abwasch. Durch das Fenster sah ich Brian, dick eingemummelt, in dem böigen Wind den Hügel hinaufgehen. Er bückte sich und scharrte mit den Fingern in der Erde. Dann legte er etwas in das kleine Grab, das er ausgehoben hatte. Er richtete sich wieder auf und stampfte wütend auf dem Erdhügel herum, als hätte er jahrelang nur darauf gewartet, seinen Gefühlen endlich Luft machen zu können. Dabei mußte ich sofort an die Nacht denken, in der unser Vater uns verlassen hatte, und an den selbstvergessenen Tanz, den Brian damals an der gleichen Stelle aufgeführt hatte.

Ich faltete das Geschirrtuch zusammen und holte meine Jacke aus dem Wohnzimmer. Am Nachmittag hatte Eric das alte Weib, den Totenkopf und den Außerirdischen zum Trocknen auf die Fensterbank gestellt, doch nun war der Außerirdische verschwunden. Als ich das sah, hatte ich es nicht mehr so eilig, nach draußen zu kommen. Schlagartig wurde mir klar, was Brian im Lehm vergraben, was er in die Erde gestampft hatte. Ich wußte nur nicht warum.

Im Halbschlaf nahm ich wahr, wie meine Zimmertür aufging. Brian kam herein. Er war im Dunkeln kaum zu erkennen, weil er ein schwarzes T-Shirt und eine Trainingshose trug, was er sich vermutlich bei Eric abgeguckt hatte. Er verharrte gleich hinter der Schwelle, sein Atem ging so gleichmäßig wie das Ticken einer Uhr. Wußte er, daß ich die Augen offen hatte? Endlich wagte er sich ein paar Schritte weiter herein, die eine Seite von Gesicht und Hals in kaltes Mondlicht getaucht. Seine Haut hatte noch nie so rein ausgesehen, und sein Auge, tiefblau und verträumt, schimmerte wie eine ins Licht gehaltene Murmel.

»Deb«, flüsterte er und blinzelte ein paarmal.

Als ich ein Bein unter der Decke hervorstreckte, schreckte er zurück. »Ist schon okay«, sagte ich. »Ich bin sowieso wach.«

Brian setzte sich auf die knarrende Bettkante. Das Mondlicht, das schräg auf ihn fiel, malte ein gestreiftes Banner auf seine Brust. »Entschuldige«, sagte er. »Es ist schon spät.« Ich stupste ihn mit dem Zeh am Ellbogen, um ihm zu zeigen, daß es mir nichts ausmachte.

Er wollte reden. Er brauchte jemanden, der ihm zuhörte, ohne selbst etwas zu sagen. Ich nickte ihm aufmunternd zu. »Morgen« – Er warf einen Blick auf meinen Wecker – »oder vielmehr heute treffe ich mich mit einem Jungen, der Neil heißt. Es ist furchtbar wichtig für mich. Du hast bestimmt keine Ahnung, wovon ich rede, was?«

Hatte ich nicht. »Was ist denn los mit dir? Was hast du?«

»Ich weiß nicht, wo ich anfangen soll. Es hat mit den Sachen zu tun, die mir früher passiert sind. Ich habe ins Bett gemacht, ich bin dauernd in Ohnmacht gefallen. Du erinnerst dich bestimmt noch. Für all das gab es einen Grund, es steckte etwas dahinter. Und das hat mich kaputtgemacht. Und ich glaube, jetzt weiß ich, was es war. Scheiße, ich weiß es, aber ich weiß es auch wieder nicht. Es ist alles so verflucht kompliziert.« Brians Sätze paßten nicht ganz zusammen, wie aus dem Zusammenhang gerissene Gesprächsfetzen. Außerdem hatte ich meinen Bruder fast noch nie fluchen hören. Doch anstatt ihn härter oder erwachsener erscheinen zu lassen, bewirkten die Kraftausdrücke genau das Gegenteil. Sie verliehen ihm eine seltsame Unschuld.

»Erzähl weiter«, flüsterte ich. Es erschien mir als der einzig angemessene Ton. »Ein bißchen genauer, wenn es geht.«

»Dieser Neil. Was ich erlebt habe, hat auch er erlebt. Aber er kann sich besser daran erinnern. Ich bin überzeugt, daß er weiß, was an dem Abend passiert ist, als du mich unter der Veranda gefunden hast. Vielleicht weiß er sogar, was zwei Jahre später an Halloween passiert ist, als ich im Wald ohnmächtig geworden bin.« Brian schnappte ächzend nach Luft, bevor er die nächsten Sätze hervorstieß. »Es war kein Ufo. Es war unser Trainer. Und Neil weiß das. Er kommt bald. Er muß es mir sagen. Damit ich endlich Gewißheit habe. Ich warte schon so lange darauf.«

Nun war ich auch nicht viel klüger als vorher. Aber als ich Brian etwas fragen wollte, ließ er mich nicht mehr zu Wort kommen. »Nein«, sagte er. Dann beugte er sich immer weiter zu mir herüber, bis sein Ohr meine linke Schulter berührte. Ich legte ihm die rechte Hand unter das Gesicht und drückte ihm sanft die Augen zu. Sein Atem strich über meine Haut, zart und gleichmäßig wie der eines Glasbläsers.

Die Fragen standen immer noch im Raum, aber ich brachte es nicht über mich, sie auszusprechen. Ich konnte überhaupt nichts sagen. Ich konnte meinen kleinen Bruder nur im Arm halten, während die Nacht einen schützenden Wall um uns bildete, bis wir eingeschlafen waren.

16
Eric Preston

Während des Mittagsschlafs träumte ich von einem Wassermann. Er wälzte seinen halb menschlichen, halb barrakudagleichen Körper auf einen meerumtosten Felsen. Die Schuppen seines Fischschwanzes glitzerten erst grün, dann golden, dann wieder grün. Er wischte Seesterne und Seeanemonen vom Stein, seufzte und drehte das Gesicht zum Himmel. Aus seinem vollkommenen Mund erklang eine wehmütige Weise, ein Trauerlied auf die gewöhnliche Liebe der Sterblichen.

Seine Stimme ging in die meiner Großmutter über. »Eric, Spatz, Besuch für dich.« Es hatte sich ausgeträumt. Als ich wieder richtig bei mir war, fiel mir ein, daß heute der Tag war, an dem Neil zurückkam. Aber mein Besucher war nicht Neil. »Ich glaube, es ist dein Freund Brian«, sagte Großmutter. Ach ja, Mrs. McCormick hatte uns zum Nachtisch eingeladen, zu einer Willkommensfeier für Neil an Heiligabend.

Schon stand Brian in der Tür. Er war kaum wiederzuerkennen, er hatte sich die Haare gekämmt und ordentlich gescheitelt, sein Gesicht sah wie geschrubbt aus, hier und da leuchtete ein Tupfer rosa Pickelcreme. Er grinste, aber es kam mir gekünstelt vor. Ob er die fröhliche Miene wohl wegen Neil aufgesetzt hatte?

»Willkommen«, sagte ich. »Fröhliche Weihnachten etc.« Ein Blick aus meinem winzigen Fenster bewies, daß ich verschlafen hatte, denn die Abenddämmerung senkte sich bereits auf den Wohnwagen unserer Nachbarn herab. Ich hörte eine Frau schimpfen: »Junior, würdest du gefälligst essen kommen?«

Brian klimperte mit seinen Autoschlüsseln. »Komm, wir drehen noch eine Runde, bevor wir zu den McCormicks fahren. Aber zieh dich warm an. Es sieht nach Schnee aus.«

Ich zog mir ein zweites Paar Socken über und ging ins Bad. *Heute ist der große Abend*, dachte ich. Vier Monate waren vergangen, seit ich Brian kennengelernt hatte, vier Monate, in denen ich mir angehört hatte, wie sich seine Fragen und Erklärungen allmählich veränderten und verschoben. Ob Brian über seine Ufo-Erinnerungen sprach oder, wie er sich seit kurzem ausdrückte, über »etwas völlig anderes, etwas Reales«, eine Variable blieb immer gleich. Und diese Variable war Neil. Der erste Satz, den Brian je an mich gerichtet hatte, hatte sich um Neil gedreht, und heute abend würde Neil ihm das letzte Teilchen liefern, das er für sein Puzzle noch brauchte, was auch immer dabei herauskommen würde.

Ich spritzte mir Wasser ins Gesicht, putzte die Zähne und gurgelte mit Großvaters Mundwasser für Gebißträger. Großmutter hatte eine Weihnachtskarte an den Badezimmerspiegel geklebt, auf der ein tapferes Rentier den Weihnachtsmann durch die sternenlose Nacht geleitete. Ich knibbelte den Klebestreifen ab und drehte die Karte um. *Lieber Harry, liebe Esther. Ein frohes Fest und ein gutes neues Jahr! Unser herzliches Beileid zu Eurem schmerzlichen Verlust im vergangenen Jahr, die Johnsons.* Ich überlegte einen Augenblick, aber ich wußte nicht mehr, wer die Johnsons waren. Aber es war auch egal.

Nach all den Monaten, in denen wir uns nicht gesehen hatten, sollte Neil wenigstens eine kleine Veränderung an mir auffallen. Er würde den alten Melancholiker erwarten, also entschied ich mich für die Rolle »heiter und unbeschwert«. Ich zog den schwarzen Pullover aus und schlüpfte in Großvaters weiße Strickjacke. Zurück zum Spiegel. Sah ich gut genug für einen Kuß aus? Brian hämmerte an die Tür, ich sollte mich beeilen.

Wir sprangen in den Toyota und knallten die Türen zu. Brian drehte erst die Heizung voll auf, dann die Anlage. Die Kassette war von mir, ich hatte sie mir ursprünglich von Neil geliehen. Brian hatte das Foto aus seiner Baseballzeit zwischen die Sitze geklemmt, vermutlich, um es Neil zu zeigen. Daneben steckte ein Spiralhefter, der mich sehr an mein Tagebuch erinnerte. Ich wollte ihn nicht fragen, was es damit auf sich hatte. Statt dessen erkundigte ich mich, was er für die Zeit bis zu unserer Einladung bei den McCormicks geplant hatte. Brians Antwort fiel knapp aus: »Laß dich überraschen.« Vielleicht war er nun endgültig übergeschnappt, hatte seiner Mutter eine Knarre gestohlen und würde mich zwingen, ihm bei einem kleinen Terroranschlag an Heiligabend zu helfen. Na ja, vielleicht auch nicht.

In Hutchinson waren fast alle Häuser weihnachtlich geschmückt. Bunte Lämpchen leuchteten an Dächern, Fenstern und immergrünen Pflanzen. An einem Wasserturm blinkte ein großer Stern. In einer Ulmenallee hingen Tausende bunte Bänder in den Bäumen. Brian schien wie verzaubert, er hielt an der vor der Handelskammer aufgebauten Weihnachtskrippe an. Der Schein der elektrischen Kerzen fiel auf Maria, Josef, die Heiligen Drei Könige, einen Esel, ein Lamm und eine angepflockte Kuh. Das Jesuskind war gestohlen worden. An seiner Stelle lag ein Keramikhummer im Stroh und streckte eine Schere über den Rand der Krippe in die Welt hinaus.

An der Main Street mußten wir anhalten. Vor uns überquerte ein Mädchen mit zwei trippelnden Chihuahuas an der Leine die Straße. Ihr Brillengestell war wie das Symbol für Unendlichkeit geformt. Wir konnten ihr von den Lippen ablesen, was sie sagte, als sie uns ansah: »Schwule.« Brian schien sich nicht daran zu stören. Ich schickte ihr eine telepathische Botschaft: *Mögen deine Hunde von Eulen geraubt werden.*

Tiefhängende Wolken hatten sich zusammengezogen, die in den Ästen und auf den Kirchturmspitzen saßen wie Fleisch auf einem Schaschlikspieß. »Natürlich kann man sich auf den Wetterbericht nicht hundertprozentig verlassen«, sagte ich. »Aber auf Kanal Zehn haben sie Schnee angesagt, und ich glaube fast, sie haben recht.« Brian, der leise die Melodie mitpfiff, um mir zu beweisen, daß er überhaupt nicht aufgeregt war, nickte. Als er aufhörte zu pfeifen, achtete ich nicht mehr auf die Wolken, sondern auf die Stelle, wo er geparkt hatte. Der Toyota stand hinter einem kleinen Baseballfeld.

Der Platz sah so aus, als ob dort seit Jahren niemand mehr gespielt hätte. Nicht zu vergleichen mit der tollen Anlage im Sun

Center. Das braune Gras des Outfields hatte sich allmählich immer weiter nach innen vorgearbeitet, wie ein Ausschlag umringte es die Stellen, wo die Bases hätten sein sollen. Das Infield war mit totem Laub, leeren Bierdosen und Zigarettenschachteln, Styroporbechern und zerknüllten Seiten der *Hutchinson News* übersät. Der Platz sah aus wie nach einem Schiffbruch. »Wo sind wir hier?« fragte ich.

»Das ist unser altes Baseballfeld«, sagte Brian. »Wo die Panther gespielt haben, Neil und ich.« Er stieg aus, ging ein paar Schritte und fing an, über den Zaun zu klettern. Neben ihm hing ein Schild MUTWILLIGE ZERSTÖRUNGEN BITTE MELDEN; die angegebene Telefonnummer war bis auf eine Ziffer mit der Nummer der McCormicks identisch. Das Schild wackelte im Wind, dabei klickte es wie ein Geigerzähler.

»Ich bleibe im Wagen«, sagte ich. »Es ist mir zu kalt.« Brian stellte sich auf das Schlagmal und starrte geradeaus, als ob ihm ein Geist jeden Augenblick den idealen Ball für einen Home-Run zuwerfen würde. Dann lief er die Baselines ab; nach der zweiten Base schien er sich in dem verwilderten Grenzgebiet zum Outfield zu verirren, denn er lief auf die ramponierte Anzeigetafel am Zaun zu.

Da Brian ein gutes Stück vom Wagen entfernt war, packte ich die Gelegenheit beim Schopf und zog den Spiralhefter zwischen den Sitzen hervor. Der Deckel war mit Monden, Sternen, Wolken und fliegenden Raumschiffen in blauer Tinte bemalt. Alles war dick mit einem schwarzen Stift durchgestrichen worden. Eigentlich wollte ich nicht schnüffeln, aber ich redete mir ein, es müßte sein. »Sonst bereue ich es hinterher.«

Zuerst faßte ich das Heft so vorsichtig an, als wäre es eine Alphabettafel für Geisterbotschaften aus dem Jenseits, der ich Fragen über meinen Tod gestellt hatte. Dann vertiefte ich mich darin. Ich merkte rasch, daß es Brians Traumtagebuch war. Während unserer nächtlichen Quatschorgien hatte er im Zusammenhang mit seinen Ufo-Geschichten ein-, zweimal davon gesprochen. Aber das war schon Wochen her. Ich überflog ein paar willkürlich herausgesuchte Einträge und blickte dabei alle paar Sätze hoch, um mich zu überzeugen, daß Brian immer noch im Outfield herumstapfte. Im

Moment lehnte er gerade am Zaun, den Kopf in den Nacken gelegt. Ich blätterte rasch zu den letzten Seiten weiter. Vielleicht hatte er auch von mir geträumt.

Als ich zu Brians letzten Einträgen kam, ließ ich mir etwas mehr Zeit. Die Schrift war teilweise kaum zu entziffern, aber ich kämpfte mich durch. Die Träume waren mehr als einen Monat alt; meinen Namen sah ich nicht, aber Neils. Ich las.

10.11.91

Gestern nacht, nach dem katastrophalen Telefongespräch mit meinem Vater, der Traum, vor dem mir wohl schon seit Monaten gegraut hat. Diesmal sehe ich Neil McCormick unglaublich deutlich vor mir – er ist in dem blauen Raum, er trägt Schuhe mit Spikes und ein Pizza-Panthers-Trikot, er hat schwarze Sonnencremestriche unter den dunklen Augen – und dann sehe ich die Schuhe und das Trikot auf dem Fußboden liegen, sehe ein weißes Handtuch, das die Sonnencreme abwischt. Neils Lippen, warm und kitzelig an meinem Ohr – und er sagt: »Das ist okay, keine Angst.« Dann geht knarrend die Tür auf, und da steht das Wesen, vier große Schritte, und schon ist es bei uns, eine Hand auf Neils Schulter, eine auf meiner. »Neil, zieh ihm die Sachen aus.« Neils Kleiderhaufen wächst, der Berg wird höher, als mein Panthers-Trikot, meine Socken und meine Hose darauf landen. Im Traum kann ich dem Wesen nicht ins Gesicht sehen, ich kann ihm nur auf die nackte Brust starren – und zuerst sehe ich wieder nur die rätselhafte blaugraue Haut, die gleiche Haut wie in meinen anderen Alpträumen, aber langsam, ganz, ganz langsam verändert sie sich – es dauert eine Ewigkeit, aber das Blaugrau verwandelt sich in Grau und das Grau in Grauweiß, und die ganze Zeit sprießen kleine blonde Härchen daraus hervor. Zum Schluß ist die Haut weiß, mit einem rosa Schimmer, der Beweis, daß sie lebt und daß darunter Blut fließt, es ist nicht mehr die Haut eines Außerirdischen, sondern die eines Menschen. Ein menschlicher Arm, breit, haarig und sommersprossig, und er schlingt sich um mich – und neben mir Neil McCormick, der sagt: »Jetzt geht's los ...«

22.11.91

Wieder unter den Bäumen, an Halloween, und er ist da, und aus seinem Mund schießt es hervor: »Ich hatte dich wirklich gern, Brian, ich habe immer gehofft, dich mal wiederzusehen« – *aber diesmal ist der Mund nicht der schmale Schlitz des Außerirdischen, es ist ein menschlicher Mund, volle Lippen, blonder Schnurrbart – der Mund kommt auf mich zu, knabbert an meinen Lippen, genau wie zwei Jahre zuvor, in dem blauen Raum mit Neil – und ich weiß, wer es ist. Das ist kein Außerirdischer, denke ich – ich habe die Augen offen, und ich bin nicht mehr acht, nicht mehr zehn, ich bin neunzehn, und ich weiß jetzt wieder, was mit mir passiert ist, weiß auch, daß es keine Träume sind. Es sind Erinnerungen.*

Ich sah von der Beschreibung des Traums hoch. *Genau wie zwei Jahre zuvor, in dem blauen Raum, mit Neil.* Mir kamen die Stimmen von der merkwürdigen Kassette aus Neils Zimmer wieder in den Sinn, das rülpsende, fluchende Kind und die anfeuernde Baßstimme des Erwachsenen. Ich sah ein Poster aus einem von Neils pädophilen Pornoheften vor mir, aber plötzlich wurde das Gesicht des kleinen Jungen zuerst von Neils und dann von Brians Gesicht überlagert. Die Wirkung war nicht komisch, sie war entsetzlich. »Ach, du großer Gott«, sagte ich, als ob das noch etwas ändern könnte. Mir fiel das Bild wieder ein, das Brian vor einigen Wochen gezeichnet hatte: die Schuhe, den Fanghandschuh mit der Nummer neunundneunzig, den Baseball, auf dem *Trainer* stand. »Ach Gott.« Ich holte das Mannschaftsfoto heraus und sah sie mir an, zuerst Brian, dann Neil – sein Trikot, die Nummer neunundneunzig – und zuletzt ihren Baseballtrainer.

Nun war mir alles klar. Die Indizien hatten die ganze Zeit vor meiner Nase gelegen. Ich hätte es schon seit Monaten wissen müssen.

Brian kam im Galopp zurückgelaufen, und irgendwie sah er anders aus. Es lag nicht an seinen Klamotten, an dem gewaschenen Gesicht und den gekämmten Haaren, nicht an dem Make-up auf den Pickeln. Er hatte sich innerlich verändert, die Veränderung steckte ihm im Blut und in den Knochen, und erst jetzt konnte ich das erkennen.

Er kletterte über den Zaun und riß die Fahrertür auf. Die warme Luft wurde aus dem Wagen gesogen, und ich fröstelte. Brian wirkte glücklich, er schien sich auf die Begegnung mit Neil zu freuen und seine Nervosität abgelegt zu haben. Doch dann drehte er den Kopf herum, und sein Blick fiel auf meine Hände. In der linken hielt ich noch immer das Traumtagebuch, in der rechten das Foto.

Ich wußte nicht, was ich sagen sollte. »Ich weiß Bescheid«, stammelte ich schließlich. »Jetzt brauchst du kein Geheimnis mehr daraus zu machen.«

Brian nahm mir die Sachen ab und stopfte sie wieder zwischen die Sitze. »Früher oder später hätte ich es dir sowieso gesagt. Ehrlich.« Seine Brillengläser beschlugen, und er putzte sie am Knie seiner Jeans. Ich starrte verlegen auf sein Bein, als er fortfuhr: »Noch kann ich mich nicht an alles erinnern. Deshalb brauche ich Neil. Er muß mir erzählen, was er weiß.«

Wir schwiegen. Das Schild am Zaun rappelte und klapperte. Irgendwo knallte eine Haustür zu. Eine Zeitungsseite, die vom Wind hochgewirbelt wurde, flatterte über die Windschutzscheibe. Ich versuchte vergeblich, eine Schlagzeile zu lesen.

»Was bist du doch für ein Schnüffler«, sagte Brian. »Ich hätte es dir schon noch erzählt.« Ich wollte mich entschuldigen, aber mit Worten hätte ich nie ausdrücken können, was mir alles leid tat. Die ganze Zeit hatte ich mich darauf gefreut, Brian und Neil zusammenzubringen, und nun fühlte ich mich wie das Opfer einer Verschwörung. »Irgendwann wärst du sowieso dahintergekommen«, sagte er. »Es wundert mich fast, daß du es dir nicht längst zusammengereimt hast. Bei dem, was du alles über Neil weißt, bei den Hinweisen, die ich wahrscheinlich dauernd fallengelassen habe. Du bist doch nicht blöde.« Er ließ den Motor an. »Es ist unglaublich, wie viel manche Leute wissen. Sie sagen bloß nichts davon, sie streiten es ab, weil sie es nicht glauben wollen.« Damit hatte er recht. »Womöglich wußte Neils Mutter ganz genau, was sich damals abgespielt hat, womöglich wollte sie es einfach nicht wahrhaben. Vielleicht wußte auch mein Vater etwas, oder meine Mutter.«

Brian legte mir das Traumtagebuch wieder auf den Schoß. »Sieh dir mal die letzten Seiten an.« Ich blätterte bis zum Eintrag vom 22. November. »Nein, du Schnüffler, die allerletzten Seiten.«

Ich blätterte und blätterte. An einer Stelle klebten die Seiten zusammen, und als ich sie voneinander löste, fand ich rötlich braune Flecken. »Dein Rorschachtest?«

»Nein«, sagte er. »Mein Blut.« Brian warf einen Blick auf seine Uhr und fuhr los. »Seit ein paar Wochen, seit mir allmählich die Wahrheit dämmert, bekomme ich öfter Nasenbluten. Das hatte ich nicht mehr, seit ich ein kleines Kind war. Damals sind mir beim kleinsten Druck die Äderchen geplatzt.«

Er tippte sich an die Nase.

»Ich habe viel über etwas nachgedacht, was Avalyn einmal gesagt hat«, fuhr er fort. »Sie hat über Beweise gesprochen, man müsse Teile von sich selbst zurücklassen, um zu beweisen, daß tatsächlich etwas passiert ist.« An einer roten Ampel sah er mich an, und ich legte die Hand auf die spröden Seiten des Tagebuchs. »Damals hatte ich auch Nasenbluten, an dem Abend, von dem mir die fünf Stunden fehlen. Und seit ich weiß, was damals wirklich passiert ist, blutet meine Nase wieder. Komisch, was? Es ist so, als ob mein Körper sich auch erinnert.« Brian ließ das Lenkrad los. Über den getrockneten Blutflecken legte er seine Hand auf meine. »Das hier ist mein Beweis.«

Brian fand den Weg auch ohne mich. Nachdem wir in der Einfahrt geparkt hatten, ließ er erst einmal den Wagen abkühlen, während sich im Westen Hutchinsons die Dunkelheit herabsenkte.

Wir gingen zum Haus. Blaue und grüne Lichter zwinkerten an dem mit Popcorngirlanden und Zuckerstangen geschmückten Baum im Erkerfenster der McCormicks. Lamettastreifen glitzerten wie kleine Speere zwischen den Ästen. Ein Ornament aus Blech sah wie ein Lebkuchenmann aus, Augen, Mund, Fliege und Knöpfe waren dilettantisch in die Oberfläche gestanzt worden, wahrscheinlich von Neil, als er noch ein Kind war. Ich hätte gern gewußt, ob er es vor oder nach jenem Sommer gebastelt hatte.

Wenn ich Neil früher besucht hatte, war seine Mutter immer

ganz aus dem Häuschen gewesen, sie hatte schwungvoll die Tür aufgerissen und mich erfreut ins Haus gezogen, wie die Hexe aus *Hänsel und Gretel*. Heute fiel ihre Begrüßung etwas zurückhaltender aus. »Schön, euch wiederzusehen«, sagte sie. »Aber ich muß euch leider enttäuschen. Es ist etwas passiert. Neil geht es nicht gut. Ich weiß nicht, wie ich es sonst ausdrücken soll.« Ihre Stimme klang biblisch: müde, verletzt, bedeutungsschwanger. »Er hatte einen Unfall. Jetzt schläft er.«

Mrs. McCormick zeigte in die Küche. Zwei Törtchen standen auf dem Tisch, bewacht von einem Schneemann mit Rosinenaugen und Zimtstangenarmen. »Aber ihr könnt trotzdem bleiben. Ich habe auch noch was Leckeres im Backofen, Erdnußbutterpfirsiche und altmodische Bratäpfel.«

Brian machte ein ratloses Gesicht. Zögernd setzte er sich auf einen Stuhl, und ich nahm ebenfalls Platz, während Mrs. McCormick in der Schublade nach einem Messer kramte. Dabei fiel der Korken einer Weinflasche auf den Boden und kullerte in die Ecke. Mir fiel nichts ein, was ich sagen konnte. Ich konzentrierte mich so krampfhaft auf eines der mit einem Mosaik aus Pfirsichstückchen, Erdnußbutterklecksen und zerkrümelten Grahamkeksen dekorierten Törtchen, daß ich gar nicht bemerkte, wie die schattenhafte Gestalt in die Küche geschlurft kam.

»Du bist ja wach«, sagte Mrs. McCormick.

Neil stand in der Tür. Er sah aus, als stünde er unter Drogen, seine Augen schienen nicht ganz zueinander zu passen, was daran lag, daß sich unter dem rechten ein halbrunder blauer Fleck abzeichnete. Über seinen Backenknochen zog sich eine häßliche Schramme. Am Mund hatte er eine himbeerrote Schürfwunde. Sein Ohrring war weg, das Ohrläppchen dick entzündet. Darunter hatte er eine Schnittverletzung, die so gründlich mit Jod eingepinselt worden war, daß sie orange leuchtete.

»Glotz nicht so, Preston«, sagte Neil. Dann ging er auf Brian zu. »So lernt man sich also kennen.« Als er den Mund aufmachte, sah ich seinen angeschlagenen Schneidezahn.

»Alte Baseballkameraden«, sagte Mrs. McCormick. Sie ging mit dem Messer auf ein Törtchen los. »Neil hätte sich bestimmt nicht mehr an einen Freund von früher erinnert. Gut, daß du ein besseres Gedächtnis hast. Wie lange habt ihr euch nicht mehr gesehen?«

Neil faßte sich an die Schramme auf der Backe. »Wahrscheinlich nicht so lange, wie man meinen könnte.«

»Zehn Jahre«, sagte Brian, »fünf Monate und sieben Tage.«

Ich half Neils Mom, den Tisch zu decken. »Ich möchte einen Erdnußbutterpfirsich«, sagte sie. »Was eßt ihr, Jungs?« Ich nahm das gleiche wie sie, Brian wollte einen Bratapfel.

»Ich nehme beides«, sagte Neil. Wegen des blauen Flecks sah es so aus, als ob er dauernd mit dem einen Auge zwinkerte. Ich liebte ihn immer noch.

Während wir aßen, fiel kaum ein Wort, bis auf das übliche »mmmh« und »wahnsinnig lecker.« Mrs. McCormick versuchte als erste, die gespannte Stimmung etwas aufzulockern. »Normalerweise sieht Neil nicht so mitgenommen aus, Brian. Er ist ein zäher Bursche, das kann man nicht anders sagen, aber jetzt mußte er auf die harte Tour lernen, daß man mit Zähigkeit allein nicht überall durchkommt. Hutchinson ist eine Sache, New York ist etwas völlig anderes.« Neil verdrehte die Augen und murmelte unhörbar: »Ach Mom.«

»Falls es jemals einen von euch dorthin verschlagen sollte, was Gott verhüten möge, laßt euch das eine Lehre sein. Wenn ein Straßenräuber etwas von euch will, rückt es lieber freiwillig raus, sonst werdet ihr nur zusammengeschlagen.«

Brian nickte, aber ich konnte mir nicht vorstellen, daß Neil überfallen worden war. Ich hatte das Gefühl, daß Mrs. McCormick es selbst nicht glaubte.

Als wir fertig waren, packte Neil Gabeln und Teller in die Spüle, dann massierte er seiner Mutter die Schultern. »Wir kutschieren ein bißchen durch die Gegend«, sagte er. »Ich möchte Brian etwas zeigen.«

»Das kann ich mir vorstellen«, sagte sie. »Ihr habt ja auch sicher viel zu bereden.« Sie brachte uns zur Tür, klopfte uns zum Abschied auf den Rücken und winkte uns nach.

Brian fuhr. Neil erklärte ihm stockend den Weg. Ich saß auf der Rückbank, aber ich hätte mich genausogut auf einem anderen Kontinent befinden können. Sie waren in ihre eigene Welt eingeschlossen. Mich beachteten sie nicht, ich war nicht mehr wichtig.

Der Toyota bog in die Main Street ein. Geradeaus ging es zum Rummelplatz, wo noch die Reste vom letzten Volksfest herumlagen. Zuerst dachte ich, das wäre unser Ziel, aber Neil zeigte in die entgegengesetzte Richtung. Brian schwenkte in eine schmale Straße ein. »Da vorn ist es«, sagte Neil. »Aber das wußtest du bestimmt.« Brian fuhr rechts ran, schaltete den Motor ab und verschränkte die Arme.

Schweigend stiegen sie aus. Brian fischte das Baseballfoto zwischen den Sitzen hervor. Er ging um den Wagen herum und lehnte sich an die Beifahrertür. Neil trat neben ihn und hievte sich ächzend auf die Motorhaube, dann blieben sie regungslos und starrten auf das kastenförmige Haus, vor dem wir parkten. Ich stellte mich zu ihnen, aber ihr glasiger Blick kam mir vollkommen fremd vor. Wahrscheinlich hatte hier ihr Trainer gewohnt. Das Haus stand etwas zurückgesetzt zwischen kniehohen Sträuchern, ein Kiesweg führte zur Tür. An der Ostseite hatte es eine Doppelgarage, deren Tore geschlossen waren, und von der Wand aus schlängelte sich ein grüner Gartenschlauch zu den Sträuchern. Die Nachbarhäuser waren hell erleuchtet und blinkten ihre Weihnachtsgrüße auf die nächtliche Straße hinaus, aber in dem Haus ihrer Erinnerungen war alles dunkel. Keine Weihnachtslämpchen schmückten die Fassade, kein Baum zwinkerte mit bunten Augen aus dem Wohnzimmerfenster. Das einzige Licht kam von der beleuchteten Türklingel und von der Verandalampe, deren Kuppel nicht weiß, sondern seltsam blau leuchtete.

»Blau«, sagte Brian.

Ein Stück weiter die Straße hinunter stapften Weihnachtssänger durch die Kälte von Haus zu Haus, um ihre Lieder zu trällern. Ich hörte ihnen eine Zeitlang zu, weil ich sowieso nicht recht wußte, was ich tun oder sagen sollte. Ganz egal, worüber sie sangen, über das Jesuskind, einen verzauberten Schneemann oder ein verschneites Dorf, der Text schien immer der gleiche zu sein. Man hörte ihnen an, daß sie sich schon auf zu Hause freuten, auf ihr warmes Bett, das knisternde Kaminfeuer und Mom und Dad, die nebenan schliefen.

»Fröhliche Weihnachten«, riefen die Sänger jemandem zu.

»Fröhliche Weihnachten«, sagte ich zu Neil und Brian. Sie starrten noch immer das Haus an, ihr Blick ging durch das Glas, Holz und Aluminium hindurch bis zu dem, was sich vor vielen Jahren darin abgespielt hatte. Neils zerschundenes, geschwollenes Gesicht sah zum Herzzerreißen ängstlich aus. Brian war blaß geworden.

Ich gehörte nicht hierher. Was blieb mir anderes übrig, als zu gehen?

Ich hätte sagen können: »Ich muß los«, hätte erklären können: »Es ist besser, wenn ihr jetzt allein seid«, aber ich sagte kein Wort. Ich hob nur zum Abschied die Hand und drehte mich um. Nun kehrte ich ihnen den Rücken zu, den beiden Menschen, die ich endlich zusammengebracht hatte. Dann ging ich los. Die Kälte stach mir ins Gesicht, und ich schluckte eisige Luft.

Ein letztes Mal versuchte ich es mit Telepathie. Es war mir egal, wie albern es war. Ich stellte meine Gedanken auf Brian und Neil ein und hoffte, daß sie mich hören würden, nur dieses eine Mal. *Ich liebe euch.*

Vor einem Nachbarhaus streute ein langhaariger Junge, der schwarz-weiß gestreifte Handschuhe trug, im Takt zu den Weihnachtsliedern Salzkristalle auf den Gehsteig. Er schien etwa in meinem Alter zu sein. In Neils Alter. In Brians Alter. Ob er wohl vor zehn Jahren auch schon in dieser Straße gewohnt, ob er den Trainer gekannt hatte? Wie viele andere mochte es wohl gegeben haben, wo mochten sie jetzt wohnen, auf welch unterschiedliche Art mochten sie sich erinnern? Der Junge war mit dem Salzstreuen fertig und lief ins Haus zurück. Ich ging mit gesenktem Kopf und starrte versonnen auf den Kiesweg, als ob ich ein Buch vor mir hätte, eine Reihe tröstender, schöner Worte, die an den Straßenrand geschrieben waren, um mich nach Hause zu führen.

17
Brian Lackey

Meine Nervosität legte sich, und meine Glieder wurden taub. Zum ersten Mal waren Neil und ich allein, wir standen neben der Garage und sahen Eric nach, der von Laterne zu Laterne kurz aus dem Dunkel auftauchte und sich immer weiter von uns entfernte, bis die weiße Strickjacke seines Großvaters nur noch ein kleiner Punkt war.

Ich drehte mich zu dem Haus um. »Blau«, sagte ich noch einmal. Es war das gleiche Blau, das ich aus unzähligen Alpträumen kannte, und es umflutete uns von allen Seiten, während wir zur Tür gingen. Es kam von der Verandalampe, und es warf einen verschwommenen Halbkreis über den Vorgarten. Das gleiche Blau war an jenem längst vergangenen, verregneten Abend durch die Fenster hereingefallen, als Neil und ich zusammen in diesem Haus gewesen waren.

Neil ging über den Kiesweg zur Veranda. Unter dem blauen Licht blieb er stehen und klopfte leise mit dem Fingerknöchel an die Tür. Er wartete einen Augenblick, dann sah er mit dem verletzten Auge durch das rechteckige Türfenster. Unter seinem Atem beschlug die Scheibe. »Keiner zu Hause.« Er rüttelte an der Klinke. Abgeschlossen. »Probieren wir es hinten«, sagte er und sprang von der Veranda.

Wir schlichen uns um die Garage herum, und Neil öffnete ein Tor im Maschendrahtzaun. Der Garten war ein Dschungel aus totem Unkraut, dessen erfrorene Ranken und Blätter unter unseren Füßen knisterten. In der Erde steckten Sonnenblumen aus Plastik, die sich im Wind drehen konnten. Neil verpaßte einer Blume einen

Tritt und zerbrach dabei drei Blütenblätter. Ein Kardinalsvogel beobachtete ihn aus einer kreisförmigen Erdmulde heraus, ein Weibchen mit blutrotem Gefieder. Statt nach Süden zu fliegen, war es in diesem verwilderten Garten geblieben, wo in der wärmeren Jahreszeit sicher Ringelblumen, Winden und Kornblumen blühten.

Neil probierte die Hintertür, aber sie war ebenfalls abgeschlossen. Er nahm sich einen umgekippten Gartenstuhl, wischte den Sand ab und stellte ihn aufgeklappt unter ein Fenster. Vorsichtig stieg er hinauf, und obwohl er sich vor Schmerzen krümmte, bewegte er sich doch mit einer nicht zu übersehenden Geschmeidigkeit und Eleganz. »Du warst ein erstklassiger Baseballspieler, stimmt's?« sagte ich. Damit spielte ich zum erstenmal auf das Thema an, über das wir uns bald aussprechen würden. »Ich habe dir immer von der Bank aus zugesehen.«

»Ich war der beste«, sagte Neil. »Das waren seine Worte.«

Er hielt sich die Hand über die Augen und spähte durch das Fenster. »Es sieht anders aus, aber es ist dasselbe Haus.« Er stieg mit einem Bein vom Stuhl. »Was meinst du? Ich schlage vor, wir gehen rein.«

Schon etwas näher stimmten die Weihnachtssänger nun nach *The First Noel* ein Lied an, das ich nicht kannte. Die Stimmen der Kinder schwankten, als ob sie vor Kälte zitterten. Der Kardinal schwang sich in die Luft und flitzte, leicht wie ein Federball, zwischen zwei Bäumen hin und her. Neil sah prüfend auf die Erde. Neben einem bienenkorbförmigen Unkrautgestrüpp lagen Glasscherben, einige kaputte Ziegelsteine, ein rostiger Deckel von einer Katzenfutterdose und Kinderspielzeug: ein Gummipferdchen, eine Plastikschaufel, ein großes Feuerwehrauto. Neil stieß mit dem Fuß einen Ziegel an. »Soll ich, oder willst du?«

»Ich überlasse dir den Vortritt.« Ich wollte mich nach einem Stück Ziegelstein bücken, aber dann überlegte ich es mir anders. Meine Hand schloß sich um das Feuerwehrauto. Ich gab es Neil, der damit wieder auf den Klappstuhl kletterte.

Er gab ein merkwürdiges, kehliges Geräusch von sich, wie das Knacken eines Mikrofons. »Ende des neunten Innings, ausgeglichener Spielstand«, sagte er. »Alle Bases besetzt, zwei Spieler aus, der letzte Angriff. McCormick holt zum entscheidenden Wurf aus.« Neil riß das Feuerwehrauto nach hinten. »McCormick wirft.« Ich hielt den Atem an, und er schleuderte das Spielzeug ins Fenster. Das Glas zersplitterte, aber es machte erstaunlich wenig Lärm. »Drei Strikes, der Schläger ist aus«, sagte Neil.

Nach drei weiteren Hieben mit dem Feuerwehrauto hatte er den Rest der Scheibe herausgeklopft. Neil ließ das Spielzeug fallen, es landete klappernd auf einem Ziegelstein. Er hielt sich am Rahmen fest und zwängte sich in die klaffende Wunde. Ich lief unter das Fenster und schob ihn an seinen Schuhen weiter hinein. Dann hatte das Haus ihn verschluckt.

Mir stand eine etwas schwierigere Kletterpartie bevor. Ich rollte das Baseballfoto zusammen und steckte es weg, stellte mich auf den Klappstuhl und reckte mich hoch. Mir blieb nichts anderes übrig, als auf die Rückenlehne zu steigen und zu versuchen, mit einem Schwung Kopf und Schultern durch das Fenster zu schieben. »Drei, zwei, eins und START«, sagte Neil. Es klappte. Ich hing halb im Haus, und Neil ergriff meine Hände. Unsere Finger schlangen sich ineinander, und ich sah eine dreieckige Narbe auf Neils Knöchel. Neil zog mich zu sich herein, und ich kippte auf den Boden.

Wir sahen uns um. Als ich mich an die Dunkelheit gewöhnt hatten, traten allmählich die Einzelheiten des Zimmers daraus hervor: eine aus Treibholz geschnitzte Lampe, eine Frisierkommode, auf der Liebesromane und Schminkutensilien lagen, Bilder von einer stürmischen Küste und einer Hütte auf einer Waldlichtung. Anscheinend waren wir im Elternschlafzimmer gelandet, worauf auch das ungemachte Bett und der begehbare Kleiderschrank mit den gläsernen Schiebetüren hindeuteten. »Große Innenarchitekten sind sie nicht gerade, was?« sagte Neil.

Da wandte ich mich ihm zu und sah ihn mir zum erstenmal an diesem Abend richtig an. Neil hatte in etwa meine Größe. Seine Augen und Haare waren pechschwarz, die Augenbrauen so dicht, daß es aussah, als hätte er sie sich mit Maskara auf die Stirn gemalt. Der Junge auf dem Foto in meiner Tasche hatte sich kaum verändert, sein Gesicht war wie eine Knospe gewesen, die nun voll aufgeblüht war. Er war Neil McCormick, die Nummer neunundneunzig. Nun, da ich ihn endlich vor mir hatte, nach all diesen Monaten, nach all diesen Jahren, fühlte ich mich plötzlich leer und hohl. Ich war nur noch eine Hülse, den Mund voller Schrot, das Herz ein Eiswürfel.

Zwei Katzen kamen aus der dunklen Diele ins Zimmer getapst, die Nasen hoch erhoben. Die erste, rundlich und grau, hatte unter dem Kinn ein weißes Lätzchen. Die zweite hatte ein langes, fast silbriges Fell, das den Boden streifte, als sie sich an Neils Fuß rieb. »Aaah«, machte Neil, und zum erstenmal seit einer halben Stunde lockerte sich der gequälte Zug um seinen Mund. Als er sich bückte, um der Katze den Kopf zu kraulen, musterte sie ihn mit ihren topasfarbenen Augen. Sie bettelte ihn an und gab dabei klägliche Laute von sich, eher ein beleidigtes Keckern als ein Miau, ein Geräusch wie das Knarren einer Puppenhaustür.

»Dieses Zimmer hat der Trainer kaum benutzt«, sagte Neil. »Hier hat er seine Baseballsachen aufbewahrt und irgendwelchen anderen Krempel.« Er ging in die Diele, die Katzen und ich hinterher.

Wir machten einen kleinen Rundgang. Das Haus roch nach Baby, eine süßliche Mischung aus duftendem Puder, Cremes und Windeln, die überraschend stark an geröstete Süßkartoffeln erinnerte. Aber wenn ich tief einatmete, erschnupperte ich dahinter noch etwas anderes, den Eigengeruch des Hauses, der schon seit Jahren in den Zimmern hing, einen Geruch, der mir ebenso vertraut war wie das blaue Licht.

»Hier ist die Diele, das Badezimmer, der Wäscheschrank. Und das ...« – Neil schlug mit der flachen Hand gegen eine halb geöffnete Tür – »... war sein Schlafzimmer.«

Neil ging hinein, aber ich blieb auf der Schwelle stehen. Als er das Licht anknipste, blinzelte ich. »Sie haben jetzt ein Kinderzimmer daraus gemacht«, sagte er. Auf der Tapete jonglierten Elefanten und Clowns mit getupften Bällen. Auf den Pfosten des Kinderbettchens saßen geschnitzte Köpfe. Kornblumenblaue Pullover, Lätzchen und Söckchen lagen auf dem Fußboden. Neil machte das Licht wieder aus und streckte sich neben den Babysachen aus, was ihm offensichtlich Schmerzen bereitete. Er starrte an die Decke. »Er ist nicht mehr hier, und das Bett ist nicht mehr hier. Aber es ist noch dieselbe Decke.« Ich sah nach oben. »Die vielen Buckel und Rillen, die glitzernden Sprenkel. In den Mustern habe ich mich immer verloren, wenn wir fertig waren.« Er setzte sich wieder hin. »Du weißt, was ich meine?«

»Ich weiß, was du meinst«, sagte ich.

Zurück in die Diele. Es gab noch zwei Zimmer, links von uns eine geräumige Küche, rechts das Wohnzimmer. Neil schlich sich in die Küche, gefolgt von den Katzen, die sich an seine Beine schmiegten, weil sie gefüttert werden wollten. Aber ich wagte mich langsam in das große Zimmer vor, und mit jedem Schritt auf das Fenster zu, in das Licht der Verandalampe hinein, veränderte sich meine Haut, bis sie einen durchscheinend blauen Farbton angenommen hatte. Die Welt wurde so still, daß ich meinen Herzschlag hören konnte. In der Mitte des Zimmers blieb ich stehen. Endlich war ich da, in dem Raum aus meinen Träumen.

Neil knallte in der Küche mit den Schranktüren. »Was sind das bloß für Leute? Er hatte immer Süßigkeiten im Haus.« Ich drehte mich um und sah, wie er sich eine Plätzchendose unter den Arm klemmte, als wäre sie ein Football. Er nahm den Deckel ab, sah hinein und stopfte sich etwas in den Mund, was ich nicht erkennen konnte. »So ist es schon viel besser.«

Er merkte, daß ich ihn anstarrte. Ich muß ein so entsetztes oder ernstes Gesicht gemacht haben, daß Neil sofort mit dem Naschen aufhörte. Er kam zu mir herüber und legte mir die Hand auf die Schulter. »Ja«, sagte er. »Hier war es, nicht wahr?«

Ich legte meine Hand auf seine und ging mit ihm zum Sofa. Die Polster hatten ein zartes Fliedermuster. Ich setzte mich auf eine lila Blüte, Neil auf eine andere. Die silbrig weiße Katze kam hereingewandert, drehte uns ihr ausdrucksloses Gesicht zu und knarzte uns an.

»Warum jetzt?« fragte Neil. »Warum mußt du es jetzt noch wissen? Warum hast du mich gesucht?«

»Weil es mir reicht«, sagte ich. »Ich will zur Abwechslung mal von etwas anderem träumen.«

Neil lehnte sich in die Polster. Das Blau betonte seine Backen und sein Kinn, ließ die Pupillen saphirblau leuchten und die mit Jod bepinselte Stelle gespenstisch fluoreszieren. Ich hielt noch immer seine Hand. Die innere Taubheit dauerte an, ich wartete darauf, daß sie schmolz, daß ich etwas Neues fühlte. Neil sah nach draußen, in die gefrorene Welt hinaus. Es kam mir wie Stunden vor, bis er mir schließlich das Gesicht zuwandte.

»Die Zeit ist reif«, sagte ich. »Sprich.« Der gefürchtete Moment war gekommen, Neil würde mir seine Geschichte erzählen müssen. Doch noch bevor er den verletzten Mund öffnete, wußte ich, was er sagen würde. Ich wußte es so genau, wie ich meine Familie und mich selbst kannte, und während er sprach, schien es, als ob seine Geschichte schon zu Ende wäre, als ob ich mich an einem warmen, sicheren Ort verkrochen hätte, wo seine Worte bereits Erinnerung waren.

18
Neil McCormick

»*Look down from the sky ... and stay by my cradle 'til morning is nigh.*« Es klang, als wäre der kleine Trupp der Weihnachtssänger nur noch wenige Häuser von der Schwelle des Trainers entfernt. Während ich den Blick durch das Zimmer schweifen ließ, schossen mir die Gedanken so schnell durch den Kopf, daß ich sie nicht ordnen konnte: Da drüben hatte er seine Videospiele gestapelt ... Ungefähr an der Stelle hatte er mich das erste Mal fotografiert. Dasselbe Fenster, dessen Läden er immer erst geschlossen hatte, bevor er mich ins Bett trug ...

Ich wußte, daß ich nicht länger schweigen konnte. Brian wartete, mit den blinzelnden Augen hinter der Brille sah er aus wie ein Kind, das zum ersten Mal durch ein Gruselkabinett geht. Es kam mir abstrus vor, mit ihm Händchen zu halten, also ließ ich ihn los. Hätten wir die Hauptrollen im neuesten Hollywoodfilm gespielt, hätte ich ihn umarmt und ihm zu Geigen- und Cellomusik die Schulterblätter getätschelt, während uns die Tränen übers Gesicht liefen. Aber Hollywood würde nie einen Film über uns drehen.

»Es hat eine Weile gedauert, bis ich wieder wußte, wer du warst«, sagte ich. »Als Eric dich in seinem Brief erwähnt hat, kamst du mir irgendwie bekannt vor. Aber jetzt im Ernst. Ich habe noch nie ein Ufo gesehen, geschweige denn betreten. Und wenn ich von kleinen grünen Männchen untersucht worden wäre, hätte ich es bestimmt nicht vergessen.« Brian verzog den Mund zu einem schiefen Lächeln. Im Dunkeln sah er fast gut aus. »Deshalb wußte ich, daß etwas anderes dahinterstecken mußte. Und dann wurde mir schlagartig klar, wer du warst.«

Brian zog ein Foto aus seiner Jackentasche und rollte es auseinander. »Sieh mal hier.« Obwohl ich kaum Einzelheiten erkennen konnte, sah ich doch, daß es eine Aufnahme von den Panthers war. »Der da bin ich«, sagte Brian und zog mit dem Finger einen Kreis um sein Gesicht. Er wirkte verloren und hoffnungslos. »Und das bist du.« Fast hätte ich gelacht, als ich mich sah, mit meiner stolzgeschwellten Brust und der schwarzen Sonnencreme, die mein Gesicht in zwei Hälften teilte. Brian zeigte auf die Gestalt neben mir, aber diesmal sagte er kein Wort. Es war der Trainer. Selbst im Dunkeln erkannte ich seine Baseballmütze, sein ruhiges, routiniertes Lächeln, seinen Schnurrbart.

»Es kommt mir so vor, als ob er uns beobachtet«, sagte ich. »Wo er jetzt ist, weiß ich nicht. Nach den Panthers hat er noch ein paar Teams trainiert, aber ältere Kinder. Es muß sich wohl jemand beschwert haben, deshalb hat man ihm nur noch Jungen anvertraut, mit denen er nicht so leicht machen konnte, was er wollte. Und ich glaube, danach ist er weggezogen. Aber das sind bloß Vermutungen. Genausogut kann er hier in diesem Zimmer einen Schlaganfall oder einen Blutsturz gehabt haben. Vielleicht werden wir gerade von seinem Geist beobachtet.«

Nachdenklich ließ Brian den Blick über Porzellanvitrine, Ottomane und Schaukelstuhl wandern. »Ich bin ihm später noch einmal über den Weg gelaufen«, sagte er. »Es war ein Zufall. Es war an Halloween, und ich glaube, er hatte ein paar ältere Jungen aus seiner Baseballmannschaft dabei. Er hat mich erkannt, er wußte, wer ich war. Er ist mir bis in ein dunkles Wäldchen gefolgt. Es war das erste und das letzte Mal, daß ich ihn wiedergesehen habe.« Draußen glitt ein Wagen vorbei, die Scheinwerfer huschten über Brians Gesicht. »Vielleicht werde ich mich nie mehr daran erinnern können, was an jenem Abend passiert ist. Das liegt daran, daß ich mit ihm allein war. Aber beim ersten Mal war es anders. Du warst dabei. Ich verlasse mich auf deine Hilfe.«

Das Foto fiel auf den Boden und bog sich wie eine Schriftrolle zusammen. Ich überlegte, wie ich anfangen sollte. Ich kam mir vor wie auf dem Präsentierteller, als müßte ich vor einem vollen Stadion eine Rede halten. »Es ist verrückt, aber ganz tief hier drin sind Sachen verborgen, von denen ich noch nie jemandem erzählt habe.« Ich malte mir mit der Faust ein X aufs Herz. »Eric weiß nichts davon, Mom weiß nichts davon. Wahrscheinlich könnte es auch kein Mensch wirklich verstehen. So komisch sich das vielleicht anhört, aber als es anfing, hatte ich vor allem ein Gefühl, und das Gefühl war Stolz.« Brian sah zu Boden und nickte. »Weil er mich erwählt hatte, verstehst du? Von allen Jungen aus der Mannschaft hatte er sich mich ausgesucht. Es war wie ein Segen oder so. Er hat mir Sachen beigebracht, von denen die anderen im Team und in der Schule keine Ahnung hatten. Ich gehörte ihm.«

Die Katzen streckten sich faul zu unseren Füßen aus. Langsam kam ich zu dem Teil der Geschichte, in dem Brian auftrat. »Er hat mich völlig eingewickelt. Er war einfach zur richtigen Zeit da. Mom war mit Alfred zusammen, und ich war ein frühreifes Kerlchen.« Brian nickte immer noch. »Kommst du mit?«

»Erzähl weiter. Nicht aufhören.«

»Der Trainer ist mit mir ins Kino gegangen, er hat mir gesagt, ich wäre sein bester Spieler. Er hat mich mit Süßigkeiten abgefüllt und mich andauernd bei allen möglichen Videospielen gewinnen lassen. Und eines Tages lag er plötzlich auf mir, in der Küche auf dem Fußboden, und rieb mir mit seinem Schwanz über den nackten Bauch.« Ich konnte das Kratzen der rauhen, platinblonden Haare an seinen Armen noch spüren. Ich blickte nach links, auf die Teile der Kücheneinrichtung, die sich nicht verändert hatten: die zitronengelben Schränke, die Farbkleckse in den Fensterwinkeln, die grünen Tränen des Lüsters. An jenem Sommernachmittag hatten sie über mir gebaumelt und das Licht eingefangen, während ich auf dem Teppich aus Frühstücksflocken lag. *Jetzt geht's los.*

»Danach gab es kein Zurück mehr. Von da an tat ich alles, was er wollte. Es dauerte den ganzen Sommer. Wir haben … wir haben uns geliebt.« Diese Aussage stimmte nicht mehr. Ich wollte die Worte mit einem Lachen hervorstoßen, sicher, weil ich sie noch nie laut ausgesprochen, sondern sie jahrelang stumm in meinen Gedanken bewahrt hatte. Aber in meiner Kehle war kein Platz mehr für ein Lachen. »Das hört sich bestimmt nach einer Predigt an, als ob die Geschichte eine Moral hätte, als ob ich jeden Moment losflennen müßte: ›Man hat mir meine Kindheit geraubt.‹ Aber das glaube ich nicht.«

Ich hätte ihm noch viel mehr sagen können, aber es kam mir alles so belanglos vor. *Wir haben uns geliebt,* ich wünschte mir, ich könnte es zurücknehmen, wünschte mir, Brian würde etwas sagen. Ich tippte mit der Zunge an meine Backe und schmeckte den leichten Eisengeschmack meiner Wunde, ich streichelte die Stelle, wo mir die Shampooflasche ins Gesicht geknallt war. Ich weiß, daß du es willst, hatte der Freier gesagt. War das erst gestern nacht gewesen? New York schien mir ein Menschenalter entfernt zu sein.

»Das Spiel hatte angefangen«, sagte Brian. »Ich saß auf der Bank, wie üblich. Ich war nicht so ein guter Baseballspieler wie du. Irgendwann fing es an zu regnen, erst nur ein leichtes Nieseln, dann ein richtiger Guß, bis alles pitschnaß war. Da hat der Schiedsrichter das Spiel abgebrochen.«

»Ja«, sagte ich. »Ich erinnere mich. Aber du bist nicht abgeholt worden.«

»Meine Mutter war noch im Dienst, dabei wollte sie sogar früher Schluß machen, um mich abzuholen. Sie konnte ja nicht wissen, daß das Spiel ins Wasser fallen würde. Mein Vater hatte was Besseres vor. Ich konnte bloß dumm zusehen, wie die anderen mit ihren Eltern heimgefahren sind. Und dann bist du zu mir gekommen. ›Wir bringen dich nach Hause‹, hast du gesagt.«

Wieder fiel das Scheinwerferlicht eines Autos ins Zimmer und glitt rasch über das gerahmte Familienfoto an der Wand: eine Mom mit Brille und orangefarbenem Pullover, ein Dad mit Überbiß und Schlips, dazwischen ein Baby in blauen Rüschen. Das Licht hatte Brian erschreckt. Wahrscheinlich dachte er, die Hausbesitzer wären zurückgekommen, denn er sprang hektisch vom Sofa hoch, setzte sich aber gleich wieder hin. »Entschuldige. Ich bin ein bißchen nervös.« Er sagte, von nun an müsse ich die Geschichte allein zu Ende erzählen. An den Rest könne er sich nur verschwommen erinnern, es seien genau die fünf Stunden, die ihm fehlten.

»Du hast im Kombiwagen des Trainers hinten gesessen.« Ich sah ihn vor mir. *Wir bringen dich nach Hause, Brian,* hatte der Trainer ihm zugerufen. *Aber zuerst müssen wir noch bei mir vorbei.* »Er fuhr zu sich nach Hause. Ich habe dich ein bißchen herumgeführt. Aber er wollte dich nicht in seinem Schlafzimmer haben. Ich glaube, weil es nur für ihn und mich reserviert war.« Das wollte ich glauben. »Er hatte Lust auf eine kleine Abwechslung. Er wollte uns hier, in diesem Zimmer.«

Ich hielt erneut inne, aber Brian trieb mich an. »Erzähl weiter. Hör erst wieder auf, wenn du fertig bist.«

»Es lief genau wie immer ab, wenn der Trainer noch einen Jungen mitgebracht hatte«, sagte ich. »Mich hat er benutzt, um dich zu ködern. Ich habe mich auf das Sofa gelegt …«, ich klopfte auf die Polster, »… das wesentlich bequemer war als dieses hier. Dann hat er mich ausgezogen. Es war mir nicht einmal bewußt, daß ich nackt war. Als ob mich Gott oder wer auch immer so erschaffen hätte. Dann habe ich *uuh* und *aah* gemacht, damit du denken solltest, daß sein Gefummel das Tollste wäre, was ich je erlebt hätte.« In gewisser Weise stimmte das sogar. Oder zumindest hatte es einmal gestimmt, in meiner Erinnerung. »Du solltest dir wünschen, daß der Trainer mit dir das gleiche macht wie mit mir. Er hatte das ganze Spiel genau geplant.

Zuerst mußte ich was mit dir machen, gewissermaßen zum Aufwärmen. Ich habe dich ein bißchen geküßt, dir die Zunge reingeschoben, damit dein Mund schön naß und glänzend war, bevor er dir seine großen weichen Lippen und den dicken Schnurrbart aufs Gesicht gedrückt und dich fast bei lebendigem Leib verschlungen hat.«

»Ich glaube, daran erinnere ich mich«, sagte Brian. Er klang wie eine Spinne, die in einem entfernten Winkel in ihrem Netz hockte. »Das ist mir bei Avalyns Kuß wieder eingefallen. Da wurde mir klar, daß ich schon einmal geküßt worden war.« Ich wußte nicht, wovon er sprach, aber als ich ihn danach fragen wollte, wehrte er ab. »Ich halte jetzt die Klappe. Erzähl weiter.«

»Der Trainer und ich haben dich ausgezogen und am ganzen Körper gestreichelt und massiert. Ich würde sagen, du hast gewimmert, du hast Laute von dir gegeben wie ein Taubstummer. So was liebte der Trainer. Er stand besonders auf Zungenküsse, deshalb vermute ich mal, daß er eine Zeitlang an deiner Zunge rumgelutscht hat. Dann ging es weiter. Ein Spielchen gefiel mir besonders gut, dabei hat der Trainer den Mund so weit aufgemacht, bis eine Faust hineingepaßt hätte, und dann hat er mich in sich aufgenommen. Alles, meinen Schwanz, meine Eier.« An dieser Stelle hätte Brian eigentlich einen roten Kopf bekommen müssen, aber ich konnte nichts erkennen. Ich sah nur den dunkelblauen Schein der Verandalampe auf seinem Gesicht. »Das hat er also mit mir gemacht, und dann habe ich versucht, es mit dir zu machen. Um dir zu zeigen, daß nichts dabei war. Aber mein Mund war mit seinem nicht zu vergleichen. Ich war ja nur ein kleiner Junge. Also hat er es gemacht, an dir gesaugt und gelutscht. Ich stand daneben, erstaunt, eifersüchtig und was weiß ich noch alles. Du hattest die meiste Zeit die Augen zu, aber wenn sie mal aufgingen, waren sie glasig, ganz weit weg.«

Brian rutschte näher an mich heran. Seine Hände zitterten, und er krampfte sie in seinem Schoß zusammen. Dann holte er tief Luft und atmete mit einem leisen Stöhnen wieder aus. Ich verstand, daß er gegen die Tränen ankämpfte. Wenn ich eine Seele hatte, dann fuhr sie in diesem Augenblick aus mir heraus. Und wenn Brian eine Seele hatte, schwang sie sich Hand in Hand mit meiner empor, drang durch das Dach und schwebte in der grenzenlosen Schwärze der Nacht über dem Haus, in dem der Trainer einmal gewohnt hatte.

»Danach fing das nächste Spiel an. Das Fünfdollarspiel.« Die Weihnachtssänger waren nun schon nebenan, ihre Stimmen klangen harmonisch durch die frostige Dezembernacht. *Yet in the dark street shineth, the everlasting light.* »Der Trainer dachte sich Aufgaben für mich aus, irgendwelche verrückten Sachen, und wenn ich es schaffte, bekam ich einen Fünfdollarschein. Normalerweise kriegte ich das Geld auch, wenn ich es nicht schaffte, solange ich mich nur richtig anstrengte. An diesem Abend muß er wohl einen Fünfdollarschein übrig gehabt haben, denn er wollte, daß du auch mitmachst.«

Ich wartete. Fast konnte ich den Trainer sehen, wie er vor uns stand, die eine Hand auf meiner Schulter, die andere auf Brians. *Fang an, Neil.*

»Wir mußten ihn faustficken. Verstehst du, was das heißt?« Brian nickte, aber mitterweile sah er so benommen aus, daß er wohl bei jeder Frage genickt hätte. »Ich war natürlich als erster dran. Um dir zu zeigen, wie es ging. Er stand über uns, wir sahen zu ihm hoch. Ich glaube, das hat ihn immer ganz besonders aufgegeilt, wenn er sah, wie diese staunenden Kindergesichter zu ihm aufblickten. Den Eindruck machten jedenfalls die vielen Fotos in seinem Album. An diesem Abend sollte ich die fünf Dollar dafür kriegen, daß ich ihm die Hand reinsteckte, daß ich ihm meine kleine Faust in den Arsch schob, ganz rein, bis zum Ellbogen. Und ob du es glaubst oder nicht, ich habe es geschafft. Wie sich das anfühlte – als ob man mit dem Arm in einem furchtbar engen Ärmel steckt, der innen mit nassen Schwämmen ausgekleidet ist, und dann die Saugwirkung von seinem Arsch, und wie er meinen Ellbogen gequetscht hat – als ob er mich ganz in sich hineinziehen wollte, als ob er mich mit Haut und Haaren verschlucken wollte. Das vergesse ich nie.«

»Und dann war ich dran«, sagte Brian mit schroffer, fast wütender Stimme. »Ich habe es auch gemacht. Das weiß ich, weil ich in den Bauch des Kälbchens gegriffen habe.« Seine Hand – nein, sein ganzer Körper zitterte.

»Ja, du hast es gemacht. Da stand der Trainer, den Hintern rausgestreckt, das Gesicht vollkommen leer, nur diesen glückseligen Blick in den Augen. Du hast auf dem Boden gekniet, und dann ist dein Arm verschwunden, alles wurde von ihm verschluckt, Faust, Handgelenk, Unterarm.« Jetzt konnte ich mich genau an Brian erinnern, an das verlorene Kindergesicht des Achtjährigen. Und ich war dabeigewesen.

An den Trainer konnte ich mich auch erinnern, besser vielleicht als jemals zuvor. Aber etwas hatte sich verändert. »Liebe« – so hatte ich bisher mein Gefühl für den Trainer genannt. Jetzt war es etwas anderes, eine Emotion, für die ich kein passendes Wort mehr wußte.

Ich konnte nicht weitererzählen. »Wir haben uns wieder angezogen, sind in den Wagen gestiegen, haben dich nach Little River gebracht und vor dem Haus abgesetzt. Ende.«

»Und ich hatte Nasenbluten. Vergiß das Nasenbluten nicht. Das kam nicht von den Außerirdischen und ihren Sonden. Dafür gab es einen anderen Grund. Ich will wissen, wie es passiert ist.«

Ich sank immer tiefer in das Sofa, bis ich das Gefühl hatte, zu ersticken. Ich stand auf und ging zum Fenster. »Du warst so benommen, daß du nicht mehr richtig stehen konntest. Es war, als hätte er etwas aus dir herausgerissen, was dein Gleichgewicht steuerte, und als du den Arm aus ihm herausgezogen hast, bist du hingefallen. Du bist mit dem Gesicht gegen mein Knie geprallt, und als wir dich aufs Sofa gelegt haben, ist dir das Blut wie ein Springbrunnen aus der Nase geschossen.«

»So wie jetzt?« Seine Stimme wurde schriller, fast kreischend. »So wie jetzt?«

Ich drehte mich um. Das Blau spiegelte sich immer noch auf Brians Gesicht, aber er hatte die Brille abgenommen, und seine Augen waren nicht mehr die gleichen. Sie funkelten und leuchteten wie die eines jungen Hundes. Aus seiner Nase lief Blut. Es war von einem fast schwarzen Glanz. Es floß immer schneller, über die Oberlippe, die Unterlippe, das Kinn. »So wie jetzt?« fragte Brian zum drittenmal und schlug sich mit der Faust auf die Nase. Nun spritzte das Blut im hohen Bogen heraus, auf seine Jacke, auf sein Hemd und auf eine Fliederblüte im Polsterstoff des Sofas.

Mit einem Satz war ich wieder bei ihm. »Hör auf«, sagte ich. Ich zog ihm die Hand vom Gesicht und legte seinen Kopf in meinen Schoß, mit der Nase nach oben. Ich mußte die Blutung stoppen. Als ich ihm das Gesicht abwischte, hinterließ sein Blut einen roten Schnörkel auf meiner Hand.

Brian schloß die Augen, während ihm das Blut über die Backe lief und seine Haare verklebte. Feucht und warm sickerte es durch mein Hosenbein. Es war Brians Blut, und aus irgendeinem Grund wußte ich, daß es rein war, reiner als das jedes anderen Mannes, den ich in den Armen gehalten hatte, reiner nun auch als mein eigenes Blut.

Er machte die Augen wieder auf und sah zu mir hoch. »Weiter, Neil«, sagte er. »Erzähl mir mehr.«

Ich konnte die Schritte der Sänger hören, ihr unterdrücktes Gekicher. Sie kamen auf das Haus des Trainers zu. Wir konnten nicht mehr lange bleiben. »Eines noch«, sagte ich. »Du warst so fix und fertig, daß dir der Fünfdollarschein, den dir der Trainer gegeben hat, einfach aus der Hand gefallen ist. Ich habe ihn aufgehoben. Das Geld gehörte mir.« Brian versuchte, durch die Nase auszuatmen, eine blutige Blase blähte sich auf und zerplatzte. »Also schulde ich dir was, Brian. All die vielen Jahre bin ich dir etwas schuldig gewesen.« Ich hob seinen Kopf an, klopfte meine Gesäßtasche nach der Geldbörse ab und zog einen Fünfdollarschein heraus.

Die Sänger stapften auf die Veranda zu, sie waren sich noch nicht einig, welches Lied sie singen sollten. »Es ist sowieso keiner zu Hause«, sagte einer. »Kommt, wir spielen ihnen einen Streich, wie an Halloween«, sagte ein anderer. Normalerweise wäre ich sicher zur Tür gegangen, hätte mir lächelnd ein, zwei Lieder angehört und ihnen eine Handvoll Kleingeld vor die Füße geworfen. Plötzlich hörte ich ein lautes »Pst«. Brian und ich erstarrten. »Da ist doch einer zu Hause«, sagte eine Jungenstimme, und ich sah ein Gesicht im Fenster, einen Kopf mit einer roten Pudelmütze, einem weit aufgerissenen Mund und neugierigen, im Schein der Verandalampe unendlich blau leuchtenden Augen. Ich stellte mir bildhaft vor, was für eine Szene sich ihnen bot: Zwei Jungen, die im Dunkeln auf dem Sofa saßen und Händchen hielten, der eine grün und blau geschlagen, der andere mit blutender Nase.

Sie fingen an, *Stille Nacht* zu singen, was ich als Kind immer am liebsten gehört hatte. Nach der ersten Zeile setzte Brian sich aufrecht hin. Er blutete nicht mehr so stark. Er nahm den Geldschein in beide Hände, sah mich an und riß ihn mittendurch. Und noch einmal. Dann riß er die Hälften in immer kleinere Hälften, bis von dem Schein nur noch Schnipsel übrig waren. Er nahm sie in die Hand und warf sie in die Luft, so daß es grünes Geldkonfetti regnete.

Brian legte mir wieder den Kopf in den Schoß. »Es ist vorbei«, sagte er.

Stille Nacht war zu Ende, und ein Sänger kicherte. Ich strich Brian mit meinen blutigen Fingern über die Haare. Wie gern hätte ich ihm gesagt, daß er sich keine Sorgen machen sollte, daß alles wieder gut werden würde, aber ich konnte es nicht. Ich hielt ihn einfach nur im Arm und streichelte ihn, damit er spürte, daß es mir leid tat.

Plötzlich hörte ich in der Stille ein leises Klicken. Zuerst konnte ich es nicht einordnen, doch dann erkannte ich es. Ein Schlüssel drehte sich im Schloß. Brian sprang panisch auf und zog mich hinter sich her. Aber es war zu spät. Die Haustür wurde aufgestoßen, und die Wohnzimmerlampe ging an.

Eine Frau schnappte nach Luft. Durch die offene Tür konnte ich ein paar Sänger sehen, einige blickten herein, auf die verstreuten Geldschnipsel, andere blickten zum Himmel und hielten ihr Gesicht in die ersten Schneeflocken. Und vor ihnen, mit uns zusammen im selben Zimmer, stand die Familie, doch das Lampenlicht war von einer solchen Kraft, daß ihre Umrisse kaum zu erkennen waren. Das Licht fiel auf unsere Gesichter, auf unsere Wunden und Narben. Das Licht war so strahlend weiß, als fiele es aus dem Himmel herab, als wären Brian und ich Engel, die sich darin wärmten. Doch es kam nicht vom Himmel, und wir waren keine Engel.

Für ihre Hilfe und Unterstützung danke ich:

Carolyn Doty, Louise Quayle und Robert Jones; Jill Bauerle, Darren Brown, Michael Burkin, Eryk Casemiro, Dennis Cooper, Pamela Erwin, Donna Goertz, Marion Heim, Tamyra Heim, Anthony Knight, Eamonn Maguire, Denise Marcil, Kirk McDonald, Perry McMahon, Anne-Marie O'Farrell, Mike Peterson, Jamie Reisch, Scott Savaiano und Helen Schulman.

Anita Desai
Reise ins Licht

Roman. Aus dem Englischen von Regina Schneider
416 Seiten. Gebunden

Eine spirituelle Reise in die Welt des Morgenlandes ist Anita Desais Roman, in dem sie wie mit Zauberhand das Aufeinandertreffen und Ineinanderschmelzen unterschiedlichster Kulturen und Ideen, das faszinierende Indien in all seiner Widersprüchlichkeit einfängt. Der Italiener Matteo macht sich mit seiner deutschen Frau Sophie auf nach Indien, um nach der absoluten Wahrheit zu suchen. Die abenteuerliche Odyssee führt den Rastlosen zu heiligen Orten, zu Gurus und Swamis, bis er eine Frau trifft, die von allen nur »die Mutter« genannt wird. Er unterwirft sich jeder ihrer Forderungen. Sophie kämpft um Matteo und ihre Liebe; sie folgt den Spuren der »Mutter« und enthüllt dabei das Leben einer besessenen Tänzerin und Liebenden, einer Frau, die, wie Matteo, stets auf der Suche nach etwas Unnennbarem ist.

»Das Besondere an Anita Desais Stimme ist die geradezukörperliche Kraft ihrer Prosa, ihre umfassende Intelligenz, ihre ganz unsentimentale Anteilnahme. ... Ihr Werk ist eine Erleuchtung und ein Segen.« *The New Republic*

Limes

Finn Carling
Liebesbriefe an einen Toten

Roman. Aus dem Norwegischen von Ingrid Sack
144 Seiten. Gebunden

Warum schreibt eine Frau an ihren toten Mann? Um ihn über die Welt auf dem laufenden zu halten? Wendet sie sich überhaupt an ihn? Vielleicht versucht sie eher herauszufinden, was aus ihr selbst geworden ist. So geraten Felicitas' »Liebesbriefe« ganz anderer Art unter der Hand zu einer Abrechnung mit der allzu normalen Ehe und dem stets überlegenen, alles besser wissenden Partner – und warten am Ende mit einer verblüffenden Enthüllung auf ...

»Der Roman ist auf meisterhafte Art komponiert, eingerahmt in einen überzeugend dargestellten Traum.« *Bergens Tidende*

»Trauer und Aufbruch bilden eine Einheit. – Ein Buch voller Gefühle, Wehmut und Drang zu neuem, zu anderem.« *Annabelle*

Limes